고려시대 무역과 바다

※ 이 저서는 2011년 대학민국 교육부와 한국학중앙연구원(한국학진흥사업단)을
통해 한국학 총서 사업의 지원을 받아 수행된 연구임(AKS-2011-DAD-3101).

고려시대 무역과 바다

이진한 지음

경인문화사

서문

고려시대에는 농업생산력이 낮았다. 우리 조상들은 유목하며 살았다. 한반도에 정착한 이후 농사를 짓기 시작했다. 척박한 토지가 많았다. 기후도 그다지 좋은 편은 아니었다. 노동생산성을 높이는데 필요한 소와 말도 적었다. 매년 경작하는 땅은 많지 않았다. 1년 또는 2년씩 묵혔다가 재배하는 휴한전이 더 많았다. 식량 생산이 많지 않아서 인구도 적었다. 농업기술의 발전에 따른 인구의 증가는 더뎠다. 반면 중국은 비옥한 황하 유역에서 수천년전에 문명이 발생했다. 춘추전국시대에는 상경화가 이루어졌다. 송대의 인구는 고려의 수십 배에 달하였다.

고려시대에는 물산이 풍부하지 않았다. 금·구리·철 등이 매우 귀했다. 금속공예품이 흔할 수 없다. 돌로 만든 것을 제외하고, 현재까지 전하는 고려시대 유물과 건축물은 드물다. 후대에 다시 쓸 수 있는 것은 모두 다시 썼기 때문이다. 고문서나 서적은 물에 풀어서 새 종이를 만들었다. 옛 건물의 기초와 부재는 새 건물을 짓는데 가져다 썼다. 금속제 불상이나 종은 조선시대에 종교적 사명을 다하고, 변신을 했을 것이다. 우리 조상들은 그렇게 하는 것이 합리적이라고 생각했다. 본래 유목민들은 생존하기 위한 최소한의 주거지를 만들고 산다. 그들은 흔적도 거의 남기지 않고 다른 곳으로 떠난다. 금속활자도 비용이 많이 드는 목판을 대체하기 위한 것이다. 적은 수의 책을 신속하게 인쇄하는데 경제적인 방식이 금속활자이다.

고려는 강했다. 916년에 건국한 거란은 동북아시아의 군사 강국이었다. 오대의 여러 왕조와 송이 거란과 싸웠지만, 이긴 적이 거의 없었다. 고려는 거란과 3차례 전쟁을 벌였다. 두 차례는 어려움을 겪었으나, 세 번째는 고려가 대승을 거두었다. 몽골은 유라시아 대륙을 절반 이상을 차지한 역사상 가장 강한 나라였다. 몽골은 고려에도 침입하였다. 고려는 강화도로 천도하고 오랫동안 싸웠다. 백성들은 산성과 섬으로 들어가 항전을 지속하였다. 마침내 고려는 몽골과 강화를 하였다. 정치적인 독립성은 유지되었다. 고려의 국왕이 원 황제의 딸과 혼인하여 부마국이 되었다. 원나라를 휩쓴 홍건적은 고려의 2차 침입 때 고려군에게 섬멸적 타격을 입고 쇠퇴하기 시작하였다. 고려와 명에 창궐하던 왜구는 고려의 진포해전과 황산전투에서 패하고 세력이 약화되었다. 고려 사람들이 외적의 침입을 받고 싸워 이길 수 있었던 것은 전투를 잘하는 체질 덕분이다. 궁핍한 생활을 겪으며 단련된 생존능력도 무시할 수 없다. 외적을 오랑캐로 여기고, 자신들은 '천손(天孫)'이라는 자부심도 작용했다.

고려는 문화수준이 높았다. 고려 광종대부터 과거제를 실시하였다. 유교경전과 역사에 관한 지식을 바탕으로 시문을 잘 짓는 사람이 등용되었다. 많은 사람들이 과거에 급제하기 위해 문학·역사·철학을 공부하였다. 자연스럽게 교육이 진흥되었다. 학문하는 풍토가 마련되었다. 고려는 불교국가였다. 사원과 승려는 국가의 후원을 받았다. 고승들이 나와서 불교사상을 심화시켰다. 지식인들의 불교에 대한 소양이 깊었다. 송·거란과 함께 불교지식의 총집성인 대장경을 조성하였다. 의천이 더 많은 불교관련 책을 모아 교장총록을 만들었다. 몽골의 침입 때 부인사에 있던 대장경판이 불타 없어졌다. 무신정권은 당대에 가장 많은 불교 장적을 모아 동아시아 최고의 대장경을 완성하였다.

도자 기술이 발달하였다. 나말여초에 청자 제작 기술이 전해졌다. 중국에서는 벽돌로 가마를 만들었는데, 고려의 장인들은 흙을 이용한 가마를 개발하였다. 자체적으로 청자를 만들기 시작하였다. 처음에는 수준이 낮았다. 도공들은 중국에서 들어오는 최신 자기에 대한 정보와 실물을 접하였다. 중국에서 수입되는 자기와 경쟁해야 했다. 개경의 지배층들의 선택을 받기 위해서는 자기가 세련되고 실용성이 있어야 했다. 오랜 노력 끝에 고려의 도공들은 아름답고 세련된 자기를 구워냈다. 비취색을 잘 구현한 고려 청자는 중국인들로부터 비색(秘色)이라는 상찬을 받았다. 뒤에 더욱 고급스런 청자를 만들었다. 자기의 표면을 파고 색이 있는 흙으로 메워 문양을 내고 다시 유약을 발라 구웠다. 이 상감 기술은 중국에도 없던 문화적 창조이다.

고려의 바다는 열려 있었다. 오대 시기에는 고려의 해상들이 중국에 갔고, 중국 강남의 해상들이 후삼국의 여러 나라를 다녔다. 고려 성종대 이후 해상들은 사신들이 송에 갈 때만 무역할 수 있게 되었다. 그러나 송상의 오는 것을 막지 않았다. 송상은 비교적 가깝고 안전한 고려를 선호하여 자주 왕래하였다. 고려에 교역할 것들이 꽤 있었기 때문이다.

송상의 배가 중국의 선진문물을 계속해서 들여왔다. 고려는 인구가 적어서 문화적 DNA가 부족했다. 고급 문화의 향유자가 적어서 그것에 대한 생산도 부진할 수 밖에 없었다. 고려는 중국과의 외교를 통해 그것을 만회하였다. 오대·거란·송·금·원·명 등과 외교를 하며 중국의 제도를 배웠다. 송상을 비롯한 해상들은 불경·유교경전과 같은 문화적 산물과 비단·자기 등의 사치품들을 고려에 가져왔다. 그들은 고려의 인삼·모시·잣·종이·벼루·먹·칠 등을 교역하여 가져갔다. 중국과의 교류는 고려의 문화적 역량을 높여주었다.

고려가 동북아시아 교역망의 중심이 되었다. 송상이 상시왕래하게 되자, 동여진·서여진과 흑수말갈이 고려에 조회하러 왔다가 송상과 무역하게 되었다. 항해 여건상 중국에 가기 어려웠던 일본 상인들도 고려에 진봉한다는 명분으로 고려를 찾았다. 자연스럽게 고려의 예성항과 개경에서는 송상, 동여진·서여진·흑수말갈·철리국·일본 등 주변 국가와 민족들이 교역할 수 있었다. 송상들은 고려 사람 뿐만 아니라 고려를 찾는 주변 민족들을 상대로 무역하였다. 팔관회는 매년 11월에 열리는 우리 전통의 축제였다. 고려는 이 행사에 외국 상인들을 참여시켰다. 그들은 팔관회에서 외국사신으로서 국왕에게 헌상하는 의례를 행하였다. 고려의 많은 백성들이 그것을 지켜보았다. 그들은 고려 국왕의 성덕이 먼 곳에까지 미치고 있음을 노래하였다.

송상의 해상왕래는 국내 교통망과 연계되었다. 고려는 평지는 적고 산이 많아서 육상교통에 어려움이 있었다. 하지만, 삼면에 바다가 있었다. 강은 깊은 내륙지역까지 이어졌다. 전국 대부분의 지역은 물길로 연결되었다. 배는 빠르고, 편리하며 많은 짐을 실을 수 있었다. 각지에서 생산된 물품과 조세 및 공물을 실은 배가 예성항을 모였다. 예성항에서 송상을 만났다. 그들에게 필요한 중국의 물산을 사서 되돌아갔다. 그 만큼 중국 문화의 전파가 신속하게 이루어졌다. 때문에 개경과 지방의 문화적 격차가 크지 않았다.

고려는 외국 사신이나 해상들의 왕래를 통제하였다. 송상들은 흑산도부터 소재가 확인되고 보고되었다. 서해안에 도착해서는 수군의 감시와 보호를 받았다. 고려 영역에 온 외국인들은 각 지역의 수군관서인 선병도부서(船兵都部署)의 관할을 받았다. 출입하는 지역은 서여진이 의주 지역, 동여진과 흑수말갈은 정평·원산 지역, 일본은 김해 지역이었다.

고려의 서해안은 외국의 배가 마음대로 다닐 수 있는 곳이 아니었다. 고려의 서해안은 조수간만의 차가 매우 크고, 물 밑에 암초가 많았다. 충청도 안흥 지역의 해도는 가장 위험한 곳 가운데 하나였다. 서북면 지역에서 오는 경우도 옹진·백령도 앞바다를 안전하게 항해하는 것은 쉽지 않은 일이었다. 여러 차례 고려를 왕래한 배들도 서해 바다를 잘 아는 뱃사람의 도움을 받아야만 했다. 중국 명주에서 온 배는 군산도 등지에 도착한 뒤, 고려의 뱃사람들의 안내를 받았을 것이다.

고려를 발전시킨 원동력의 하나는 발해·거란·여진인들의 투화였다. 이것은 고려 인구 증가의 가장 큰 요인 가운데 하나였다. 인구가 늘어난다는 것은 국력이 강해진다는 것이다. 발해의 멸망 이후 그 유민들이 고려에 투화했다. 투화는 장기간에 걸쳐 이루어졌고, 때로는 수만명에 이를 때도 있었다. 그후 고려를 침입했던 거란군이 포로가 되거나 항복하여 고려에 남았다. 고려의 북쪽 국경 밖에 살던 여진인들은 금나라가 건국되기 전까지 고려에 집단적으로 투화하였다. 거란의 기술자들은 장인이 되어 고려의 수공업을 발전시켰다. 다른 대부분의 투화인들은 고려가 준 주인없는 땅을 개간하여 농사를 지었다. 이들은 일정기간 요역과 조세를 면제받고 의복과 식량을 지원받았다. 정착한 뒤에는 조세·요역·공부를 내게 되었다. 고려의 재정을 풍부하게 해주었다. 예종대 이후 외관이 없던 군현에 감무를 파견하는 사례가 늘어난다. 수령을 보내 자신들의 수탈을 줄여달라는 군현민들의 요구도 있었다. 인구와 경작하는 토지가 늘면서 조세의 수취 등의 행정수요가 증가하고 외관을 두어야할 요인이 많아졌기 때문이다. 투화인들은 고려의 후삼국 통일, 거란전쟁, 대몽항쟁에도 이바지를 했다. 고려의 문화와 인구 발전을 고려할 때 내재적인 것과 더불어 외래적인 요소도 주목해야 한다. 자주 거론되는 고려의 개방성이다.

고려와 원의 정치적 관계가 밀접해서 해상들이 자유롭게 왕래했다. 발해 연안을 다니는 해도, 산동반도에서 서해를 왕래하는 해도까지 다시 열렸다. 그 이전과 같이 가장 많은 배가 왕래했던 것은 고려의 예성항과 원의 경원—송대의 명주—를 연결하는 해도였다. 14세기 중엽에 보법사를 중창할 때 안치한 대장경은 강절의 해상이 주문을 받고 가져다 준 것이었다. 그래서 이색은 고려의 남쪽 경계에 강절—지금의 강소성과 절강성 지역—이 있다고 했다. 명주 사람들은 북쪽에 고려가 있다고 인식하였다.

공민왕대 말부터 서해가 닫히기 시작했다. 명 태조는 해상세력의 재등장과 왜구를 막기 위해 해금정책을 실시했다. 중국 배가 해외로 나갈 수 없게 되었다. 그것은 당장 고려에 영향을 주었다. 고려 대외무역의 중심인 예성항이 쇠퇴하고 서북면 지역의 국경무역이 활발해졌다. 고려 마지막 왕인 공양왕은 그 마저도 금지해버렸다. 중국과의 무역이나 교류가 사신의 왕래로 제한되었다. 조선시대에는 중국에서 서적 등 문화 상품과 비단 등 사치품의 유입이 줄어들자, 사행무역이나 밀무역에 대한 의존이 높아졌다. 그래도 채울 수 없는 것은 자체적으로 해결할 수 밖에 없었다. 중국산을 대체하는 기술 발전이 있게 되었다.

상인은 바다를 열고, 고려 국왕과 명 황제는 바다를 닫았다. 해상들은 바다를 건너 무역을 하였다. 경제적 이익을 얻기 위한 인간의 욕망이 위험을 감수하게 했다. 이국산 물품은 많은 이익을 남겨주었다. 그 배를 이용하여 외교가 진행되었다. 선진문물이 유입되었다. 그러나 무역상은 부를 축적해서 정치세력으로 성장할 가능성이 있었다. 고려 성종과 명 태조가 자국의 해상들이 해외로 나가지 못하도록 한 이유는 똑같다. 고려와 거란의 외교적 적대 관계나 전쟁과 같은 것도 사람들이 바다로 다니는 것을 막았다. 발해의 멸망, 금나라의 건국 등 왕조의 멸망이나 등장도 해도에 영향을 주었다. 대충 이 정도가 이 책에서 이야기하고 싶은 것들이다.

책의 말미에 참고문헌을 많이 실었다. 실제 선행연구를 인용한 것이 매우 많지만, 교양서의 취지에 맞게 각주를 달지 않기로 했다. 선학들의 양해를 바란다. 대신 그 동안 읽었던 고려시대 외교사 · 무역사 · 해양사와 관련 연구업적을 국내와 국외로 구분하여 정리해 놓았다. 관심있는 분들에게 참고되었으면 좋겠다.

이 책은 누구나 편하게 읽을 수 있는 교양서로서는 내용이 쉽지 않은 것 같다. 그래서 사진과 그림 자료를 관련된 곳에 배치하였다. 그에 대한 설명은 가능하면 해양사 · 교역사 · 교류사적인 시각에서 본문과 연계하면서도 조금은 다르게 서술하고자 했다. 문화재 관련 사진과 지도는 문화재청 · 국립중앙박물관 · 국립공주박물관 · 국립청주박물관 · 국립제주박물관 · 국립고궁박물관 · 국립해양문화재연구소 · 고려대박물관 · 경기도박물관 · 규장

각 등 여러 기관의 도움을 받았다. 정학수·김창현 선생님은 직접 촬영하거나 개인적으로 수집한 사진 자료를 보내주었다. 중국 자료와 지도는 이석현·허인욱 선생이 찾아주었다.

한국학중앙연구원의 한국학진흥사업단은 연구를 지원해주었다. 이 과제의 중간평가에서 심사자들이 책의 완성도를 높이는데 필요한 중요한 지적을 많이 해주었다. 임형수·오치훈·김선미·김규록·김윤지·최은규·이바른·박수찬 등 고려대 대학원 고려시대사 전공 석·박사 과정생들이 정밀하게 교열과 교정을 해주었다. 틀린 것들을 적지 않게 고칠 수 있었다. 경인문화사의 한정희 사장님은 이 책을 포함하여 〈바다와 한국사〉라는 테마의 교양 총서를 기꺼이 맡아주셨다. 신학태 부장은 기획때부터 실무를 맡아 까다로운 일들을 해결해주었다. 경인문화사의 편집부 직원들이 편집과 교정을 완벽하게 처리해주었다. 여러 분들께 감사의 마음을 전하고 싶다.

공부를 할 때 항상 곁에서 조언을 해주는 아내 박윤진 박사와 아빠가 하는 일에 관심이 많은 딸 동주도 내게 든든한 후원자이다. 언제나 고마운 가족들이다. 바쁘다는 핑계로 자주 찾지 못하는 시골에 계신 우리 '오마니'께 죄송할 따름이다. 책이 나온 뒤에는 자주 찾아가려나.

2014년 11월
저 자

고려시대 무역과 바다

차례

총서總序
고려시대 대외관계 및 교류의 변천과 바다

1. 들어가며
―고려 외교와 무역사의 전개―

무역은 국가나 민족간의 물자교류를 말한다. 전근대 사회는 기본적으로 자급자족하는 경제였고, 교통·통신 수단이 발달하지 않았기 때문에 무역은 그다지 발달될 조건을 갖추지 못하였다. 그러나 무역이 전혀 없었던 것은 아니어서 국가와 국가 사이에 외교를 하는 과정에서 예물禮物로 각국의 특산물이 오갔다. 지역의 장시에서 필요한 물품의 상호교환이 있었으며, 때로는 배를 이용해 여러 나라를 왕래하며 무역을 하는 경우도 있었다.

이와 같이 다양한 형태의 무역을 운영 방식 또는 주체를 기준으로 삼아 국가가 간여하는 무역과 개인이 참여하는 무역으로 크게 구분하고 있다. 그 구체적인 방식이나 내용에 따라 전자에 속하는 것으로는 조공무역朝貢貿易·관무역·공무역·국가무역·관인무역官認貿易·공인무역公認貿易 등이 있다. 후자에 대해서는 부대무역附帶貿易·사신무역·사행무역·사무역·민간무역 등의 용어를 사용하고 있다.

이 구분이 적용되기 위해서는 무역의 주체가 엄격히 구분되어야 하지만, 사신무역·부대무역의 경우와 같이 국가간의 공식 외교에 파견된 사신의 무역은 완전히 사무역이라고 할 수 없고, 공무역의 성격이 개재되어 있다. 그러므로 이를 대체하기 위해 관무역·부대무역·공인민간무역·밀무역 또는 관무역·사신무역·민간무역 등의 구분이 시도되고 있다.

고려시대 무역의 형태도 이러한 범주에서 크게 벗어나지 않는다. 가장 보편적인 것으로는 국가간의 공식 외교 과정에서 이루어지는 외교무역—소위 '조공무역'—과 순수한 상인들 간의 교역인 호시互市 등을 들고 있다. 그런데, 고려시대 무역의 실상을 보면 불법적인 밀무역을 제외하고 국가의 간섭이나 영향이 배제된 사무역은 전혀 없었던 것 같다. 조공무역이라는 표현도 고려시대 외교의 실상과 정확하게 상응하는 것은 아니었다. 고려시대 송·거란—거란의 국호는 요와 거란으로 여러 차례 바뀌었는데, 편의상 더 오랜 기간 사용된 거란을 사용함—·금·원 등 중국의 여러 나라에 대한 사대외교가 있었다. 그들에게 정기적으로 사신이 가서 조공에 해당되는 방물方物을 바쳤으며, 중국의 사절이 와서 고려 국왕을 책봉했다. 그러나 문종이 송과 외교를 재개한 이후에도 고려는 송의 책봉을 받지 않았으며, 송은 고려에 보내는 사절을 거란과 같은 국신사國信使라는 명칭을 사용하였다. 아울러 송·거란·금 등은 고려 국왕이나 태후의 생일 하례 등을 비롯해 다양한 명목의 사절을 보내왔고, 이러한 모든 외교적 활동에서 언제나 일정한 물품을 주고받았다. 고려는 중국 왕조와 외교를 하면서 경제적 실리를 취하였고, 고려 국왕은 중국 황제의 책봉을 통해 정치적 권위를 높일 수 있었다. 비록 고려와 중국간에 호혜적인 점이 있었다고 해도, 태조를 비롯한 역대 왕들은 해상무역으로 성장한 호족의 후예답게 대중국 관계를 지속하면서 정치외교적인 측면에서 뿐만 아니라 경제적으로도 적지 않은 이익을 얻었던 것이다.

또한 고려의 사절이 중국에 가는 것은 바다를 건너거나 오랜 기간 고된 여정을 감수해야 하는 대신에 황제를 알현하고 개별적인 회사를 받았을 뿐 아니라 개인적으로 교역할 기회가 있었다. 관인들의 사행은 명예와 부를 동시에 거머쥘 수 있는 중요한 기회였으므로 중국에 가는 사절단의 선발에 관인들은 물론 상인들까지 조야의 높은 관심을 끌었다. 특히, 고려말 명과의 외교관계가 악화되어 사행의 횟수가 줄고 사무역도 국경무역으로 한정됨에 따라 명에 가는 사절들이 엄청난 이익을 얻게 되자 그와 관련된 여러 가지 사건이 일어나기도 하였다.

고려 국왕은 중국 황제의 책봉을 받았지만, 중국을 제외한 동북아시아의 중심이 되는 해동천자였다. 고려는 종주국이 되어 마치 천자가 제후를 책봉하는 것처럼 고려를 찾아오는 여진 추장과 일본 상인들에게 무산계와 향직을 제수하였다. 이 과정에서 여진의 방물 헌상과 고려 국왕의 회사가 있었다. 매년 11월에 열리는 팔관회는 수많은 백성들이 보는 앞에서 고려의 주변 민족과 국가의 사절들이 고려 국왕의 만수무강을 빌며 헌상하는 의례를 행하였다. 여진 추장은 고려에 와서 충성을 약속하고 고려 국왕이 주는 무산계를 통해 정치적 권위를 얻고 회사품을 받아 경제적 실리를 얻었다. 그런 점에서 고려와 여진의 관계는 고려와 중국 왕조의 관계와 통하는 바가 있었다. 이것은 전근대 동아시아의 조공 외교가 주체적이고 실리적인 것이었음을 알려준다.

이러한 동북아의 대외관계가 근본적으로 전환된 것은 13세기 몽골이 유라시아 지역과 더불어 송을 정복한 뒤 원 제국을 형성하면서부터이다. 고려는 원의 책봉 국가로서 조공에 대한 강제적 의무를 져야 했고 그 뒤를 이은 명도 원과 고려의 관계를 그대로 계승하려고 하였다. 고려말 명이 1년치 공물을 따져서 정확히 5년간 밀렸던 공마를 요구하였고 고려가 그것을 맞추려고 노력했던 것은 변화된 외교의 실상을 반영하는 것이었다. 그 이전 고려와 중국 사이에 있었던 외교상 호혜주의는 사라졌다. 이 시기에 조공은 고려 국왕이 중국 황제로부터 정치적 권위를 확인받고 경제적 이익을 얻는 수단이 아니라 때로는 손해를 감수하며 수행해야할 의무가 되어버렸다.

고려시대 사무역은 대중국 외교 관계와 함께 이루어지는 공식적 성격의 무역에 비해 기록이 그다지 남아있지 않다. 고려초에 고려 해상들이 산동반도에 가서 무역한 바가 있으며, 장강 이남의 중국 해상들이 고려를 찾아

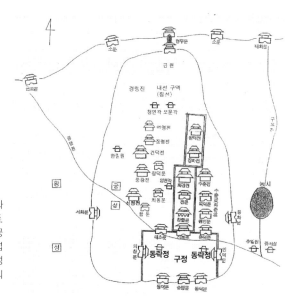

〈개경 대궐궁성 상상도〉
김창현, 「고려 개경의 편제와 궁궐」, 경인문화사, 2011, 53쪽.
팔관회가 치러지던 구정은 궁성문인 신봉문(루) 남쪽의 넓은 공간이었다. 임금이 백성들과 함께 즐긴다는 의미의 동락정이 있었다.

오기도 했다. 하지만, 성종이 사신이 중국으로 가는 편에 상인들이 가서 무역하는 것만 허용하면서, 고려 해상들이 마음대로 바다 건너 중국에 가는 것은 금지되었다. 대신 송상들이 활발하게 고려를 왕래하며 예성항과 개경에서 고려 사람들은 물론 여진 등 고려를 찾아온 주변 민족들과 무역을 하였다. 이 시기에 거란은 각장을 설치하여 고려와 국경무역을 하고자 했으나 이것을 압록강 내에 있는 보주保州 등을 차지하고 있던 거란이 일으킨 영토 분쟁으로 인식한 고려가 반대하여 실현되지 못하였다. 뒤에 금의 도움으로 그곳을 회복한 이후에는 제한된 범위 내에서 호시가 이루어졌다.

원간섭기에는 고려와 원의 관계가 매우 밀접해져서 고려에서 원의 화폐인 보초가 사용되고, 문인이라는 증명서만 있으면 국경을 넘어갈 수 있게 되었다. 이에 고려와 원의 사무역도 가장 활발했던 것 같다. 고려의 상인들은 말에 인삼 등 고려의 특산물을 싣고 보초를 가지고 원에 가서 그것을 팔고 비단과 책을 사서 배를 타고 돌아왔다. 물론 송대와 같이 고려를 다니는 배도 있었다. 아울러 고려 국왕 및 왕비가 측근들을 시켜 사무역에 참여하는 양상이 나타난다. 또한 원말의 혼란기에 중앙권력이 약해지자 장사성張士誠과 방국진方國珍 등 장강 유역의 군웅群雄들이 고려 국왕에게 사신을 보내 헌상하고 무역을 하기도 하였다.

고려는 명이 건국한 뒤 곧바로 외교를 시작하였다. 그런데, 명의 태조는 해상무역을 통해 정치 세력으로 성장하여 자신을 위협하는 것을 방지하고자 일체의 해상들이 중국 영해 밖으로 나가 무역하는 것을 금지하는 해금정책을 폈다. 이에 고려 건국 이후 중국의 문물이 들어오는 열린 공간이었던 서해가 막히게 되었고, 해상무역이 육로무역으로 대체되었다. 이로 인해 서북면 지역과 중국 요동지역의 무역이 활발해지고, 서북면에 파견된 외관들과 그 지역 토호들이 무역을 통해 많은 이익을 얻게 되면서 각종 문제가 발생하자, 공양왕은 국경지역의 공식적인 무역마저 금지해버렸다. 이로써 고려초 양국의 배들이 자주 오가며 활발하게 진행되었던 무역은 고려가 멸망되는 시기에 이르러서는 사무역마저도 원칙적으로 금지되고 오직 외교 사절이 왕래하며 이루어지는 조공 및 사행 무역만이 남게 되어 버렸다.

이상에서 이 책의 핵심 주제인 고려시대 공·사무역의 변화에 대해 개략적으로 서술하였는데, 외교무역과 같이 모든 왕조에 공통되는 것과 더불어 왕조별로 달라지는 양상과 특징을 구별해 설명하였다.

본서는 '바다와 한국사'라는 대주제에 따라 이루어지는 8권의 저술 가운데 '고려시대 무역사' 편에 해당되므로 고려시대 대외관계 및 교류의 변천과 바다에 대해 서술할 것이다. 고려시대 한반도의 서해·남해·동해는 언제나 그대로 있었으나, 중국 및 주변 국가의 건국과 멸망 등 정세 변화에 의해 때로는 자유로운 소통의 공간이 되고, 반대로 갈 수 없는 곳이 되기도 하였다. 그러므로 고려초 오대십국 시기부터, 거란, 송, 금, 원 등을 거쳐 고려말 명에 이르기까지 중국왕조의 변화 및 여진과 일본의 영향을 받아 고려의 바다에는 어떠한 일이 일어났으며, 교류의 공간으로써 어떠한 기능을 했는지를 시기별로 세분해서 살펴보고자 한다.

다만, 이 부분은 소주제에 따라 서술 방식을 자유롭게 하였고, 무역보다는 대외관계사와 깊은 관계가 있어서 본문에서 구체적으로 다루지 않은 것도 많다. 사료나 연구성과에 근거를 두면서도 필자의 개인적이고 과감한 견해가 들어가 있음을 참고하기 바란다.

2. 고려초 대외관계 및 교류

1) 오대십국과의 외교와 교류

9세기 중엽 장보고는 동아시아 해상 무역의 패권을 잡고 신라의 정계에도 커다란 영향을 끼쳤으나 장보고 사후 한중간의 해상무역은 특별한 주도세력이 없이 비교적 자유롭게 이루어졌다. 그 가운데 서남해 지역에 있었던 후백제가 해상교통으로 중국과 가깝다는 지리적 이점을 충분히 활용하여 중원 왕조는 물론 오월 및 거란에도 사신을 파견하여 활발히 외교를 펼쳤다. 신라는 서남해를 장악한 후백제 때문에 중국과의 통교가 쉽지 않았지만, 중국왕조와 외교를 이어나가기 위해 노력하였고, 강주―진주 지역―의 호족인 왕봉규王逢規는 독자적으로 대중국 외교를 전개하기도 하였다.

태봉의 영토는 지금의 경기도 및 황해도 서해안 지역과 전남 서남해안을 포함하여 중국 화북 지역으로 가기 유리한 조건을 차지하고 있었다. 그러나 철원에 수도를 둔 것에서 분명히 드러나듯이 국가적으로 대중국 외교에 큰 힘을 기울이지 않아서 후백제에 비해 열세였다. 궁예왕弓裔王은

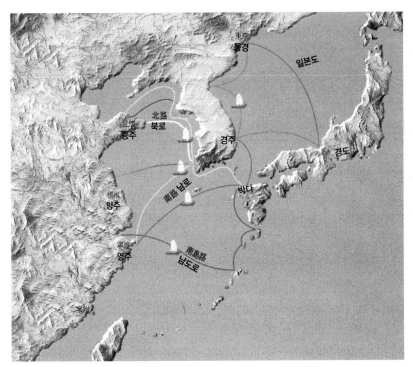

〈**고대 동북아시아 교역과 해도**〉 국립해양유물전시관, 『물·바다·사람·배·꿈·삶·그자국』, 1998, 41쪽.
고대 동북아 해상교역로이다. 항해술이 발달하지 않은 고대에는 육지 또는 섬을 보거나 밤에 북극성의
위치를 확인하며 운항하였기 때문에 연안 지역의 해상교통이 먼저 발달하였다. 해도도 일정하지 않아서
항해시의 바람, 조류 등에 따라 조금씩 달라졌으나 배가 개량되고 나침반이 활용되면서 가장 빠른 해도
를 찾게 되었다. 또한 왕조의 흥망이나 정치적인 적대 관계로 인해서 해도가 만들어지고 사라지기도 했
다. 예를 들어 발해가 존속할 때는 당·일본과의 해도가 유지되었지만, 멸망된 뒤에는 없어졌다. 후삼국
시기에는 한반도에 3개의 나라가 있었고, 중국에도 거란·오대·십국의 여러 나라가 있어서 다원적인 교
류를 했으므로 그 만큼 다양한 해도가 활용되었을 것이다.

해상무역이나 수로 교통에 관심이 적었던데 반해 강화 및 예성강 지역의
호족을 중심으로 중국과의 사무역이 활발하였다.

　918년에 태봉의 궁예왕을 축출하고 고려를 건국한 왕건王建은 해상무역
으로 성장한 세력답게 바다의 중요성을 인식하고 후백제와의 외교 및 해
상 무역의 경쟁에서 이기기 위해 노력하였다. 이에 자신이 점령한 대중국
교통의 요지이며 후백제의 배후인 나주 지역을 방어하는데 힘썼을 뿐 아
니라, 후량後梁 및 오월吳越 등에 사신을 보내 외교관계를 맺고자 하였다.

그런데 후량은 후백제를 책봉하고 고려에 사신을 보내지 않아서 양국간에는 민간 교역만이 있었다. 오월은 고려와 후백제에 동시에 사신을 파견하는 등 이원적인 외교를 하였다. 따라서 고려 건국초에는 후백제가 한반도 내의 가장 강력한 세력이었으며, 대중국 외교에서도 우위에 있었다.

926년에 발해가 멸망하자 한반도의 해상 무역에 변화가 일어났다. 첫째, 많은 고구려계 발해 유민이 고려에 귀순하였는데, 연해주나 두만강 하류에서 배를 타고 원산만 부근에 내려 육지로 개경에 도착하거나 압록강 상류에서 하류로 내려와 서해안을 따라와 예성강을 거쳐 개경으로 왔을 것이므로 바다가 귀순의 중요한 통로였다. 아울러 백두산의 동쪽과 북쪽 지역에 살던 흑수말갈 및 여진인들이 발해 멸망 후에 거란의 직접 지배를 받지 않게 되었기 때문에 고려에 와서 조공과 무역을 하기 시작하였으며, 이들이 이용한 교통로도 발해 유민의 그것과 거의 같았을 것이다. 발해 멸망 이후 동해 북부해안이 고려와 두만강 지역을 연결하는 해상교통로로써 주목받게 되었던 것이다.

둘째, 거란이 남하함에 따라 발해만 연안이 거란의 세력권 안에 포함되었다. 이 지역은 한반도와 중국을 연결하는 해상 교통로 가운데 가장 멀고 복잡하지만 비교적 안전한 곳으로 인식되어 고대부터 해상들이 자주 활용했다. 이 시기에 고려와 후백제가 거란과 외교를 진행하면서 사신을 보내는 것도 서북연안을 따라 여순반도 부근에 상륙하여 거란의 수도에 갔을 것이다. 반면 후백제는 고려 수군을 피해 황해도 서해안을 멀리 우회해서 항해했을 것이지만, 거란은 고려와 후백제 양국에 사신을 보내 외교를 하고 있었으므로 고려나 후백제의 해상들이 발해연안 해도海道(항로)를 이용하여 중국에 가는데 큰 어려움은 없었을 것이다.

933년에 후당後唐이 후백제 견훤왕甄萱王을 대신하여 고려 태조를 책봉한 것은 고려가 한반도의 정치 군사적 주도권을 잡았던 현실을 인정한 것이었다. 이로 인해 고려는 중원왕조와의 해상무역 안전을 보장받아서 무역이 더욱 활성화될 계기를 마련하였다. 그러나 후백제는 중원왕조와의 외교관계를 상실함에 따라 거란에 가기 위해 중국 해안과 한반도 해안을 멀리 떨어져 다녀야했기 때문에 매우 위험해졌다. 후백제에 왔던 거란의 사신이 후백제 수군의 호위를 받고 돌아가다가 후당 해안에 난파되어 죽임을 당한 사건은 그러한 사정을 알려주는 것이다.

이 시기에 중국의 오월은 후백제 및 고려와 모두 우호적인 관계를 맺고 있었다. 그것은 장강에서 흑산도 방면으로 항해하여 한반도 서남해에 도착하고 연안을 거슬러

〈야율아보기〉
916년에 거란을 건국한 야율아보기의 동상이다. 918년에 왕건이 궁예를 몰아내고 고려를 세운 이후 고려와 거란의 외교 관계는 우호적으로 진행되었다. 930년대 고려가 후당의 책봉을 받았으나 거란에 대해 적대하지 않았다. 942년에 만부교 사건 이후 외교가 단절되었다.

후백제와 무역한 다음 다시 북진하여 예성항에서 고려와 무역하던 현실을 반영한 것이었다. 오월은 후당과 달리 고려와 후백제를 책봉하는 국가가 아니어서 한 국가만 책봉할 필요가 없었고, 양국과 무역을 해야했기 때문에 동시에 외교를 진행하였던 것이다.

935년에 신라가 고려에 항복하고, 936년에 고려가 후백제를 정복하면서 한반도에는 고려만이 남았다. 그 결과 후삼국을 비롯하여 왕봉규 등 해상무역으로 성장한 호족에 이르기까지 많은 정치세력들이 오대와 십국의 여러 나라와 중첩해서 해상교역을 하던 복잡하고 다원적인 무역관계가 적어도 한반도에서 만큼은 고려로 일원화되었다. 당시 고려는 서해를 넘어 후당과 오월, 남당 등 장강지역 여러 국가와 외교 및 교역을 하였을 뿐 아

니라 동북아시아의 신흥 강국인 거란에 대해서도 서해 북부 연안의 해도를 이용하여 외교를 지속해 나가고 있었다.

후삼국 통일 이후 고려의 대중국 정책은 크게 변화하였다. 후삼국이 경쟁하던 시기에 후당 및 그 다음 왕조인 후진後晉의 책봉을 받으면서도 그에 적대적인 거란에 대해서도 고려의 배후 안정을 위해 원만한 관계를 유지하고자 하였다. 그러나 삼한 통일을 이룬 뒤에는 거란보다 바다 건너 중원의 왕조에 대해 적극적인 외교를 펼쳤다. 후진이 건국되자 매우 빠른 시기에 고려는 사신을 보내 조공을 했고, 거란의 정치적 간섭을 받던 후진은 거란을 견제하는데 도움이 되는 고려의 환심을 사기 위해 고려에 책봉 사절을 보냈으며 많은 회사품을 주었다.

942년에 거란이 고려에 사신과 함께 낙타를 보내온 것은 우의를 유지하고자 하는 뜻이 담겼는데, 태조는 거란 사신을 유배하고 낙타를 만부교에 묶어 굶겨 죽이는 초강경책을 시행하였다. 이것은 거란과의 긴장관계를 통해 후삼국 통일 이후 호족들의 왕권에 대한 도전을 무마하고 중앙집권화를 꾀하려는 정치적인 의도가 있었다. 또한 고려의 해상들이 산동반도 지역으로 건너가 후진의 등주 등에서 무역하고 있었기 때문에 후진과의 외교를 돈독하게 하고자 한 것이었다. 그에 대한 보답으로 후진은 태조를 이어 혜종이 즉위하자 즉시 고려에 사신을 보내 책봉하고 매우 많은 하사품을 전달하였다. 이와 같은 외교정세의 변화 때문에 고려에서 서북해안을 거쳐 발해만을 가로질러 중국에 가는 해도는 거란의 위협으로 인해 이용할 수 없게 되었고, 황해도 서북해안에서 산동반도로 향하는 해도가 중원왕조와 외교 및 무역을 하는 교통로가 되었다.

오월 및 남당을 비롯한 십국 왕조와의 무역은 고려와 거란의 외교관계 악화와 상관없이 지속되었다. 오히려 후백제가 없어져서 예성항에서 서남해를 경유하여 장강지역에 가는 해도는 매우 안전해졌다. 따라서 938년에 오월국에 갔던 장훈張訓이 새로운 황제가 즉위했다는 것을 보고하였고, 같

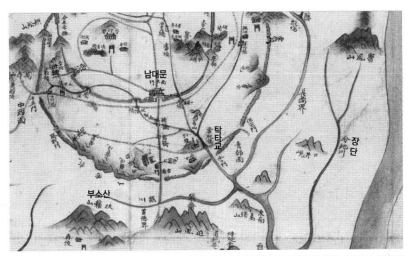

〈개성전도의 탁타교橐駞橋 부분과 상상도〉 정학수 제공.

탁타교는 고려의 도성 남대문에서 청교역 방면으로 가는 나성 안에 있던 다리이며, 상상도는 만부교 사건으로 유명한 만부교가 무너진 뒤 최근에 상상하여 그린 것이다. 942년 거란의 황제가 보낸 낙타 50마리를 만부교萬夫橋 아래에 묶어 굶겨 죽였으며, 이 사건을 계기로 탁타교―탁타는 낙타의 별칭―라고 불렀다고 한다. 거란 황제가 우호의 뜻으로 보낸 사신을 섬에 유배하는 것은 물론 불교신앙에 독실했던 태조가 낙타를 죽여 외교적 긴장을 초래한 것을 쉽게 이해할 수 없고 사리에도 맞지 않는 일이었다. 정황상 태조는 후진과 거란에 대한 이중외교를 청산하여, 후진과의 해상무역을 지속하고, 외교무역의 이익을 늘리고자 하는 의도가 있었다고 여겨진다.

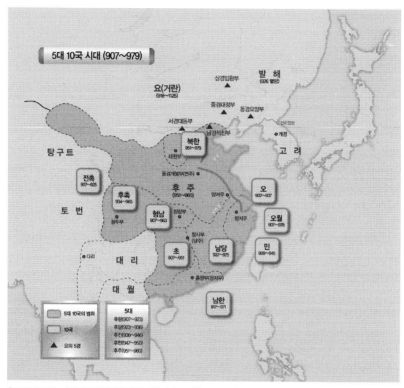

〈오대십국도〉 군사편찬위원회, 「한국군사사」 3, 육군군사연구소, 2012, 292쪽.

중국에는 당이 멸망한 뒤 중원에 후량·후당·후진·후한·후주 등의 다섯 왕조가 잇달아 들어섰고, 장강 이남 지역을 중심으로 오·오월·남당·민 등 10개의 나라가 병립하였으며, 916년에 건국한 거란은 장성 이북 지역을 차지하고 있었다. 고려는 918년에 건국한 뒤 후량을 비롯해 오월 등에 사신을 보냈고, 933년에 후당의 책봉을 받은 이후 후주에 이르기까지 중원왕조와 외교관계를 유지하고 해상무역을 지속하였으며, 오월·남당 등에도 사신을 보내 외교와 무역을 하였다. 또한 후백제와 신라도 중국에 사신을 보내 다원적 외교를 하였으므로 이 시기에 중국과 한반도를 왕래하는 배들도 많았을 뿐 아니라 양 지역을 연결하는 해도가 가장 다양하였다.

은 해 6월에는 정조·광평시랑 유훈률柳勳律이 남당南唐에 조공을 바쳤다. 940년에는 광평시랑 유긍질柳兢質이 방물을 바친 것과 같이, 통일 이후에도 중원왕조와 더불어 장강 이남의 여러 왕조에 대한 외교가 중단되지 않았으며 그것은 교역이 있었음을 뜻한다. 다만, 사료상 이 해도는 고려 해상들보다 오월 등의 중국 해상들이 더 자주 왕래했던 것 같다. 이 시기에는 고려가 북선항로를 이용하여 중원왕조와의 외교 및 무역을 주도하였고,

오월 등의 해상들은 남선항로에서 더 크게 활약하였던 것이다.

한편 938년에 서천축西天竺(인도)의 승려 홍범대사가 와서 개성의 사나사舍那寺에 머물며 원공국사圓空國師 지종智宗 등을 육성하다가 바다를 건너 돌아갔다고 하는데, 해상의 배가 한반도와 중국을 연결하는 역할을 하고 있었음을 보여준다. 그 한해전인 937년에는 태조가 일본에 첩을 보내 교섭을 시도하였으나 일본이 응하지 않아 무산되었다. 이처럼 외교 문서가 전달되는 것은 한일간의 교역이 진행되고 있었다는 것을 의미한다.

태조대에는 한반도 주변의 섬지역 정치세력이 고려에 와서 조공을 바쳤다. 930년에 우릉도芋陵島(울릉도)가 백길白吉·토두土豆를 보내와 방물을 바치자, 각각 정위正位와 정조正朝를 제수하였다. 938년에는 탐라국의 태자 말로末老가 조회하러 오자 성주星主·왕자王子 등의 작위를 주었다. 이 때에 고려는 동해와 남해를 확실히 지배하고 아주 먼 섬에도 정치적 영향력을 끼치고 있었던 것이다.

2) 송의 건국과 고려의 해금海禁

960년에 조광윤은 후주後周를 멸망시키고 송을 건국하였다. 고려는 즉시 사신을 보내 조공을 하였고, 송은 고려에 책봉사冊封使를 보냈다. 이후 송이 장강 지역의 여러 나라를 복속하자 양국의 무역은 주로 고려의 배가 산동반도 지역에 가서 무역하고, 장강 이남의 송상宋商들이 고려에 와서 예성항禮成港과 개경에서 무역하는 것이었다. 고려초 한반도와 중국의 여러 나라 사이에서 행해졌던 다원적이고 복잡했던 해상교류가 고려와 송의 해상들이 양국을 왕래하는 단순한 관계로 변화하였다. 이 과정에서 거란과의 외교와 무역은 없었기 때문에 일원적인 교류로 이해해도 될 것이다.

그런데 고려가 해상들의 자유로운 중국왕래를 제한하는 정책을 시행하면서 해상무역에 큰 변화가 일어났다. 『고려사』 권93, 최승로전의 다음 기사를 보자.

> 우리 태조는 뜻[情]을 사대하는데 오로지 하였음에도 오히려 몇 해에 한 번 행리行李를 보내 보빙報聘의 예를 닦았을 뿐입니다. 지금은 비단 교빙交聘의 사절과 무역으로 인한 사개使价가 많으니 중국사람들이 천하게 여기는 바가 될까 두렵습니다. 또한 왕래 때문에 배가 부서져 죽는 자가 많습니다. 바라건대 지금부터 교빙의 사절에게 무역을 겸하여 행하게 하고 그 나머지 제 때가 아닌 매매[非時賣買]는 하나같이 모두 금하십시오.

이 기사는 982년 최승로崔承老의 상서문 가운데 무역에 관계된 부분이다. 당시 고려에는 외교를 위해 중국으로 가는 사절이 있었을 뿐 아니라 외교와 무관하게 오직 무역만을 위해서 중국을 왕래하는 해상들이 있었다고 한다. 여기서 무역을 하기 위한 사절을 사개라고 표현하였는데, 그것은 그 이전 고려의 해상들이 국가가 하사한 직함을 가지고 가서 외교를 하러 간 것처럼 무역을 했음을 알려준다. 최승로는 중국인들이 이들을 천하게 여기며, 해상왕래로 인해 난파되어 죽는 자가 많다고 하면서, 앞으로는 공식 사절이 갈 때 겸하여 무역하는 것을 제외하고 나머지는 모두 금지하자고 하였다. 이 건의도 최승로의 다른 상서 내용과 같이 성종에 의해 받아들여져 시행되었다. 성종이 농업 중심의 국가운영을 지향하면서 상업을 억제하고자 했고, 중국과의 해상무역을 허용하는 것이 중앙집권화에 장애가 된다는 점을 고려했을 것이다. 어쨌든 한반도의 해상이 무역을 하러 중국에 갈 수 없게 된 것은 역사상 처음이었다는 점에서 획기적인 것이었다.

성종이 국가적 외교를 목적으로 한 것을 제외하고 모든 해상들의 해외도항 금지를 과감하게 결정하였지만, 송의 선진문물을 지속적으로 받아들이기 위해 송상의 왕래를 막지 않았다. 특히 당시에는 송이 거란을 견제하기 위해 고려에 적극적인 외교를 펼치면서 송을 찾아온 고려의 사신을 우대하였다. 고려는 유교적 의례를 도입하는데 필요한 물품을 송에게 요청하여 많은 물품들을 받아냈으며, 성종대만 다섯 차례 송의 책봉사가 고려에 올 정도여서 외교를 통해 많은 이익을 얻고 있었다. 고려가 지리적으로 가까울 뿐 아니라 군사적으로 송을 압도하며 동북아의 강자로 떠오르고 있는 거란과의 외교를 단절하고, 서해를 넘어 송과의 외교를 지속하던 것도 이러한 배경에서 비롯된 것이었다.

3. 고려전기 대외관계와 교류

1) 거란과의 대외관계와 바다

거란은 고려와 송의 외교를 방관하지 않았다. 거란은 송을 침공하여 동북아의 패자霸者가 되기 위해서 배후의 고려를 제압해야한다는 전략적 목적에서 993년에 대규모 군사를 이끌고 고려를 공격하였다. 거란의 갑작스런 침입으로 위기에 처했던 고려는 서희와 소손녕蕭遜寧의 담판을 통해 고려가 거란에 대한 조공을 약속하는 대신에, 거란이 압록강 연안의 강동6주를 고려에 양여하는 조건으로 강화하였다. 이후 고려는 시중 박양유朴良柔를 예폐사禮幣使로 삼아 거란에 보냈고, 강동6주를 개척하도록 하였으며, 거란의 연호와 정삭正朔을 사용하기 시작했다.

고려가 사실상 거란의 책봉국이 되었으나, 994년·999년·1003년에 잇달아 송에 사신을 보내 거란이 침입한 실정을 알리고 거란군을 막기 위해 송의 군사를 보내줄 것을 요청하였다. 그 이전에 송이 거란을 제압하고자 고려에 도움을 요청했던 것과 정반대의 상황이 되었다. 그보다 더한 고려의 처사는 1010년 거란과의 2차전쟁 때에는 현종이 친조를 약속해서 간신히 거란을 물러가게 한 뒤에도 1014년·1015년에 송에 사신을 보내 방물을 바친 것이다. 이에 대해 거란도 압록강 가운데 있는 섬인 보주保州를 점령하여 고려를 곤경에 빠트렸다.

고려는 거란과의 3차전쟁에서 승리를 거두었지만, 더 이상의 충돌이 양국의 국익에 도움이 되지 않을 것이라고 판단하였다. 이에 고려는 거란과 다시 화의를 맺고 조공 책봉관계를 회복하기로 했다. 그러나 송과의 외교적 관계를 유지하려는 노력은 포기하지 않았다. 1036년에는 상서우승 김원충을 진봉겸고주사進奉兼告奏使로 임명하여 송에 보냈다가, 배가 파손되어 중도에 돌아온 뒤에 30여년간 사신을 보내지 않았다.

고려는 1차전쟁을 마치고 거란의 책봉국이 되었으나 그러한 현실을 인정하지 않고 전쟁의 위험을 무릅쓰고 송과의 외교관계를 유지하려고 했다. 그것은 「훈요십조」에서 언급했듯이 거란이 발해를 멸망시킨 무도한 나라이므로 교빙하지 말라는 태조의 유훈과 더불어 혜종·광종·성종 등이 오대 및 송과의 외교를 통해 얻었던 문화·경제적 이익을 포기할 수 없었기 때문이다. 국경을 접한 거란의 군사적 위협보다는 바다 건너 높은 문화 수준을 갖고 있는 중원왕조와의 외교를 더 중시하였던 것이다.

고려의 대거란 외교관계는 대중국 해상교통로에도 영향을 주었다. 거란이 요동반도를 장악하고, 오랜 기간 고려와 거란이 적대관계에 있었기 때문에 중국과 통하는 발해만 연안의 해도가 사실상 폐쇄되었다. 이 해도는 한반도의 서북해안을 따라 북진하다가 발해만의 연안을 따라 항해하는 것으로 가장 오래되고 안전한 해도였는데, 고려가 거란을 상대로 무역을 하지 않았고, 적대적인 관계였으므로 이곳을 거쳐 송에 가는 것이 허용되지 않았다. 그러므로 고려초부터 황해도 서쪽이나 대동강 부근에서 정서진하여 산동반도의 항구로 향하는 해도를 다녔고, 이후 1030년대 고려와 송의 외교가 중단될 때까지 활용되었다.

거란과의 군사적 긴장과 전쟁은 중앙집권화의 계기가 되었다. 해상 무역으로 성장한 호족 출신인 태조는 궁예왕이나 견훤왕보다 호족들의 마음을 잘 알고 있었으므로 사성정책賜姓政策 및 결혼정책 등 호족 우대 정책을 적절하게 시행하여 많은 호족들의 귀부를 받았다. 이것은 고려가 건국 초반에 불리한 여건을 딛고 후삼국 중에서 가장 강력한 국가로 성장하고, 결국 신라의 항복을 받고 936년에 후백제를 정벌하여 삼한을 통일하는 정치적 기반이 되었다.

고려 태조는 후삼국 통일과정에서 귀부하는 호족에게 자신에 대한 충성을 전제로 세력의 정도를 파악하여 그에 맞는 관계官階를 주고 해당 지역에 대한 조세 수취 등 제반 행정을 맡도록 하였다. 하지만, 호족들은 후삼국 통일 이후에도 자신의 세력 기반이 있는 지역에서 상당한 권력을 누릴 수 있었고, 태조와 혼인으로 연결된 개경의 호족들은 왕권을 위협하는 지경에 이르렀다.

이러한 상황에서 고려 태조가 거란의 사신을 유배하고 예물로 보낸 낙타를 만부교에서 굶겨 죽인 사건이 일어나면서 동북아시아의 군사적 강자인 거란과 고려의 긴장관계가 시작되었다. 정종은 그것을 중앙집권화 정책에 이용하였는데, 그 대표적인 예가 호족의 사병을 공병화하여 광군光軍 30만을 편성한 것이다. 광종의 왕권 강화 성과를 기반으로 성종은 983년에 12주목에 외관을 두고 995년에 12군절도사를 파견하였다. 이것은 거란의 침입에 대비하여 외관을 중심으로 지방의 군사력을 통솔하기 위한 것이었다. 이때부터 목종과 현종대에 양계 지역을 비롯해서 전국 100여 곳이 넘는 고을에 수령이 부임하게 되었다. 이처럼 거란과의 긴장관계가 왕권 강화에 유리하게 작용하였고, 10세기말 11세기초에 있었던 세차례 거란과의 전쟁이 외관의 파견을 가속화한 것은 분명한 것 같다.

흥미로운 점은 현종대에 정비된 지방 제도에서 양계를 제외하고 외관이 파견된 고을의 상당수가 바다에 접해있었다는 것이다. 고려시대는 외관이 파견된 주현主縣이 그렇지 않은 주변의 속현屬縣을 행정적으로 관할하는 주현-속현 체제를 이루었기 때문에 주현은 특정 지역의 거점이자 중심지였다. 외관의 파견과 읍격邑格(고을의 지위)의 결정에는 고려초기 대호족의 출신지 여부, 태조의 건국과 후삼국 통일에 대한 기여도, 군사적 중요도, 호구의 수, 교통상의 편의성 등 다양한 요소가 고려되었다.

문종 외관록제에서 외관의 파견 지역 가운데 바다에 면한 고을은 서경·동경유수, 해주·전주·나주·진주목사 등의 계수관을 비롯하여 울주·양주梁州(경남 양산)·금주金州(경남 김해)·풍주豐州(황해도 풍천) 방어사, 수원·장흥·홍주洪州(충남 홍성)·고부古阜(전북 정읍)·영광·영암·보성·승평군昇平郡의 사使, 백령진장白嶺鎭將, 강화·고성·남해·거제·옹진·임피臨陂·김제·부성富城(충남 서산)·탐진躭津(전남 강진)·금구金溝(전북 옥구) 등의 현령 등이 있었다. 이것은 남경유수, 광주·청주·상주·황주 목사 등의 계수관과 예주방어사, 천안·남원·안동·경산京山(경북 성주)·공주·합주陜州(합천)·동주東州(철원)·춘주·교주·평주平州(황해도 평산)·곡주谷州(황해도 곡산), 일선一善(경북 선산)·관성管城(충북 옥천)·대구大丘·의성義城·기양基陽·수안遂安(황해도 수안)·해양海陽(광주광역시) 등 내륙의 외관 파견지역과 비교해도 결코 적은 것이 아니다.

특히 내륙의 군현이 해안 보다 훨씬 많은 점을 고려하건대 서남해의 연안의 주현 수는 상대적으로 매우 많은 편이었다. 나말여초 이 지역은 중국 및 일본과의 대외무역 및 국내 교역을 통해 성장한 호족들이 많아서 읍세가 강하였고, 고려가 강과 바다를 이용한 조운과 수로 교통 체계를 만들었으므로 개경과 통하는 서남해 연안 주현이 요실해졌다. 또한 남경·황주, 공주·천안·해양 등은 읍치 안에 바다가 있으며, 광주·상주 등의 다른 고을이 한강이나 낙동강 등의 주요 강을 끼고 있었던 것도 그러한 사정과 관련된다.

그와 더불어 서해안 지역이 중국과 통하는 주요한 해도였다는 점도 영

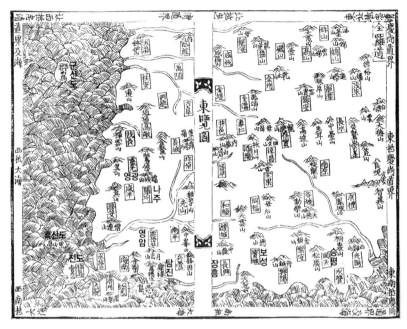

〈전라도 지도〉「신증동국여지승람」

전라도의 각 군현이 표시된 지도이다. 전라도 서남해안은 남해와 서해가 연결되는 해도의 요충이었다. 나말여초에는 신라와 일본에서 중국으로 가는 배들이 반드시 거쳐야 했을 뿐 아니라 장강 이남 지역이 발전하고 많은 배들이 한반도를 찾아오게 되면서 외교·군사·무역상의 중요성이 너해졌다. 영산강을 끼고 있는 나주는 전라도 연해지역과 진도·흑산도 등의 도서지역에 영향력을 끼쳤다. 나주의 전략적 가치를 파악한 태봉의 궁예는 왕건에게 나주를 점령하게 하였고, 고려가 건국된 이후에도 후백제의 배후에 있던 나주는 후백제가 중국의 오월과 외교를 하고 남해안의 여러 고을과 해상으로 연결되는 것을 막는 기능을 하였다. 나말여초를 거치면서 서남해의 중심 고을로 성장한 나주는 고려시대에 전주와 더불어 목사가 파견되는 계수관이 되었다. 이 시기에 나주와 더불어 영암·보성·영광·상흥·탐진·승평류平(순천)등의 고을도 위상이 높아져 현종대에 수령이 부임하는 주현主縣이 될 수 있었다. 농업생산력이 낮은 상황에서 해상교통이 편리하여 무역이나 상업에 유리한 지역이 먼저 발전해 갔음을 알려준다.

향을 끼쳤을 것이다. 고려 초기에 중원 왕조의 사신과 해상들은 산동반도에서 출발하여 지금의 황해도 서해안을 거쳐서 개경에 도착하였으므로 그들이 왕복하는 풍주, 옹진, 백령진, 해주 등의 고을이 중요한 역할을 수행하고, 교역을 할 수 있는 곳이었다. 또한 명주를 출발한 사신이나 해상들의 배는 흑산도를 지나 서남해로 접근하여 영광 부근에서 연안을 따라 북진하였기 때문에 지금의 경기도, 충남, 전남북 서해안 지역에 많은 배가 다넜다. 더욱이 서해는 지방에서 예성항을 향해 가거나 되돌아오는 많은 국내외 배가 지남에 따라 연안 지역의 수령은 행정 업무 이외에 해상의 치안 및 해난 구조 등도 맡아야 하였으니 일찍부터 외관이 파견될 수밖에 없었다. 고려시대 서남해 연안의 많은 군현에 외관을 두었던 것은 나말여초 호족들이 해상 무역과 상업을 통해 성장하였으며, 고려시대에 국내외 교통체계에서 연안해로가 차지하는 비중이 높았음을 반영하고 있는 것이다.

2) 거란과의 전쟁 이후 송과의 교류와 바다

고려가 정종대 이후부터 송에 사신을 보내지 않아서 외교를 통해 송의 문화를 받아들이는 것은 어렵게 되었지만, 양국간 문물 교류의 통로는 열려 있었다. 이전부터 송상에 의한 민간 교역은 여전히 지속되었던 것이다. 기록상으로 1012년에 송상이 처음 고려에 왔다고 하는데, 실제로는 960년에 송이 건국한 이후부터 송상의 고려 왕래는 끊이지 않았다. 송나라 사람이 투화한 기록, 표류한 고려 사람들을 되돌려보내 준 기록 등이 그 주요한 증거이다. 송상이 활발하게 고려에 왔던 시기에는 해마다 송상의 배 두 척 이상이 고려에 가서 1년간 머물다가 돌아왔다는 11세기 후반 송의 규정이 있었다. 그리고 1년에 3척의 배가 고려에 가고 다시 다음해 같은 수의 배가 고려에 가면 먼저 갔던 배가 되돌아 오는 방식으로 송상이 고려를 왕래했다는 13세기 중엽의 송대 관인이 남긴 기록이 있다. 이것들은 모두 송상의 배가 매년 2·3척 이상 고려를 왕래했음을 알려준다. 송상왕래에 관한 직간접의 기사를 모두 합하여 매년 왔다는 것을 완벽하게 증명할 수 없다고 해도, 송이 건국된 960년경부터 송이 멸망한 1279년까지 송상은 거의 매년 고려에 왔다는 것이 당시 실정에 맞는 합리적인 해석이다.

송상은 고려를 왕래하고 교역을 하면서 고려에서 구하기 어려운 진보

珍寶를 비롯하여 서적·대장경·회화 등을 가져와 교역했으나, 정작 고려의 문화수준을 한단계 높일 만한 『태평어람』 등 최고급 선진문물은 송정부의 금지로 배에 싣고 올 수 조차 없었다. 문종이 큰 배를 만들어 송과 통교하려 하자 내사문하성이 송상을 통해 진보가 들어오고 있다며 반대했음에도 대송통교를 강행한 것도 이러한 사정과 관련된다. 거란의 세력이 약화되고, 송의 적극적인 대고려 정책을 간파한 문종은 송과의 외교관계 회복을 통해 송의 발달된 문화적 산물을 받아들이고자 한 것이다. 그것은 성종대에 송과 거란의 경쟁으로 인해 국가적 위상이 높아진 고려가 거란 대신 송과 외교를 하면서 송으로부터 유교화를 위한 많은 서적과 물품을 받아왔던 경험을 재현하는 것이었다. 그러므로 문종의 대송 통교 재개 이후 선종, 숙종, 예종대까지 송은 고려와 연합하여 거란 또는 금을 제압하기 위해 『태평어람』, 『대성악』 등과 같이 해상들이 거래할 수 없을 뿐 아니라 가치를 따질 수 없는 귀중한 것들을 고려에 보내주었다.

인종대에 송의 사신이 고려에 와서 송과 연합하여 금을 공격할 것을 청하고, 송이 금에 잡혀간 두 황제를 찾아오기 위해 고려에게 길을 빌려줄 것을 요청하였을 때 고려는 금을 의식하여 완곡하게 거절하였다. 송의 사절이 귀국한 뒤에 인종이 곧바로 고려의 사신을 보내 그 해명을 다시 했던 것도 군사적 상황이 송을 도와줄 처지는 되지 못하면서도 송과의 외교를 유지하여 경제·문화적 실리를 얻고자 했기 때문이다. 결국 이후 고려와 송의 공식적 외교는 사실상 단절되었고, 사안이 있을 때마다 송상을 통해 문첩을 주고받으며 비공식적 외교를 해나갔다. 물론 양국의 외교가 다시 중단되었으나 그 이전과 같이 송상의 왕래는 송이 멸망할 때까지 끊이지 않았다. 중국과의 교역 또는 선진문물의 유입 통로로서 서해는 항상 열려 있었던 것이다.

3) 여진과의 교류와 동해

동해 방면에서는 여진이 고려를 찾아왔다. 여진인들은 발해의 멸망 이후 압록강, 두만강, 흑룡강 유역에 거주하면서 강과 바다를 이용하여 고려를 찾아왔다. 이 가운데 두만강 지역의 여진은 해적으로 변하여 고려의 동해안을 노략질하거나 더욱 남하하여 일본의 배를 납치하기도 하였다. 그러나 더 많은 여진인들은 고려를 찾아와 국왕에게 조회하고 회사품을 받았다. 고려의 신하가 되었다는 상징적인 의미로서 향직鄕職이나 무산계武散階를 받았으며, 개경에 머물면서 무역을 하고 되돌아갔다. 고려에 조회하러 온 여진인에 대한 후대는 그들을 고려에 우호적으로 만들어 궁극적으로는 해적화하는 것을 막는 방책의 하나가 되기도 하였다.

여진이 고려에 조공하러 왔던 길은 지역에 따라 상이했다. 동여진과 흑수말갈은 두만강을 거쳐 원산만에 이르고, 다시 육로로 개경에 도착하였을 것이다. 서여진은 압록강에서 배를 타고 의주로 나와 서해안을 따라 남하하여 옹진반도에서 상륙하거나 예성항에 도착하여 육로로 이동하였을 것이다. 북계와 동계 지역의 고려 선병船兵(수군) 관서는 여진 해적의 침구를 방어하는 한편 조공하러 오는 여진을 보호하고 안내하는 이중적인 역할을 했을 것이다. 동계의 진명도부서鎭溟都部署(함남 원산 지역), 원흥도부서元興都部署(정평 지역)는 동여진을, 북계의 통주도부서通州都部署(평북 선천 지역)와 압강도부서鴨江都部署(의주 지역)는 서여진을 맡았다고 생각된다.

4) 일본·대식국 상인과의 교류

일본은 고려와 정식 외교 관계를 맺지 않았지만, 무역에 관심있는 정치 세력들이 보낸 해상들이 고려에 와서 국왕에게 진봉하는 의례를 갖추고 회사품을 받은 후 무역을 하고 돌아갔다. 일본을 담당한 수군은 동남도부서東南都部署(金州, 김해 지역)였다. 이들은 동해남부와 남해 지역을 방어하는 기능을 수행하면서 고려를 찾은 일본 상인과 사절을 호송하거나 표류민 송환, 외교문서 수령 등의 외교적 임무를 수행하였다. 숙종대 고려에 복속되기 전 외국으로서 고려를 왕래하던 탐라의 배들도 고려의 영해에 들어와서는 수군들의 도움을 받았을 것이다. 일본의 무역선들은 고려의 예성항에 정박하고 개경에 가서 고려 국왕에게 사헌을 하거나 예성항에 오지 않고 금주에서 무역을 하는 두가지 방식이 있었다. 전자의 경우 고려를 찾은 송상과의 무역도 함께 할 수 있었던 데 반하여 후자는 고려의 물산을 교역하는 비중이 높았을 것이다. 금주는 고려의 국가적 무역항인 예성항을 제외하고 공식적인 무역이 가능한 유일한 지방 항구였으며 예성항과 같이 수군이 주둔하는 곳이었다. 고려는 금주가 개경에서 멀리 떨어진 곳이었지만 지리적으로 일본과 가까웠기 때문에 일본과의 외교나 교역을 담당하도록 하면서도 수군관청을 설치함으로써, 대외무역을 국가가 관장하겠다는 정책은 그대로 유지하였다.

아랍 지역에 있던 대식국 상인들도 고려를 찾아왔다. 1024년 9월에 대식국大食國의 열라자悅羅慈 등 100인이 왔고, 1025년 9월에 하선夏詵·라자羅慈 등 100인이 왔다. 1040년 11월에 대식국 상객 보나합保那盍 등이 와서 수은 등을 바치고, 객관에 머물렀으며 금백金帛 등 국왕의 선물을 받고 돌아갔다고 한다. 아주 먼 이국의 상인이 고려에 와서 국왕을 알현하고 팔관회에 참여했기 때문에 고려 국왕과 정부의 특별한 대우를 받았을 것이다. 대식국 상인들은 송 남부 항구인 광주廣州나 천주泉州에 왔다가 고려에 관한 정보를 듣고 왔을 것이다. 9월과 11월에 고려를 찾은 것은 다분히 팔관회의 참여를 염두에 둔 것이 분명하다. 하지만 상단의 규모가 100명 정도였다는 것은 직접 자신들의 배로 항해한 것이 아니라 송상의 배편을 이용했음을 알려준다. 현실적으로 항해에 관한 지식이 없이 서해를 건너 고려를 왕래하는 것은 매우 위험한 일이므로 직접 배를 타고 오지 않았을 것이다. 하지만, 모두 세 차례에 그친 것을 감안해도 대식국 상인이 고려에 왔던 것은 무역사적으로 특별한 의미가 있다.

5) 송상의 고려 왕래와 동북아시아 교역망의 형성

송상은 송과 고려의 외교 여부에 관계 없이 고려를 자주 왕래했다. 그들은 고려 국왕에게 마치 외국 사신처럼 행세하며 헌상을 하고, 무역을 하였다. 동여진·서여진·흑수말갈·일본·탐라 등에서 온 사신들도 외교적 성격이 강했을 뿐 무역을 하러왔다는 점은 송상과 크게 다르지 않았다. 모두 팔관회에 참여하여 많은 백성들이 보는 앞에서 고려국왕에게 진보를 바치는 의례를 수행하였다는 점은 완전히 일치한다. 그들은 공적인 성격이 있었으므로 고려에 오는 과정에서 고려 선병船兵(수군)의 보호를 받을 수 있었다.

해상이 해외에 나가 무역하는 것을 금지하는 고려의 정책으로 인해 송상이 서해 해상무역을 사실상 독점하게 되었다. 고려는 그들이 예성항에 와서 무역하는 것을 허용함으로써 송상의 배가 자주 오게 되었고, 송에 직접 가기 어려웠던 동여진·서여진·흑수말갈·일본 사람들이 고려를 찾아와 송상과 교역하였던 것이다. 그리고 송상과 고려를 왔던 외국인들은 팔관회 등의 행사에 같이 참석하였으므로 동시에 오랫동안 체류하게 되었다. 송상·여진·일본인—때로는 대식국 상인—들이 고려에서 무역할 수 있었던 것이다. 더욱이 고려를 왕래하던 송상들은 당상관唐商館이라고도 불리던 개경의 객관과 배가 있는 예성항에 머물고 있었다. 송상이 본국을 왕래해서 객관과 예성항에 있던 송상이 바뀐다고 해도 또 다른 송상이 와 있었기 때문에 결국 1년 내내 송상은 고려에 있는 셈이었다. 고려의 주변

국이나 민족들은 굳이 위험하게 먼바다를 건너 송에 가지 않아도 고려에서 상시적으로 무역할 수 있었던 것이다.

이에 거란에 막혀 송에 가서 무역하기 어려웠던 동·서여진·흑수말갈 등은 조공을 명분으로 고려를 찾게 되었다. 항해 여건상 송에 갈 수 없어서 일본을 왕래하던 송상에 의존하는 일본 상인들도 비교적 항해가 쉬운 고려에 와서 무역을 하고자 했다. 이들은 고려 국왕에게 헌상하는 의식을 하고 회사품을 얻었을 뿐 아니라 자신들이 머물던 곳과 멀지 않은 송상의 객관에서 교역하였다. 그들은 고려와의 외교를 통해 정치적 권위와 경제적 이익을 얻었고, 송상과 무역하였다. 예성항에서 송상과 일본해상이 교역했을 가능성을 보여주는 것이 마도 해안에서 출수된 송상의 배에 있었던 도강의 성명이 쓰여진 묵서명 도자기이다. 이것은 품질이 조악하여 도자 문화의 수준이 높은 고려에서는 사용되지 않았고, 도자 생산 기술이 낮은 일본의 박다博多에서 많이 출토되고 있다. 두 사실을 종합하면 그 도자기는 송상이 고려에 팔기 위해 싣고 왔던 것이 아니라 예성항을 찾아오는 일본 해상들과 교역할 물건이었다고 이해된다. 즉 예성항을 중심으로 송·고려·일본을 잇는 중계무역이 이루어졌던 것이다.

동아시아 지역은 당이 멸망한 뒤 책봉체계가 붕괴되면서, 정치적 관계가 아니라 무역에 의한 교역권이 만들어졌다. 고려는 송상이 다니는 여러 교역국의 하나로서 동아시아 무역의 중심인 송과 연결되었고, 송상이 고려를 상시 왕래하게 되자, 흑수말갈·동서여진·일본이 국왕에 대한 헌상을 겸하여 송상과 무역을 하기 위해 고려를 찾아왔다. 그 결과 고려의 개경과 예성항이 동북아 지역 교역망의 중심지가 되었던 것이다.

고려가 송과의 통교를 재개하고 송상의 왕래가 합법화되면서 왕래 횟수도 가장 많아졌다. 그에 따라 일본과 동서여진의 사신도 많이 왔던 문종대는 동북아교역망의 중심으로서 가장 번성하던 시기였다. 송상이 왕래하는 서해를 비롯하여 여진이 왕래하는 동해와 일본이 왔던 남해가 모두 개방

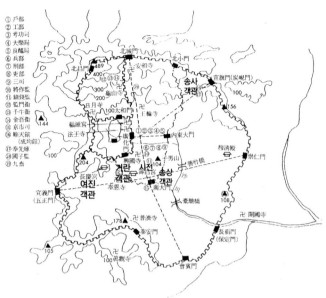

①戶部
②工部
③考功司
④大樂局
⑤良醞局
⑥兵部
⑦刑部
⑧吏部
⑨三司
⑩將作監
⑪錢穀監
⑫監門衛
⑬千牛衛
⑭金吾衛
⑮京市司
⑯順天館
　　(成均館)
⑰奉先庫
⑱國子監
⑲九齋

〈개경의 주요 시설 객관〉 박용운, 『고려시대 개경 연구』 일지사, 1996, 43쪽.
개경에 있던 궁궐과 사원 등을 비롯한 주요 시설에 관한 지도이다. 서북쪽 선기문
근처에 대송통교 재개이후 송의 사신들이 머물던 객관이 있었다. 시전은 남대문 북쪽
에 두 개의 길이 만나는 곳에 있는 남대가南大街에 있었다. 시전은 개경 사람들을 위한
관영 상업시설이었지만, 그 주변에서는 일반 백성들의 매매가 이루어졌고, 고려를 찾
은 송 · 거란의 사신을 비롯하여 송상 · 여진인들이 교역하기도 했다. 실제로 외국인들
의 객관은 시전에서 멀지 않은 곳에 있었다. 거란 사신의 객관인 영은관迎恩館과 인은
관仁恩館은 남대가의 흥국사興國寺 남쪽에 있었다. 여진의 객관인 영선관迎仙館은 순천
사順天寺 북쪽에 있었고, 영은관靈隱館은 장경궁長慶宮 서쪽에 있었다. 송상들의 객관인
청주관淸州館 · 충주관忠州館 · 사점관四店館 · 이빈관利賓館 등은 남문 밖에서부터 양랑
兩廊 사이에 있었다.

되었고, 수많은 외국 배가 고려의 해안을 다니던 이 시기를 해상 교류의 황
금기였다고 부를 만하다.

6) 송상의 고려 무역과 해상교통망

송의 명주와 고려의 예성항을 잇는 해도가 발달하면서 고려의 서해안

은 송상의 배로 붐볐다. 고려 수도 개경의 해상관문이었던 예성항에는 항상 송상의 배가 머물러 있었다. 송상의 배는 한 번에 몇 개의 상단을 태우고 오거나, 여러 척이 동시에 예성항에 정박하기도 했다. 그 가운데 일부는 최대 시장인 개경에 가서 객관에 머물며 관인들과 무역을 하였고, 나머지는 예성항에 남아 배를 지키며 주변 상인들과 교역하고 필요한 식료품이나 물을 구매했을 것이다. 예성항에는 송상을 위한 상업이 발달했을 것이다. 또한 송상의 무역을 감시하기 위해 예성항에서 파견한 어사대의 감검어사監檢御史가 화물을 검사하고 수출입을 해서는 안 될 물품이 있을 경우 해당 송상을 처벌하는 임무를 수행하였다.

그런데 예성항은 각 조창에서 조세를 싣고 온 조운선이나 지방에서 만들어 개경에 보내는 각종 물품을 실은 배들이 모이는 곳이었다. 이들은 거의 상시적으로 예성항에 있던 송상과 자연스럽게 무역을 하였을 것이다. 고려시대에는 군사나 공적인 교통을 위해 역원驛院을 정비했으나, 일반 물자 유통은 대부분 강과 바다를 이용했고, 그 구심점은 예성항이었다. 송상은 각 지역을 순회하지 않아도 공사公私의 목적으로 예성항을 왕래하는 각 지역의 상인과 교역이 가능했기 때문에 송상이 가져온 무역품들은 신속하게 각 지방으로 퍼져나갈 수 있었다. 고려의 유일한 무역항인 예성항 무역에 의한 선진문물의 지방 전파가 개경에 못지 않았기 때문에 개경과 지방의 문화적 격차가 좁아서 대송 무역의 파급효과는 전국에 미쳤다고 할 수 있다.

서해안 지역 섬들이 송상의 정박을 계기로 약간의 교역이 가능해졌다. 송상들은 명주를 떠나 고려의 경계인 협계산—가거도—를 만나고 흑산도를 거쳐 서남해에서 북진하여 예성항에 도착하였다. 해상의 배가 왕래하는 과정에서 날씨가 좋을 때는 시일을 단축하기 위해서 섬에 기착하는 일이 없이 우회하여 항해하였을 것이다. 그러나 송상이 고려에 올 때 가거도에서 예성항까지, 돌아갈 때 예성항에서 가거도를 지나기까지 순탄하게

〈개경과 예성항〉 「대동여지도」

개경의 서쪽에 있는 강이 예성강. 개경의 남쪽에 있는 강이 한강과 임진강이 합류한 조강祖江이다. 개경에서 서쪽길을 따라 예성강과 만나는 곳에 예성항인 벽란도가 있다. 고려는 해상무역으로 성장한 후예가 건국한 나라답게 수로의 편리함을 알아서 우리 역사상 처음으로 조운체계를 만들었다. 이에 전국 각지의 조세와 물산이 바다와 강을 통해 배로 옮겨져 예성항에서 하선하고 육지로 약 40리를 운반하여 개경에 이르렀다. 송상을 비롯한 외국 해상들도 마찬가지로 예성항에 도착하여 개경으로 향하였다. 그런데 벽란도 옆의 예성강의 물살이 빠르다는 기록과 같이 이곳은 쉽게 운항할 수 있는 곳이 아니었다. 외국의 상선이 예성항에 입항할 때는 조수간만과 물길에 대해 잘 아는 사람의 도움이 필요하였다.

지나간 배는 그다지 많지 않았을 것이다. 1123년에 고려에 왔던 송의 사신 일행이 귀국할 때 풍랑을 만나 군산도에 오랜 기간 머물렀던 것처럼 고려를 왕래했던 송상들의 배들은 가거도, 흑산도, 군산도, 마도, 영종도와 같은 해로상의 주요 섬들에 정박하여 악천후를 피하거나 물과 식량의 보급, 파손된 배의 간단한 수리 등을 했을 것이다. 그 사이에 섬의 사람들은 송상들에게 물과 식량, 목재 등을 제공하거나 교역을 할 수 있었다. 1년에 여러 척의 배가 수차례 왕복하였으므로 그러한 기회가 많았을 것이다.

고려를 방문하는 외국의 해상들은 원칙적으로 관인이 파견되어 해상의 수출입을 감시·감독하는 예성항에서만 무역을 해야 했지만, 서해상의 섬 지역에서 악천후 등으로 인해 불가피하게 정박하였을 때 현지 주민과 송상이 무역할 수 있었다. 군산도 사람이 송상과 함께 개경에 왔다는 것은 그

〈고군산과 위도〉「청구도」

조선시대 전주부 고군산도—현재 선유도—와 부안현 위도의 지도이다. 두 섬은 고려를 향해 명주에서 출발한 배가 흑산도를 거쳐 예성항을 향해 북진하고 예성항에서 출발하여 명주로 귀국하는 배가 서진하여 흑산도 방향으로 향하는 중간에 있어서, 중국을 왕래하는 배가 물과 필요한 물품을 보충하였다. 또한 연안항해에서 원양항로로 바뀌는 분기점이라는 점에서 송상 또는 송사신의 배에 고려연해의 바닷길에 밝은 사공을 태우고 내려주는 곳이었을 것이다. 명주와 군산 사이의 해도는 연안항로와 달리 바다가 깊어 순풍을 만나면 군산에서 출발하여 중국에 수일 내에 도착할 수 있었다고 한다. 그러므로 송의 사신을 맞이하는 군산정群山亭이라는 객관客館이 있었고, 오룡묘五龍廟·자복사資福寺·숭산행궁崇山行宮 등 여러 시설이 있었다.

러한 정황을 알려준다. 이처럼 국가의 묵인 하에 해도상 중요한 섬에서 무역이 이루어졌을 것이다.

7) 탐라와 우릉도芋陵島(울릉도)의 고려 귀속과 남해·동해

12세기는 탐라와 우릉도가 고려의 영역에 귀속되면서 동해와 남해의 해상경계로 역할하기 시작한 시기였다. 제주도는 고려초에 탐라국으로 고려에 입조하였고, 팔관회에 여진·일본 등과 더불어 외국의 사신으로 참여하였다. 그러나 1105년에 정치적 독립성을 잃고 고려의 영역에 포함되어 탐라군이 되었고, 1153년에 탐라현으로 바뀌었으며, 1295년에는 제주로 지명을 고쳤다. 탐라가 고려 영토에 편입되면서 마라도 등의 부속섬이 고려의 영역 안에 들어왔고, 고려의 남쪽 해상 경계가 크게 확대되었다. 이곳

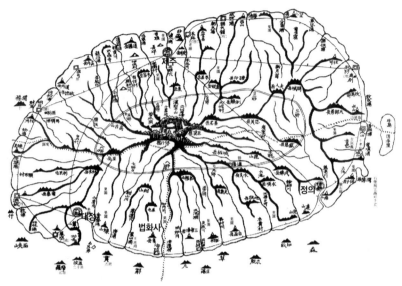

〈제주도濟州島〉 「대동여지도」

조선시대에 제주도는 전라도에 속했고 제주목·대정현·정의현 등의 세 고을이 있었다. 고려초에 탐라국貶羅國으로 고려에 조공을 하다가 숙종대 고려의 군현이 되었으며, 의종대부터 현령이 파견되기 시작했다. 이 섬은 중국과 일본을 잇는 해도의 중간에 위치하고 1950m의 한라산이 있어서 먼 곳에서도 보였기 때문에 항해하는데 큰 도움을 주었다. 또한 풍랑을 피해 정박하고 항해에 필요한 물과 식량을 조달할 수 있는 곳이었다. 송대에 항해기술이 발전하고 원대에 일본과의 무역이 활발해지면서 섬 남쪽으로 다니는 배들이 많아졌으므로 더욱 중요해졌다. 선원들의 해상안전을 기원하는 관음 신앙 사찰이었던 서귀포 법화사가 번창하게 된 것도 중국과 일본의 해상교류가 활발해진 것과 관련이 있다.

은 송과 일본을 연결하는 해상 항로에 위치하였는데, 명주를 출발한 송상의 배가 동북진한 뒤, 해상에서 보이는 한라산을 지표로 삼아 동진하여 제주 바다를 거쳐 일본에 도착하였다. 보다 안전한 항해로는 흑산도에서 고려의 내해인 제주 북쪽바다를 거쳐 일본을 가는 것이며, 제주 남쪽 바다를 거쳐 일본에 가면 항해일을 단축시킬 수 있었다. 어느 경우이든 일본을 왕래하는 송상의 배가 안전하게 항해하는데 제주도가 중요한 표지의 역할을 했을 뿐 아니라 기상이 좋지 않을 때는 대피처로 이용되었을 것이다. 따라서 제주 남해안에는 일본이나 송으로 향하는 송상들이 일정기간 정박하며 물과 식량 등을 구하는 과정에서 자연스럽게 교역이 이루어

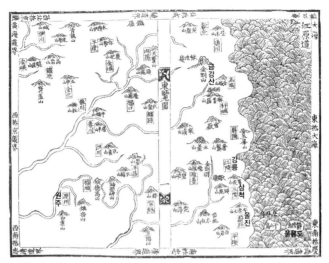

〈울릉도와 우산도〉 『신증동국여지승람』

강원도의 군현을 그린 지도이다. 강원도 동남쪽에 있는 울진현의 산천조에 울릉도와 우산도를 기록하고 지도에 그려 넣었다. 아울러 신라 때 이사부에 의해 정복되고 고려초에 소공하였으며, 의종대에 동계에 편입되었던 것 등 섬에 관한 내력을 자세히 적고 있다. 특히 조선이 건국한 뒤, 섬에 백성이 살지 않도록 하는 공도정책空島政策을 실시하여 이 책이 만들어지기 직전인 성종대에는 섬에 한 사람도 살지 않게 되었지만, 울진현에 속한 섬으로 실제보다 훨씬 크게 그려넣은 것은 거주의 여부와 관계없이 울릉도와 그 부속섬인 독도가 조선의 영토임을 분명히 하고자 하는 뜻을 담고 있다.

졌을 것이다.

　태조대 고려에 입조했던 우릉도는 여진의 노략질을 받아 점차 인구가 줄기 시작하였다. 고려는 사신을 보내 섬의 실태를 파악하고, 의종대에는 이주를 계획하기도 했으나 실행되지 않았다. 탐라와 달리 우릉도는 인구가 적어서 군현으로 만들기 어려울 정도였으므로 명칭을 부여하지 않은 대신, 군현보다 낮은 행정단위인 도島로서 고려의 영역에 완전히 포함되었다. 이로써 후삼국의 혼란기에 일시적으로 독립하여 고려에 조공을 바치던 울릉도는 그 부속섬인 독도 등을 포함하여 다시 고려의 영토에 속하게 되었다.

8) 금과의 대외관계와 바다

　두만강과 압록강 유역에 흩어져 살며 고려에 조공하고 고려 국왕을 자신들의 군주로 섬겼던 여진은 11세기말에 점차 세력이 강해져 고려의 동북방면을 위협하였다. 이에 숙종은 대규모 원정군을 보내 여진을 공격하였으나 실패하였다. 예종은 별무반을 편성하고 전열을 재정비하여 원수 윤관에게 다시 한번 여진 정벌을 맡겼다. 윤관은 동북면에 가서 여진 지역을 경략하고 9성을 쌓는 등 일정한 성과를 거두었지만, 여진의 집요한 반격을 받자 그들의 충성 맹세를 받고 점령한 영토를 되돌려주었다.

　여진은 완안부完顔部의 아골타阿骨打가 세력을 규합하여 1115년에 금을 건국하고 황제를 칭하였으며 서진하여 거란을 공격하기 시작하였다. 이 과정에서 100여년간 고려에 대한 압력 수단의 하나로써 영토분쟁을 일으키던 보주와 내원성來遠城을 금의 묵인 하에 고려가 차지하는 성과를 거두었다. 금은 송과 연합하여 거란을 멸망시키고, 다시 송을 공격하여 옛 거란의 영역 이남까지 영토를 확대해나갔다. 1126년에 금은 고려에 사신을 보내 군신관계를 요구하였고, 이자겸 등이 일부 반대를 물리치고 금의 요구를 수락함으로써 고려는 금의 책봉국이 되었다.

　거란이 쇠퇴하기 시작하자 송은 바다 건너 고려에 대해 적극적인 외교를 펼쳤다. 송은 예종이 원하던 대성악을 비롯하여 불골佛骨 사리 등 귀중한 것들을 많이 보내주었다. 예종의 사후에 조위사弔慰使(고려 국왕의 죽음에 대한 조문사절)와 제전사祭奠使(죽은 고려왕에 대한 제례를 하러 온 사신)를 보내 정치적 유대관계를 더욱 돈독히 하고자 하였다. 그러나 정작 고려는 금의 공격을 받아 송의 수도가 점령되고 두 황제가 납치된 절체절명의 상황에서도 송을 돕지 않았다. 송은 연이어 고려에 사신을 보내 금에 대한 송의 군사행동에 협력해줄 것을 요청하였으나 고려가 그것을 거절하면서도 송의 사신이 실망하여 돌아가자 인종은 바로 사신을 송에 보내 그 경위를 해명하고 외

〈척경입비도拓境立碑圖〉 　고려대박물관 소장, 국립중앙박물관, 『고려시대를 가다』, 2009, 101쪽.
조선후기에 윤관이 여진을 정벌한 뒤 신춘령先春嶺에 '고려지경高麗之境'이라고 새긴 경계비를 세운 일을
묘사한 것이다.

교관계를 유지하려고 노력하였다. 송과 금은 화의를 맺고 더 이상 전쟁은
하지 않게 되었다. 송은 이전과 같이 고려와 연합하여 거란이나 금을 제압
하겠다는 전략을 포기하면서 고려의 전략적 가치가 떨어지자 공식 외교를
사실상 중단하였다. 뒤에 고려와 송의 관계는 표류민과 포로의 송환과 같
은 사안이 발생할 때마다 송상을 통해 외교문서를 주고받는 것에 그쳤다.

　금이 건국하게 되면서 고려 주변의 해상활동에도 많은 변화가 일어났
다. 먼저 바다를 통해 고려를 찾던 여진들이 오지 않게 되었다. 1128년에
김부일이 송의 사신 양응성에게 금의 군사가 바다를 건너 양절兩淅 지방을
공격하려 한다고 하자 양응성이 여진은 수전을 할 수 없다고 했다. 이에 김
부일은 여진이 항상 '해도海道로써 고려를 섬겼지만 이제는 고려에게 금을
섬길 것을 요구하고 있다'고 한 바와 같이 여진은 동해안을 통해 고려에
왔던 것이다. 금이 건국하여 동해안과 두만강 유역의 부족들을 통합하면
서 여진의 고려 입조가 줄어들기 시작하였고 금이 강성해진 뒤에는 그 해

〈아골타의 동상〉

금을 건국한 아골타의 동상이다. 본래 고려에 입조하던 여진의 완안부 추장이었던 아골타는 주변 세력을 규합하고 1115년에 금을 건국하였으며 사후에 태조가 되었다. 1117년 3월에 아골타는 거란을 공격하였고, 그 과정에서 오랫동안 거란이 국경분쟁을 일으켜 고려의 우환이 되었던 내원과 포주抱州—보주—를 고려가 되찾을 수 있었다. 이 일이 계기가 되어 고려와 금은 비교적 우호적인 분위기 속에서 양국이 형제관계에 준하는 외교를 맺었다.

도를 이용한 왕래는 사라졌다. 그와 더불어 동해안의 여진 해적 활동이 없어졌다.

금의 영역이 장강 부근까지 남하한 것도 해상들의 활동에 영향을 미쳤다. 거란·송 시기에는 고려의 서해도 서북해안과 산동반도를 잇는 북선항로와 명주에서 서남해를 거쳐 예성항에 이르는 남선항로가 동시에 이용되었다. 대대수의 송상들이 천주泉州·복주福州 등 명주 이남의 상인이었고, 송의 허가를 받아 고려에 갈 수 있는 항구가 처음에는 명주로 제한되었기 때문에 주로 남선항로를 많이 이용했다. 반면, 송의 사신이 송에 갔던 고려의 사신단과 함께 고려의 옹진반도에 도착하여 개경에 이르렀던 것, 황해도 남쪽 해역에서 해상을 노린 해적이 활동했던 것, 대송 통교후 첫 번째 고려의 사신인 김제가 도착한 곳이 등주였던 것, 의천이 고려 정주에서 송상의 배를 타고 송에 내린 곳이 산동반도 남쪽인 밀주密州였던 사례에서 알 수 있듯이 고려와 송의 왕래에 북선항로도 자주 활용되었다. 하지만, 금의 영역이 남쪽으로 확대되어 산동반도 전역을 차지하게 되었고, 고려가

〈정해현도定海縣圖〉

고려에 가는 송의 배가 출발하던 명주 정해현의 송대 지도이다. 명주 시박사에서 신고를 하고 허가를 받은 해상의 배가 정해현에서 바다로 나와 고려로 항하였다. 1123년 고려에 왔던 서긍의 기록에 따르면 정해현을 출발한 신주(神舟: 황제의 조서와 사절을 실은 배가 창국현(昌國縣: 舟山群島)의 여러 섬과 암초를 따라 항해하고 3일만에 고려의 경계인 협계산(夾界山: 신안군 가거도)에 이르렀다. 한편, 지도의 서쪽 편에 남송의 수도인 경원부가 있다. 수도가 개봉開封에 있을 때보다 이곳으로 옮긴 이후 고려의 사신들이 훨씬 쉽고 편리하게 갈 수 있었다.

금과 해상 교류를 하지 않았으므로 고려와 등주·밀주를 잇는 해도를 다니는 배는 없어졌다.

그 대신 송초기부터 해상들이 자주 이용하던 명주가 고려에 대한 외교와 무역에서 동시에 활용되는 항구가 되었다. 바람과 해류가 알맞아서 중국 장강 지역에서 한반도의 서남해를 신속히 연결하였기 때문에 이 해도는 중국 삼국시대와 남북조 시대 오吳·동진東晉·남송南宋 등의 왕조와 백제가 외교 및 교역할 때 활용되었고, 후삼국 시기에는 십국에 속하는 오월·오·남당 등 왕조가 후백제 및 고려와 교류하는 데 이용하였다. 고려를 왕래하는 송의 각 지역 해상들의 배가 명주 시박사에서 허가받도록 한 것은 그곳이 고려에 가는 가장 편리한 해도였다는 점이 고려된 것이었다. 송의 북쪽 경계가 장강의 북쪽으로 축소되면서 명주는 금과의 경계와 멀지 않게 되었지만 수도인 임안臨安과 가까웠을 뿐 아니라 고려에 가는 가장 편리한 곳이라는 장점 때문에 그 이전과 같이 고려에 가는 해상들의 출발점이 되었다. 비록 천주 등 다른 곳에 시박사가 생겨서 해상들이 허가를 받고 고려에 갈 수 있었다고 해도 해안을 따라 북상한 뒤 명주 정해현定海縣 부근에서 서북진해야 했으므로 고려에 가는 해도의 출발지로서 명주항의 지위가 변한 것은 아니었다. 오히려 명주는 수도에 인접한 주요 항구도시로서의 위상 때문에 경원부가 되고, 더욱 번성하였으며 고려와 일본에 가는 해상의 출발 항구로서 역할을 계속하였다.

4. 고려후기 대외관계

1) 몽골과의 전쟁과 바다

고려와 몽골의 외교 관계는 1218년에 고려를 침략한 거란의 군사를 강동성에서 양국군이 협공하고 다음해 성을 함락한 뒤 맺어진 형제맹약으로부터 시작되었다. 이후 몽골은 많은 양의 공물을 요구하였으며, 그것이 마음에 들지 않자 고려 국왕 앞에서 무례한 행동을 하였다. 그 이전 고려가 거란·송·금 등 중국의 여러 왕조와 사대를 하면서 방물을 보냈어도 그것은 정성을 담은 것이면 되었을 뿐이었다. 그러므로 고려는 공물을 따지며 압박하는 몽골에 반감을 품게 되었는데, 1225년 고려에 왔던 사신 저고여著古與가 귀국 중에 압록강변에서 피살되자 몽골은 고려를 침략할 계획을 세웠다. 그리고 몽골의 아시아 지배 전략에 따라 1231년에 살례탑撒禮塔이 지휘하는 몽골군사가 고려를 공격하였고, 이로부터 약 29년간 9차례에 걸친 고려와 몽골의 전쟁이 개시되었다.

1231년 몽골이 침입하자 최씨 정권은 항복이 곧 자신의 권력을 상실하는 것이라고 판단하여 항전을 택하였다. 최우는 여러 신료들의 반대를 물리치고 1232년에 수도를 개경에서 강화로 옮겼다. 강화가 항전의 임시 수도가 된 이유는 최자의 「삼도부」에 나와 있다. 최자는 강도가 '안으로 마니산·혈구산이 첩첩이 웅거하고 밖으로 동진산童津山(김포 통진산)·백마산이 사면 요새의 경계가 되었다. 출입을 단속함에는 동편의 갑곶나루가 있고, 외빈을 맞고 보내는 것은 북쪽의 풍포관楓浦館을 이용하며 두 화산의 봉우리가 문턱이 되고 두 산이 문지도리 되니 참으로 천하의 깊은 곳이다. … 물은 서로 도와 둘렀고 산은 다투어 드높았으며 굽어보면 오싹할 만큼 물이 깊고 쳐다보니 아찔한 절벽이다. 오리·기러기도 못 날아들고 늑대와 범이 엿보지 못할 것이다. 한 사람이 소리지르며 지키면 온 집이 편안한 잠을 잔다. 이는 금성·탕지이며 만세 제왕의 도읍이다.'라고 하였다. 오랫동안 강도江都에서 관직을 지낸 최자는 바다 건너편에 있는 산과 강화도를 둘러싼 바다가 자연의 방어막이 되고, 섬 안의 두 큰 산이 관문과 같은 역할을 하고 있는 강도가 외적을 막기 쉬운 곳이라고 하였다. 실제 최씨정권이 강화를 선택한 것은 주효해서 오랫동안 항전을 지속해나갈 수 있었다.

강화도는 방어상 유리한 점이 있었을 뿐 아니라 개경과 가까운 섬이었기 때문에 고려의 조운체계와 해상 교통의 편리함을 그대로 활용할 수 있었다. 최자는 당시의 강도를 '성시가 곧 포구이며, 문밖에 바로 배가 있다. 꼴 베러 가거나 땔나무를 해오는 것도 조그만 배에 실어와서 육지보다 빠르다. 채취하고 옮기기 쉬워서 땔감이 부족하지 않고, 말과 소의 먹이가 넉넉하여 사람은 힘을 덜 들이고도 많은 일을 한다. 상선과 공물을 실은 배가 만 리 밖에서 잇달았고, (짐이 가득해서) 무거운 배는 북쪽—강도—으로 오고 (짐을 내리고) 가벼워진 배는 남쪽으로 간다. 배의 돛대머리 서로 잇고 뱃고물이 맞물렸으며, 한 번 부는 바람에 순식간에 옮겨간다. 사방에서 사람이 모여드니 산과 바다의 물산을 실어오지 않는 것이 없다. 옥 같은

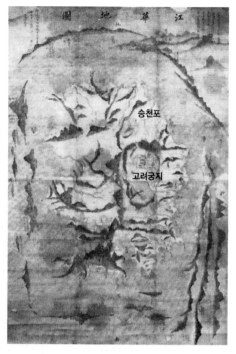

〈강화도 지도〉 고려대박물관 소장

조선시대 강화도 지도이다. 조선시대에 간척사업이 많이 진행된 이후에 그려진 것이므로 고려시대와는 섬의 형태가 달랐을 것이다. 강화도의 동쪽은 바다인데 물살이 빨라 쉽게 건너기 어려웠고, 건너편 육지에는 높은 산이 있어 방어에 유리하였다. 대몽항쟁을 위해 강화도로 천도한 이후에도 송상들은 줄지 않고 고려를 찾았는데, 강도의 궁성이 북쪽에 있어서 송상들도 그곳과 가까운 승천포를 이용하였다. 최자의 심도부에는 강도로 옮긴 이후 포구와 궁성의 거리가 더 짧아져 운송이 편해졌다고 하였다. 예성강 벽란도에서 개경까지가 육지로 약 40리였는데, 승천포에서 강도의 궁성까지는 그보다 훨씬 가까워 힘든 육상운송을 적게 해도 된다는 뜻이다.

쌀을 찧은 것이 만 석 만큼 높이 쌓이고, 주옥이며 모피를 싸고 꾸린 것이 사방에서 모여와 가득하다. 뭇 배 와서 닻 내리자 거리에 가득하고, 골목이 붐비며, 매매가 사뭇 손쉽다. 말이나 소도 필요없이 몇 걸음 안 걸어서 관청에 쌓여지고 민가에 흘러 넘치는 것이 산보다 높직하고 샘물처럼 쏟아진다. 온갖 곡식이 묵어서 썩을 지경이니, 한나라 시대의 부유함 풍요함과 비교해도 어떠하겠는가' 라고 하였다. 강도는 배를 통해 국가 운영을 위한 조세와 공물이 들어오고, 백성들이 살기 위한 쌀이 넉넉하며 땔감을 구하는 것도 어렵지 않다고 하였다. 몽골군이 수 차례에 걸쳐 고려를 유린하였지만, 호구가 많고 토지가 넓은 전라도와 경상도 세곡 및 공물이 통하는 서해와 남해의 조운은 여전히 고려가 장악하고 있었다. 또한 강도로 천도한 이후에도 송상이 전쟁의 양상과 무관하게 정기적으로 왕래하며 고려 정부와 지배계층이 원하는 진귀한 물품을 팔았다.

몽골군의 침략으로 고려의 육지가 유린되었어도, 고려가 바다를 장악하였으므로 장기간 항전을 할 수 있었다. 뒤늦게 이러한 점을 깨달은 몽골군은 1256년부터 해군을 동원하여 섬을 공격하고자 하였다. 고려 수군은 바다의 지형과 조수간만에 익숙한 점을 활용하여 몽골군을 방어하고 승전을 거두었으나, 그 만큼 고려군에 대한 몽골의 압박은 커졌다. 이것은 고려가 조속히 대몽 강화를 결정하는데 일정한 영향을 주었다.

2) 해도·산성 입보 전술과 연해·섬 지역의 개발 및 농업 기술의 발전

최씨 정권은 강도로 천도한 이후 백성들에게 산성 및 해도로 입보하여 항전할 것을 지시하였다. 산성은 험준하게 높은 산위에 있고, 해도는 바다에 둘러 쌓여서 몽골 기마병의 기동력을 활용한 공격을 막는데 유리하였다. 백성들은 이곳에서 오랜 기간 머물며 항전하기 위해서 농사를 짓기 시작하였다. 당시 농업 생산력을 보면, 매년 경작 가능한 상경전常耕田은 적었고 1년 또는 2년을 묵힌 후 경작하는 일역전一易田과 재역전再易田 등이 많았다. 상대적으로 인구가 적고 땅은 넓어서 품이 많이 드는 거름주기를 하는 것보다 묵히는 것이 효율적이었던 것이다.

그러나 섬이나 산성에 많은 사람들이 함께 살게 되면서 농업 기술상 경작을 고려조차 하지 않았던 버려진 땅을 개간할 수 밖에 없었으므로, 산에 밭이 만들어지고 해안가 또는 섬 안의 평지가 간척되었다. 실제로 1248년 3월에 북계병마사 노연盧演에게 명하여 북계 여러 성의 사람들을 해도海島에 들어가도록 하였다. 그런데, 위도葦島의 평평한 땅 10여리가 경작할 만하나 바닷물이 드는 것이 두려워 간척하지 못하였다. 병마판관 김방경이 둑을 쌓고 파종하도록 하였다. 백성들이 처음에는 힘들어했으나 가을에 크게 거두어들여서 그에 힘입어 살 수 있었다. 섬에 우물이 없어 물을 길러 갔다가 적의 포로가 되기도 하였기 때문에 물을 저장하는 연못을 만들어 우환을 없앴다고 한다. 많은 사람들이 작은 섬에 살면서 농사를 지을 필요성이 생겼으므로 짧은 시일 안에 둑을 쌓아 바닷물을 막을 수 있었을 것이다.

이 시기 농업 기술상의 가장 큰 변화는 강도에서 일어났던 것 같다. 당시 강도에는 개경에서 옮겨온 사람들로 붐비고 있었다. 「삼도부」에서는 그러한 것을 '물가에 언덕들 잎처럼 가지처럼 붙어 올망졸망 있는 것이 강상 江商(강을 다니며 장사하는 사람) · 해고 海賈(바다를 다니며 장사하는 사람) · 어옹 漁翁(어부) · 염수 鹽叟(소금만드는 사람)의 집들이요. 산 속에 그 꽃송이 · 꽃받침을 걸쳐 날아가는 듯 솟아 있는 것은 황거 皇居 · 제실 帝室 · 공경 公卿 · 사서 士庶들의 집이다'라고 표현하였다. 강화 섬의 바닷가 쪽은 상인이나 어부들이 살았고, 화산 안쪽에는 궁궐과 관인들의 집이 있었던 것이다.

강도에는 개경에서 옮겨온 왕실 · 관인 · 군인 · 서리 등을 비롯한 피난민과 기존 거주민 등 매우 많은 사람들이 좁은 곳에 살고 있었다. 따라서 노동력은 풍부하고 토지는 부족하였으므로 강화 서안의 갯벌 지역을 간척해나갔을 것이다. 다소 지력이 떨어지는 토지에서도 노동력을 집중적으로 투입하는 농사가 이루어졌다. 좁은 땅에서 많은 소출을 올릴 수 있는 논농사와 깊이갈이가 시도되었다. 소와 말은 물론 많은 사람들이 배출하는 분뇨로 만든 다량의 거름은 지력의 회복을 도와 매년 경작을 가능하게 했을 것이다. 곡식을 심은 뒤에는 풍부한 노동력을 이용해서 여러 차례 철저한 김매기도 할 수 있었다.

집약적 농업이 시행됨에 따라 강화 섬 안의 토지 결수가 급격하게 늘어났다. 1259년 9월에 '강화전 江華田 2천결을 공름 公廩(국가가 관리하는 창고)에, 3천결을 최의 崔竩의 집에 속하게 하고, 또 하음 河陰 · 진강 鎭江 · 해령 海寧(이상 강화도 내의 고을 이름)의 토지를 제왕 諸王 · 재추 이하에게 차등있게 주었다'

〈고려 궁지〉 정학수 제공
대몽항쟁기 강화도로 천도하였을 때 고려의 궁궐이 있었다고 추정되는 조선시대 강화부가 있던 곳의 사진이다.

는 기록은 강화도에 간전이 5천결이 넘었음을 알려준다. 조선시대에 진강현·하음현을 통합한 강화도호부의 간전이 5606결이고 논이 조금 많다고 한 것(『세종실록지리지』 권148, 경기 강화도호부)과 일치한다. 간전결수를 비교하건대 강화보다 섬의 규모가 큰 거제현이 709결, 곤남현昆南縣(昆明縣과 南海縣의 합칭)이 1824결(이상 지리지 권150)에 불과하였다. 강화가 훨씬 많았고, 조선시대에 섬인 진도현과 육지인 해남현이 합쳐져 만들어진 해진군海珍郡의 5941결(지리지 권 151)과 비교해도 강화현이 결코 적지 않았다. 강화와 같이 해안 갯펄이 많은 좁은 섬에서 다른 지역보다 간전이 많았던 것은 해안지역이 농토로 개발되고, 이곳에서 집약적 농업을 하면서 단위 면적당 소출량이 높아지는 토지생산성의 향상으로 인해, 1결의 절대면적이 좁아졌기 때문일 것이다. 몽골과의 전쟁이 끝난 뒤에 다시 육지로 돌아간 사람들은 예전처럼 노동생산성을 높이는 농업방식으로 회귀하였겠지만, 이 시기의 농업 경험과 기술발전은 평화 시기를 거치면서 인구가 늘어났을 때 요긴하게 활용되었을 것이다.

3) 삼별초의 항쟁과 서해·남해

　대몽항쟁 시기 바다와 관련된 또 하나의 큰 사건은 삼별초의 반란이었다. 삼별초는 본래 치안을 유지하며 도성의 수비와 친위대의 임무를 띤 군대로 최씨 정권을 비롯한 무신정권의 권력을 지키는데 이바지하였으며, 수도를 방어하는 것 이외에 전국 각지에 파견되어 대몽항전을 수행하여 적지 않은 승리를 거두기도 하였다.

　그러나 1270년 몽골에 갔다가 귀환하던 원종이 더 이상의 전쟁을 하지 않기로 결정하고 그러한 의사표시로써 개경환도를 명령하자 삼별초군은 강도의 창고를 열며 저항을 시작하였다. 곧 이어 장군 김지저金之氐가 강화에 와서 삼별초를 해산하려 하였으므로 삼별초는 6월에 장군 배중손裵仲孫, 야별초지유 노영희盧永禧 등을 중심으로 반란을 일으켜, 승화후承化侯 온溫을 왕으로 옹립하고 관부官府를 설치하였다. 그러나 강화를 지키던 군사가 많이 도망하여 육지로 나가자 사세가 불리해졌다. 삼별초군은 배를 모아 공사公私의 재물과 자녀를 모두 싣고 남쪽으로 내려갔는데, 구포仇浦로부터 항파강缸破江까지 배머리와 꼬리가 서로 접하여 무려 1천여 척이나 되었다고 한다. 삼별초는 고려 관군과 몽골에 쫓겨 남하하다가 8월에 진도珍島에 들어가 싸움을 계속하였다. 진도는 남해의 조운선과 화물이 반드시 지나는 요충지이며, 나주를 비롯한 서남해안을 장악할 수 있는 곳이었다. 또한 송상의 배가 흑산도를 지나 강화로 가는 해도의 주요 섬들이 있었다.

　삼별초군은 보유하고 있는 많은 배와 수군을 활용하여, 전라도는 물론 거제·합포·김해 등 남해안의 여러 고을을 지배하면서 세력을 확장하였다. 1271년 9월에는 일본에 사신을 보내 양 세력이 연합하여 몽골에 대항할 것을 요청하는 외교적 활동을 벌였다. 그러나 여몽연합군의 공격을 막아내지 못한 삼별초는 제주도로 거점을 옮기고 김통정金通精의 지휘 하에

〈진도 삼별초 궁궐터와 제주 항파두성〉 김창현·제주문화유산연구원 제공.
진도의 궁궐터와 제주의 항파두성이다. 개경환도에 반발하는 삼별초는 승화후 온溫을 왕으로 옹립하고, 강화에서 출발하여 진도로 거점을 옮겼으며, 장기 항전을 위해 성을 쌓고 궁궐을 지었다. 이후 여몽연합군의 공격을 받자 다시 탐라로 이동하여 항파두성을 쌓고 항전을 지속하였다. 삼별초군이 몽골에 대항하는 과정에서 강화·진도·제주 등 세 섬을 거점으로 삼은 것은 몽골에 대항하기 유리했기 때문이며, 최씨정권의 강화천도와 해도입보책을 계승한 것이었다.

항쟁을 지속하였다. 제주는 진도보다 훨씬 남쪽으로 먼 곳에 있어서 남해안 고을에 대한 영향력이 떨어지지만 방어에 유리한 점이 있으며, 중국과 일본을 연결하는 해상항로의 지침이 되는 중요한 곳이었다.

이 시기에 삼별초는 전라도 남해안의 조운선을 약탈하고 양광도 서해안

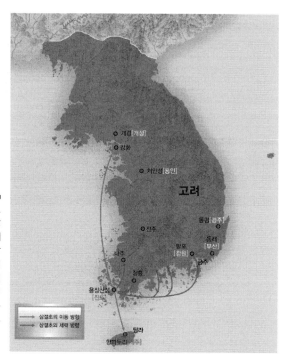

〈삼별초의 항쟁〉
군사편찬위원회, 『한국군사사』 4, 육군군사연구소, 2012, 145쪽. 삼별초가 진도와 제주 등 해상 교통 요충지를 점령한 것은 해상활동을 통해 서남해를 장악하는 한편, 남해 지역의 조운이 개경으로 가는 것을 막아 고려 정부에 타격을 주기 위한 것이었다. 고려시대 해상교통이 국가운영에서 중요했다는 것은 삼별초의 항전 과정이 잘 설명해주고 있다.

의 안행량安行梁을 거쳐 강도 근처까지 올라왔으며, 홍주를 공격하여 관원을 사로잡고 강화도 남쪽의 영흥도를 점령하는 등 활발한 해상활동을 하였다. 고려 정부는 삼별초의 토벌을 위해 배를 마련하고 군사를 모집하여 1273년 정월에 김방경을 판추토사判追討使로 임명하여 지휘하게 하였다. 나주 반남현에 모인 1만여명의 여몽연합군은 추자도를 거쳐 제주 함덕포에 상륙하였다. 삼별초군은 중과부적으로 그들의 상륙을 막아내지 못하였고, 연합군이 비양도 방면으로 우회하여 공격해 들어오자 김통정 등의 지휘부는 혼란에 빠져 한라산 방면으로 달아나고 결국 제주가 함락되었다.

삼별초의 항쟁은 약 3년간에 걸쳐 계속되었다. 본래 정규군이었던 삼별초군이 고려의 핵심 군사력을 이루었으므로 장기간 고려와 몽골의 연합군사력을 막아낼 수 있었을 것이다. 하지만, 그들이 서남해를 장악하고 오랫동안 항전할 수 있었던 중요한 요인은 진도와 제주 등 해상 요충지를 점령하여 거점으로 삼았다는 점에 있다. 남해안 지역은 고려의 최대 곡창 지역이므로 항전의 기반이 되는 식량을 확보할 수 있으며 경상도와 전라도 남해안의 조운은 모두 진도 주변 바다를 거쳐야 했으므로 개경 정부에도 엄청난 타격을 줄 수 있었던 것이다. 또한 당시 바다는 가장 신속하게 이동할 수 있는 교통로였고, 바다에 둘러싸인 섬은 강도에서 경험했던 것과 같이 천연의 요새가 되었으므로 쉽게 함락될 수 없었던 것이다.

4) 원과 고려의 일본정벌과 남해

삼별초군이 여몽연합군에 의해 패하면서 바다에 일었던 파란은 잠잠해지는 듯했으나, 고려의 바다는 원이 일본 정벌 계획을 본격적으로 추진함에 따라 다시 출렁이기 시작했다. 유라시아에 걸친 대제국을 건설한 몽골제국―1271년 대원으로 국명을 고침―은 여전히 자신들에게 항복하지 않고 있는 일본을 정벌할 계획을 세웠다. 그에 앞서 몽골은 1265년 경에 고려 사람 조이趙彝의 건의에 따라 일본에 사신을 보내 통교를 요구했으나 거절당하였다. 1266년에는 몽골의 흑적黑的이 황제의 칙서를 가져와서 일본 정벌의 뜻을 전하였다. 전쟁으로 인해 고통받을 것을 염려한 고려의 국왕과 재상들은 바다가 험하여 일본에 건너가서는 안된다고 변명하였는데, 거짓임이 밝혀져 원의 질책을 받았다. 1268년에 본격적으로 일본 정벌 준비를 시작하여 10월에는 고려의 군사와 전함을 점검하였고, 중국에서 일본으로 가는 해도에 있는 흑산도에 가서 수로를 살피게 하였다. 1270년에 삼별초가 반란을 일으키자 양국의 군사는 그것을 진압하는데 주력하면서도 계속해서 일본에게 항복을 권유하였다. 고려의 사신 조양필趙良弼 등은 원 세조에게 일본을 공격하는 것이 매우 무모한 것임을 아뢰었으나, 세조는 그 뜻을 굽히지 않고 삼별초의 반란을 평정한 군사들에게 일본 정벌을

〈원구방루元寇防壘에 대한 안내도〉 하라 토모히로 제공.

원구는 몽골의 침입을 뜻한다. 일본은 몽골이 공격할 것이라는 소식을 듣고 상륙이 예상되는 박다만 곳곳에 방루를 설치하였다. 아래의 그림은 해안가 방루의 구조와 그것으로 인해 몽골의 기병들이 쉽게 넘어오지 못한다는 것을 설명하고 있다. 특히 윗 그림은 박다만 앞에 자연 제방이 있어서 그 안쪽에 항구가 발달할 수 있었음을 알려준다.

준비하도록 하였다.

원은 군량미를 확보하기 위해 둔전경략사를 설치하고, 운영에 필요한 소 1,010두, 농기구 1,300종, 종자 1,500석 등을 요구하였다. 고려는 재정적 사정을 고려해줄 것을 간청하였지만 받아들여지지 않았다. 1274년에는 원이 사신을 보내 전함 300척을 만들도록 명령하였고, 고려는 배를 만드는 자재를 마련하는 것은 물론 일하는 사람들의 비용을 부담해야 했기 때문에 백성들은 엄청난 고통을 감수해야 했다.

원 세조의 일본 정벌의 명령은 원종대에 있었으나 충렬왕이 즉위한 뒤에 실행되었다. 1274년 원의 흔도忻都가 지휘하는 몽한군蒙漢軍 25,000여 명과 김방경의 고려군사 8,000여 명 등이 900여 척의 배를 타고 대마도

〈고려 몽골 연합군의 침입에 대비해 만든 방루와 목책〉 하라 토모히로 제공.
일본 막부는 여몽연합군의 상륙이 예상되는 박다만 해안에 방루와 목책을 만들어 침입에 대비하였다. 사진의 목책은 옛그림을 참조하여 새로 만든 것이고, 방루는 일부 보수한 것이다.

를 거쳐 일본의 구주九州 해안을 공격하였는데, 큰 바람을 만나 많은 군사와 배를 잃고 급거 귀환하였다. 1차 정벌이 실패했음에도 원 세조는 그 계획을 포기하지 않고 새로운 준비를 하게 하였다. 1279년에 송을 멸망시킨 뒤 일본정벌을 준비하는 기관으로서 정동행성征東行省을 설치하고 고려에게 협조할 것을 지시하였다. 고려는 병선 900척, 뱃사람 15,000명, 군사 10,000명, 병량 110,000석을 마련하기 위해 많은 어려움을 겪었다.

2차 정벌이 1차 때와 달라진 점 가운데 하나는 수전에 능한 남송의 군사가 참여하기로 한 것이었다. 1281년 김방경이 이끄는 여몽연합군은 900여 척의 배에 나누어 타고 일기도壹岐島로 향하였고, 그와 동시에 중국 장강지역에서 출발한 강남군江南軍이 3500여척의 배를 동원하여 같은 섬에서 합류하기로 하였지만, 그들이 지체되면서 작전이 어긋났다. 결국 계획보다 늦게 양국군이 합세하여 공격하게 되었다. 그러나 이미 일본군이 준비를 철저히 했을 뿐 아니라 또 다시 큰 바람이 불어 연합군은 10만여명의 군사를 잃고 퇴각할 수 밖에 없었다.

원 세조의 일본 정벌은 성공해도 원 제국에 크게 실익이 없는 상징적인

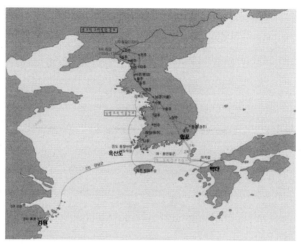

〈여몽연합군의 이동 경로〉
국립제주박물관, 『항해와 표류의 역사』, 솔, 2003, 58쪽.
원과 고려 연합군의 이동 및 일본 공격 경로를 알려주는 지도이다. 원과 고려
의 군사는 대부분 합포에 모여 출발하였다. 그러나 원은 장강 유역에서 일본으
로 직접 가기 위해 사전에 해도상 요충인 흑산도 등을 탐사하였으며, 남송
을 멸망시킨 후 결행된 2차정벌 때는 군선이 가거도, 흑산도, 제주도 북쪽 해
안을 거쳐 박다만에 이르는 해도를 이용하였다.

것에 불과했다. 반면에 무모하게 추진된 정벌 계획의 실패로 인해 정작 고
려와 고려 백성들이 피해를 입었다. 게다가 오랜 기간 몽골과의 전쟁 및 삼
별초의 항쟁 등으로 피폐해진 국토와 어려워진 백성들 삶의 여건을 회복
할 시기가 더욱 늦어지게 되었다.

한편 고려와 일본은 국가간에 외교관계는 맺지 않았어도 일본의 진봉선
이 고려를 찾고 고려는 그들에게 필요한 물자를 하사하고 교역을 하는 평
화적인 관계를 유지하였으며 그러한 일이 이루어지는 외교적 창구가 금
주─김해─였다. 그러나 일본정벌의 준비가 시작된 뒤, 합포와 금주 등
고려의 남해 바닷가 고을에는 일본 정벌을 준비하는 고려와 원 제국의 군
사들이 장기간 주둔하였다. 전쟁이 끝난 뒤에도 일본의 침입에 대비한 진
변만호부鎭邊萬戶府가 설치되어 대일본 방어의 최전선이 되었다. 일본의

정벌이 있기 전까지 고려의 남해 바다는 일본에 대해 열려 있었으나 일본 정벌을 준비하면서부터 고려의 의사와 무관하게 적대적인 관계로 변하였고, 끝난 후에도 오랫동안 교류가 불가능한 닫혀있는 바다로 바뀌었다.

5) 원과의 교류와 바다

고려는 몽골과 장기간에 걸쳐 끈질기게 항전하였다. 마침 남송을 정벌하고 있던 홀필렬忽必烈(쿠빌라이)이 헌종憲宗 황제의 죽음을 전해 듣고 사실상 황제위를 찬탈하기 위해 군대를 돌려 북진하고 있던 중요한 시기에 고려의 태자―원종―가 찾아가 알현하였다. 본래 몽골의 지배층은 오랫동안 몽골에 항복하지 않는 고려에 대해 부정적인 인식을 하고 있었지만, 이 사건으로 인해 몽골이 점령한 다른 국가나 민족에 비해 상대적으로 유리한 조건으로 국가 체제를 유지할 수 있는 계기를 마련하였다. 그리고 원종대에 태자―충렬왕―가 원에 입조하여 황실의 딸과 혼인하게 됨에 따라 양국은 사돈 관계가 되었다. 충렬왕이 원 황제의 부마 지위를 얻자 원 제국 내에서 고려 국가의 위상이 상승하였으며, 고려 내에서 국왕의 권위도 함께 높아졌다.

반면에 충렬왕 이후 여러 국왕이 원에 친조를 하였고, 국왕을 수종하는 신료들과 오랫동안 함께 원에 머물렀기 때문에 그들이 체류하는 비용을 대기 위해 각종 물자를 고려에서 실어날랐다. 이 기간 국왕과 신료들도 최신의 학문이나 문물을 접할 수 있었으며, 그것을 고려에 전파하기도 하였다.

고려와 원의 관계가 우호적이었기 때문에 양국간에는 엄연히 국경이 있었지만, 마치 없는 것과도 같았다. 고려의 육상교통로는 원의 역참 제도와 연계되어 있었고, 해상교통로도 수참으로 이어졌다. 고려에 기근이 발생하면 원에서 무상으로 곡식을 보내 구제하였고, 요동 지역의 기근을 돕기 위해 고려의 곡식을 보내주기도 하였다. 원에서 통용되는 화폐인 보초가 황제의 하사 형식으로 유입되었고, 고려의 상인들은 그것을 교환하여 원에 가서 무역하는데 이용하였다. 고려의 상인들은 국가가 발행한 출입국증명서인 문인文引을 소지하고 국경을 통과하였으며, 원의 대도에 들어가 물품을 매매하고 고려 사람들이 선호하는 귀한 물품들을 사서 귀국하였다. 당시 원의 대도는 육로와 해도를 통해 동서 세계의 물산이 모이는 곳이었으며, 고려는 그 교역망의 일부를 이루고 있었다.

이 시기에는 양국을 연결하는 해도가 다양해졌다. 거란과 금 때문에 사실상 폐쇄되었던 발해연안 해도가 다시 열렸다는 것은 고려의 쌀이 요동에 전달되는 과정을 통해 확인된다. 『노걸대』의 상인이 물건을 사서 직고直沽(지금의 중국 천진)에서 배를 타고 고려로 귀국했던 것은 거란과 금으로 인해 사실상 폐쇄되었던 북선항로가 새롭게 열렸음을 알려주는 것이다. 반면에 충렬왕비 제국대장공주가 장강 지역에 사람을 보내 무역을 했던 것은 남선항로로 간 것이다. 왕조교체와 무관하게 천주 등에 있던 옛 송상들의 후예들은 경원慶元(송대의 명주)을 경유하여 고려의 예성항을 다니며 무역을 하였다. 이들 항구는 원의 동남아시아 제국 및 인도·아랍 지역과의 해상교역 중심지인 광주廣州와 긴밀하게 연결된 곳이므로 자연스럽게 그 지역의 물산이 고려에 유입되고, 반대로 고려 특산물의 일부는 서아시아에 전달될 수 있었다. 이처럼 원간섭기에 고려와 원의 육로와 해도가 완전히 열려 있었고, 해도 역시 남선항로와 북선항로, 발해연안항로 등이 다양하게 이용되었기 때문에 다른 어느 때보다 활발하게 중국과의 무역 및 문화교류가 있었다고 여겨진다.

원의 일본 정벌 이후 양국 관계는 더욱 경색되었으나, 원의 경원항과 일본 구주를 왕래하는 무역은 오히려 더욱 활기를 띠었는데, 그 해도에서 바람을 피할 수 있는 곳인 가거도나 제주도는 매우 중요했다. 그 가운데 제주 남쪽 해안은 양국을 왕래하는 무역선이 늘어나면서 악천후를 피하거나 물

〈법화사지〉 제주사정립추진협의회 제공.
제주 서귀포시에 있는 법화사지 발굴 사진이다. 제주도는 송·원과 일본을 잇는 해도에서 중간에 위치하
여 항해에 필요한 물과 식량을 보충하거나 풍랑을 피해 대피하는 곳의 역할을 하였다. 법화사의 관음신
앙은 일본을 왕래하며 무역하는 해상들의 출발지인 중국 명주의 보타산의 영향을 받았다. 제주 남쪽 바
다를 지나는 해상들은 이곳에 들러 관음보살에게 남은 항해의 안전을 빌었을 것이다.

과 식량 등을 공급받기 위해 일시적으로 정박하는 등 항해상의 중요한 곳
으로 인식되었다. 제주 법화사의 창건도 그와 관련되었을 것이다.

이러한 해양교통의 거점이나 전마를 기르는 데 좋은 조건을 갖춘 탐라
는 고려와 원 관계의 변화에 따라 여러 차례 소속이 바뀌는 곡절을 겪었
다. 1272년에 삼별초가 탐라를 점령하였으나 여몽연합군이 되찾았으며,
1277년에 원이 탐라에 말을 기르는 목장을 만들면서 원에 귀속되었다. 하
지만, 1294년에 충렬왕이 원에 가서 황제에게 탐라를 돌려줄 것을 청하여
허락을 받고, 다음해 이름을 제주로 바꾸고 판비서성사判祕書省事 최서崔瑞
를 목사牧使로 삼았다. 1300년에는 원의 황태후皇太后가 이곳에서 말을 방
목하다가 1305년에 되돌려 주었다. 1318년에 사용上用과 엄복嚴卜이 군사
를 일으키자 제주 사람 문공제文公濟가 그것을 진압하였고 다시 고려의 수
령을 두었다. 1362년에 원에 예속되어 원의 부지추밀원사 문아단불화文阿
但不花가 탐라만호耽羅萬戶로 부임하였다. 1367년에 원이 제주를 고려에 돌

려주었는데, 이곳의 목자牧子(牧胡, 말을 기르는 사람)들이 고려가 보낸 목사와 만호를 죽이고 배반하였다. 이에 김유金庾가 군사를 이끌고 토벌하자 목자들이 원에 만호부萬戶府를 둘 것을 요청하였다. 공민왕은 고려가 관리를 임명하고 목자들이 기른 말을 골라 원에 바치겠다고 하였으므로 원이 그대로 따랐다. 1369년에 원의 목자 합적哈赤이 고려 관리를 살해하고 반란을 일으켰음에도 고려는 오랫동안 방치하였다. 1374년 7월에 드디어 제주를 정벌하기로 하고 문하찬성사 최영 등에게 전함 314척과 군사 25,605명을 지휘하도록 하였다. 같은 해 8월에 최영은 제주 명월포明月浦에 상륙하고 저항하는 적의 기병 1,000여명과 싸워 승리하고 제주를 평정하였다. 제주의 목호牧胡들은 명이 원의 수도인 대도를 점령하고 원의 세력이 북쪽 지역으로 도피한 이후에도 오랫동안 이미 멸망한 원에 대한 충성을 외치며 제주를 점령하였으나 결국 고려군에 의해 진압되었다. 뒤에 명이 한 때 제주의 공마를 요구하고, 고려의 관리가 그것을 이행하기 위해 제주에 가서 반란이 확대되는 계기가 마련되기도 했다. 우왕대 이후에 적극적으로 제주에 대한 영유권을 주장하지 않았기 때문에 제주와 그 주변 해역은 고려의 영토와 영해가 되었으며, 더 이상 중국에 귀속되지 않고 조선왕조로 연결되었다.

5. 고려말 대외관계

1) 일본·유구琉球와의 대외관계와 바다

왜구는 여말선초 고려와 중국 연안을 침입하여 도적질하던 자들을 말한다. 왜구의 시원에 대해서는 일본 남북조 시대의 오랜 전란으로 인한 생활의 어려움을 해결하기 위해 중앙권력의 통제력이 약화된 틈을 타서 바다 건너 고려와 중국을 노략질하기 시작하였다는 견해와 지방 영주들이 재정을 확보하기 위해 휘하의 군사를 보냈다는 견해 등이 있다. 왜구가 고려에 출현한 것은 몽골이 고려를 침공하기 직전인 고려 고종대부터였지만, 조직적이고 대규모로 침략했던 것은 1350년 소위 '경인년庚寅年 왜구'부터이다. 그들은 일본에서 배를 타고 고려에 와서 예성항으로 가는 조운선을 약탈하거나 해안에 내려 백성들의 곡식을 노략질하였다. 처음에는 개경에서 멀리 떨어진 남해안 등지에 나타나 곡식을 빼앗다가 뒤에는 세력이 점점 커졌고 서해로 북상하여 개경 근처의 강화도·승천부 등을 공격하여 수도를 혼란에 빠트리기도 하였다.

왜구로 인해 고려는 엄청난 피해를 입었다. 백성들은 곡식을 빼앗기는 것은 물론 살해되거나 납치되는 등 인명피해가 적지 않았고, 14세기 이후 연해 지역을 간척하여 새롭게 마련한 토지에서 편하게 농사 지을 수 없게 되었다. 국가는 남해와 서남해 지역이 황폐화되어 조세를 거둘 수 없었고, 조운선이 왜구에게 약탈당하여 재정 운영에 적지 않은 어려움을 겪었다. 이러한 왜구의 창궐에도 고려는 북방에서 전쟁이 계속되고, 안정되지 않아서 그곳에 군사력을 집중해야했기 때문에 효과적으로 왜구에 대처할 수 없었다. 즉, 1356년 공민왕의 반원정책으로 인한 원의 위협으로부터 시작해서, 1·2차 홍건적의 침입, 원에 의해 고려 국왕으로 임명된 덕흥군德興君 군사 침입, 원명 교체로 인한 요동 지역의 혼란과 납합출의 침입, 명사 살해 사건과 명의 압박, 명의 철령위 설치 계획 등을 거쳐 1388년 요동정벌 및 위화도 회군까지 압록강을 둘러싸고 전쟁과 갈등이 잇달아 일어났다. 이러한 사건들은 모두 고려의 국가 안위와 관련된 것으로 해안 지역이 왜구에 약탈당하고 있는 것을 알면서도 군사력의 상당부분을 서북면 지역에 둘 수 밖에 없었다. 이것이 왜구가 더욱 기승을 부리게 된 원인의 하나였다.

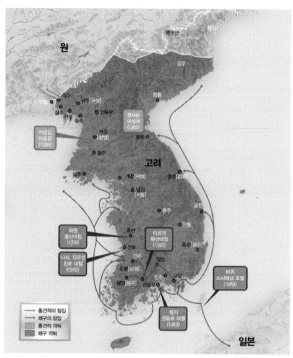

〈홍건적과 왜구의 침입〉 군사편찬위원회, 『한국군사사』 4, 육군군사연구소,
2012, 266쪽.
고려 공민왕대 홍건적의 침입 경로와 왜구가 노략질한 곳을 나타낸 지도이
다. 고려 공민왕의 반원 정책 이후 고려와 원의 관계가 악화되고, 홍건적의
침입에 이어 덕흥군의 군대가 쳐들어왔으므로 고려는 이를 막는데 군사력을
소모하였다. 고려의 군사가 북쪽 방어에 치중하는 사이에 왜구들이 고려에
와서 백성들에게 큰 피해를 입혔다. 또한 왜구는 서남해를 운항하는 조운선
을 탈취하여 고려의 재정 운영을 어렵게 만들었다.

　고려는 여러 차례 사신을 일본에 보내 왜구의 금압禁壓을 요구하였다.
1378년에는 정몽주가 일본에 가서 고려인 포로와 함께 귀환하기도 했으나
근본적인 대책은 되지 못하였다. 또한 해안 지역에 성을 쌓고, 수군을 확
충하고 직제를 정비하였다. 해상에서 적을 공격하기 위해 최무선이 개발
한 화포를 배에 탑재하여 멀리 떨어진 적의 배를 격침시킬 수 있는 능력을
갖추게 되었다. 1380년에 500여척의 왜적이 서천과 군산 사이의 금강가인
진포鎭浦에 정박하여 노략질을 하자 고려 수군은 처음 화포를 사용하여 적

의 배 수백 척을 부수었다. 이어 배를 잃고 내륙으로 진출하여 노략질을 계속하던 왜구를 이성계가 지휘하는 고려군이 남원지역인 운봉과 황산荒山에서 대파하였다. 이 전투에서 패한 왜구의 기세는 현저히 약화되기 시작했고, 고려는 관음포 해전 등에서 잇달아 승리하였다. 1388년에 명의 철령위 설치 통보와 이에 대응한 우왕 및 최영의 요동정벌이 이성계의 위화도회군으로 무산되고, 고려와 명의 관계가 급속히 개선되면서 고려는 다시왜구와의 전투에 군사력을 집중하였다. 1389년에 박위 등이 이끄는 고려군은 왜구의 소굴인 대마도를 공격하여 적선 300척과 가옥을 불태우고 포로로 잡혀있던 우리 백성들과 함께 개선하였다.

그후 왜구의 침입은 더욱 줄었고 고려의 바다가 평화를 되찾게 되자, 유구에서 사신을 보내 고려에 사대하고자 하였다. 고려는 사신을 보내 포로를 보내준 것에 사례하며 외교를 이어 나갔다. 왜구는 고려와 일본 사이에교류의 공간이었던 바다를 약탈이 횡행하는 전장으로 변화시켰으나 그것이 진정되면서 다시 예전의 기능을 회복하기 시작했다. 그 첫 조짐이 유구와 섬라곡국 등 해양국가의 고려 방문이었던 것이다.

2) 명과의 외교와 해금정책

원간섭기에 고려는 정치적으로 독자적인 관료를 두고 종묘와 사직을 가진 자주적인 국가로 원과는 구분되었지만, 경제적으로 양국간에 사람들의통행이 비교적 자유로웠고 기근이 들었을 때는 상대국에 구휼미를 보내주는 등 마치 하나의 나라인 것처럼 보이는 점도 있었다. 그 만큼 고려와 원은 가까웠기 때문에 무역이 활발했다.

원 말기에는 장사성張士誠과 방국진方國珍 등 장강 이남의 한인 군웅세력이 사절을 보내 고려 국왕에게 헌상하는 예전의 송상이 했던 것과 유사한 방식으로 무역을 하였다. 중국 동남연해 지역은 고려 사람들에게 남쪽 경계로 인식될 정도였고, 바다는 커다란 통행의 장애가 아니었으며, 항상 열려있는 곳이기도 하였다. 명의 건국 이후 고려는 반원 정책과 연계하여 즉시 사신을 보내 외교를 맺고자 하였다. 중원을 통일하지 못한 신생국인 명도 이에 호응하여 양국의 조공 책봉관계가 성립되고 해도를 이용하여 여러 차례 사신의 왕래가 있었다.

그런데, 명의 주원장은 장사성과 방국진 등이 해상무역을 통해 정치세 력화했던 것을 보고 중국 해상들의 해외무역을 금지하였다. 그 동안 고려 와 중국은 서해를 이용하여 활발하게 무역을 하였는데, 갑자기 중국 상인 들이 해외로 나가는 것을 금지하자 무역품의 주요 소비층인 권문·세족들 이 가장 큰 영향을 받았다.

이에 고려의 지배층은 대명외교에 참여하여 합법적인 무역에 의존할 수 밖에 없었다. 그러나 명이 고려 사신의 조공을 1년 3회에서 3년 1회로 제 한하고 사신들은 해도를 이용하도록 하였다. 이 때 고려에 왔던 명나라 사 신이 돌아가던 중 국경지역에서 살해되는 사건이 발생하자 양국관계는 악 화되었다. 명은 고려 사신을 받아들이지 않았고, 공민왕에 이어 즉위한 우 왕을 책봉하지 않고 터무니없이 많은 말의 조공을 요구하면서 고려를 압 박하였다.

공마를 둘러싼 고려와 명과의 갈등은 그 자체로 말무역과 관련 것이었 지만, 명이 고려의 처지를 알고 외교와 사행무역을 어렵게 하여 자신의 정 치적 의도를 관철시키려는 의도가 담겨있었다. 명은 조공의 문제가 생길 때마다 고려 사신을 해도로 입조하게 했고, 1년에 여러 차례 오던 고려 사 신을 3년에 한 차례로 제한하였으며, 요동으로의 고려인 출입 금지 등 새 로운 조치를 내놓았다. 그 가운데 사신의 횟수를 줄이는 것은 고려의 대외 무역에 큰 비중을 차지하는 외교무역의 기회를 줄이려는 것이었다. 요동 폐쇄는 당시 광범위하게 이루어지던 고려와 요양·심양 지역의 사무역을 막으려는 것이었다. 모두 고려의 무역과 경제에 일정한 타격을 주려고 했던 것이었다.

당시 우왕은 공민왕 사후 명의 책봉을 받아 정통성을 얻어야 했으며, 지배층들은 일반 무역 뿐 아니라 대명외교의 악화로 인해 조공무역마저 단절될 위기를 극복해야 했으므로 고려는 명의 무리한 요구에 주체적으로 대응하지 못하고 그저 최선의 성의를 보이며 명의 호의적 처분을 바랄 뿐이었다. 1385년에 명이 공민왕의 시호를 내리고 우왕을 책봉하면서 잠시 우호적인 관계가 되는 듯했으나, 고려가 공물을 줄여주도록 요청한 것을 불쾌하게 여긴 명이 다시 고려에게 3년에 한 번 조공하도록 하고 말의 값을 일일이 쳐주겠다고 통보하였다. 아울러 1387년에 요동지역을 평정한 뒤에는 철령 이북이 본래 명의 영토이기 때문에 요동에 속하게 한다고 통보하였다. 계속된 명의 부당한 요구에 고려인의 감정이 악화되어 마침내 최영을 중심으로 요동정벌을 준비하고 1388년에 정벌군이 출정하였다. 그러나 이성계가 위화도에서 회군하고 최영을 처형한 후 이성계를 비롯한 친명세력이 집권하자 양국의 관계는 급속하게 회복되었다. 1389년에 공양왕이 즉위한 뒤 고려가 멸망할 때까지 대체로 원만한 관계를 유지하였다.

고려가 명과의 외교에서 수세적으로 대응하게 된 원인의 하나가 해금정책으로 인해 해상들이 강절 지역에서 고려를 다닐 수 없게 되자 조공외교와 그에 수반되는 사행무역을 통해 보충하려고 했기 때문이다. 이 시기에는 유난히 명에 갔던 사신들이 사행무역을 하다가 문제를 일으키거나 명의 비난을 받는 사건이 자주 일어났다. 무역을 할 수 있는 기회가 적어진 상황에서 사행시에 많은 물품을 교역하여 귀국하려고 했기 때문에 발생한 일이었다.

명의 해금정책은 고려의 무역 양상에 큰 변화를 초래하였다. 예성항은 고려 수도인 개경에 인접해 있을 뿐 아니라 전국 각지의 조운선과 상선이 모이는 항구여서 중국해상들이 편리하게 무역할 수 있는 곳이었다. 그러나 더 이상 중국의 상선이 고려에 올 수 없게 되었으므로 고려 사람들은 서북면 지역에서 국경 무역을 하기 시작했다. 이와 같이 중국 해상의 왕래가 끊기게 되면서 고려 건국 이후 400여년간 대중국 무역 중심지였던 예성항은 국내 항구로 위상이 떨어지고, 대신 서북면 변경지역이 무역의 중심지가 되었다. 해상무역이 쇠퇴하고 육로무역이 흥성하게 되었던 것이다.

원·명 왕조 교체기에 고려와 국경을 접한 중국 요동과 심양지역은 홍건적과의 전쟁, 덕흥군의 침입 등 여러 차례 전쟁을 겪었다. 명에 완전히 복속되지 못해 납합출納哈出 등 지역 토호세력이 장악하고 있었지만, 중국의 물산을 교역할 수 있는 유일한 지역이 되었다. 서북면 지역의 부호들과 상인들은 중국의 혼란과 고려의 약화된 통제력을 틈타 무역을 하며 막대한 이익을 얻었다. 이에 고려는 공양왕대에 들어서 관리를 보내 불법적인 무역을 강력히 단속하는 동시에 백성들에게 중국에서 들어온 사치품을 사용하지 말도록 권장하였다. 이처럼 명의 해금정책과 고려의 국경무역 금지로 인해서 고려가 멸망되던 즈음에는 중국과의 해상무역이 중단되고, 국경지역의 육로무역마저 규제를 받았으므로 사행무역만이 합법적인 무역으로 남게 되었다. 바다가 막힌데 이어 육상의 국경무역마저 자유롭게 할 수 없게 되었던 것이다.

6. 마치며
—고려시대 교류의 공간 바다와 대외관계—

전근대 사회에서 육로는 도적의 해를 당하지 않는다면 안전한 곳이었다. 그러나 사람이 짐을 지거나 메고 다니는 봇짐과 등짐 또는 우마와 수레는 배에 싣고 바다와 강의 물길을 항해하는 것보다 효율적일 수 없었다. 고려의 바다와 강도 마찬가지였다. 고려의 삼면을 둘러싸고 있는 바다가 교역과 교류를 막는 장애물이 아니었다는 점은 고려와 중국 및 고려와 일본 사이에 활발한 무역선의 왕래가 증명하고 있다. 고려초 황해도 서해안과 산동반도를 잇는 북선항로는 고려 해상이 자주 다녔고, 장강에서 북동진하여 한반도의 서남해에 이르는 남선항로는 중국 해상들이 장악하고 있었다.

10세기 초의 서해는 양국의 사람과 문물이 자유롭게 왕래하는 교류와 소통의 공간이었지만, 14세기말 고려가 멸망되던 시기의 서해는 합법적으로 건널 수 없는 장벽이 되어버렸다. 물리적 공간으로서 서해는 그대로였는데, 470여년 사이에 교통하는 공간으로서 서해의 성격은 크게 바뀌었던 것이다. 이러한 변화의 배경에는 고려 성종과 명 태조가 실시했던 자국 해상의 사적인 해외무역 금지가 있었다. 인간의 경제적 욕구에 의해서 바다를 왕래하며 무역하려는 것은 항상적인 것인데 반하여 국가의 정책 또는 왕조교체와 같은 정치적인 요소가 교류를 막았던 것이다. 바다는 고려를 비롯하여 한반도 주변 국가의 정치적 상황에 따라 열린 공간에서 닫힌 공간으로 바뀌거나 반대로 닫힌 공간에서 열린 공간으로 변화하였다. 그러한 변천과정을 시대순으로 간단히 정리해보겠다.

918년에 후삼국의 하나였던 태봉국의 재상 왕건은 궁예왕을 몰아내고 즉위한 뒤 고려를 건국하였다. 고려는 후백제 및 신라와 다양한 방면에서 경쟁하였으며, 태조는 중국과의 외교 및 교역의 주도권을 잡는 것을 군사적인 것 못지 않게 중요하다고 생각하였다. 그러므로 고려는 후백제의 배후인 나주 지역의 점령을 계속하여 후백제가 바다를 통해 한반도 남부로 통하고 서남쪽으로 중국과 교통하는 것을 방해하고자 하였으며, 후백제가 북쪽으로 오대 및 거란과 외교를 진행하는 것을 견제하기 위해 노력하였다. 반면에 후백제는 전주 서해안을 장악하여 고려가 예성항에서 나주지역으로 통하는 것을 막았고, 남해 교통로의 요충인 진주를 점령하기 위해 고려와 경쟁하였으며, 해군을 동원하여 예성항의 고려 해군 기지를 공격하여 큰 전과를 거두었다. 이들은 양국 사이에 있는 충청 서해안을 차지하고자 홍주 지역에서 여러 차례 전투를 벌였으며 결국 고려가 점령하면서 후삼국의 통일에 한발 다가서게 되었다. 고려와 후백제가 한반도의 패자가 되기 위해 경쟁하는 관계였으므로 이 시기에 중국의 사신선과 무역선은 서해를 자유롭게 통행할 수 있었던 데 반해 고려와 후백제 해상에서는 적어도 상대국의 배가 통행하지 못하도록 하였을 것이다.

고려는 후삼국 통일 이전에 중원왕조—오대— 및 거란과 동시에 사신을 교환하는 다원적 외교를 펼쳤으나 통일 이후에는 중원왕조를 선택하였다. 그것은 중원왕조가 군사적으로 비교적 약하였지만 고려에 대하여 후하게 대우해줄 뿐 아니라 고려 해상들이 무역하러 다녔기 때문에 그들의 안전을 고려한 것이었다. 고려는 거기서 더 나아가 942년 거란의 사신을 유배하고 예물로 보낸 낙타를 굶어죽인 소위 '만부교 사건'을 일으켰다. 이것은 당시 동북아시아의 군사적 패권을 잡고 있던 거란에 대해 위험한 도발 행위였으며, 고려의 배가 서북 연안의 해도를 거쳐 거란의 영해인 발해만을 다니는 것을 포기한 것이었다. 다행히 고려와 거란 사이에 더 이상의 분쟁은 일어나지 않았고, 고려는 황해도 서해안과 산동반도를 잇는 해도를 통해 후진과의 교역과 외교를 지속하면서 더욱 큰 이익을 얻었다.

유교적 이념을 바탕으로 중국의 제도를 받아들여 고려의 왕권을 강화하려고 했던 성종은 그 이전에 장보고나 왕건이 해상무역으로 부를 축적하고 정치세력으로 성장했다는 것을 잘 알고 있었으므로, 중앙집권화를 위한 최승로의 건의를 받아들여 고려 해상들이 개별적으로 서해를 건너 중국에 가서 무역하는 것을 금지하였다. 대신 고려의 정식 사절이 중국에 갈 때에 한하여 무역을 하는 소위 '겸행무역'만을 허용하였다. 고려인에 대한 '해금정책'이었던 셈이다.

성종은 거란이 군사력으로 송을 압도하며 동북아시아의 강대국으로 성장한 것을 잘 알고서도 태조의 유훈에 따라 거란을 멀리하고 친송외교를 진행하였다. 이에 거란은 고려와 송이 연합하여 자국을 위협하는 것을 방지하고자 993년에 고려를 침입하였다. 거란의 침입을 예상하지 못한 고려의 국왕과 신료들은 매우 당황하였는데, 서희의 주장에 따라 거란과의 협상에 나섰다. 그 결과 고려는 거란에 사대하는 조건으로 거란으로부터 압록강 이남의 강동6주의 영토를 할양받았다. 이후 고려는 재상이 거란에 조공을 하는 등 사대외교를 하였으나 여전히 경제적·문화적 이익을 얻기 위해 송에도 사신을 파견하는 이중 외교를 하였고, 그것은 거란이 다시 1010년에 고려를 대규모로 공격하게 된 중요한 빌미가 되었다. 1018년에 거란의 3차침입을 미리 예상한 고려는 사전에 철저히 대비하였고, 강감찬 등의 지휘하에 귀주 등지에서 거란군에 커다란 승리를 거두었다. 하지만 더 이상 거란과의 적대적 관계가 국익에 도움이 되지 않겠다고 판단한 고려는 거란과의 사대관계를 지속하기로 결정하였다.

고려와 거란이 외교관계를 맺게 됨에 따라 송은 자국의 해상들이 고려에 가는 것을 원칙적으로 금지하였다. 그러나 송상은 외교가 단절된 뒤에도 변함없이 고려를 왕래하였다. 그 이유는 송이 거란에 사대하는 고려를 적대국처럼 대우하면서도 장차 거란을 공격하기 위해서는 고려의 협조가 필요하였기 때문이다. 실제로 송상은 고려의 지배층과 밀접한 관계를 이용하여 고려에서 얻은 거란과 관련된 여러 가지 정보를 송에 전하였다. 문종대 고려와 송이 외교 사신을 재개하는 과정에서도 송상은 양국을 오가며 큰 역할을 하였다. 송은 정치외교적 목적에 따라 송상의 왕래를 묵인하였고, 고려는 송의 선진문물을 받아들이고자 했으므로 고려와 송은 단교상태에서도 바다를 통한 교류를 계속할 수 있었다. 고려와 송의 통교가 재개된 이후에는 해상의 고려 왕래를 막을 명분이 사라져 일정한 요건을 갖추고 시박사에 신고한 경우에 자유롭게 고려에 갈 수 있도록 하자, 송상의 배가 크게 증가하여 양국의 무역이 가장 번성하게 되었다. 서해는 송상에게 완전히 열린 교통의 공간이 되었던 것이다.

금이 거란을 멸망시키고 화북 지역을 차지하면서 고려의 바다에는 두 가지 변화가 일어났다. 첫째, 압록강과 두만강 유역의 여진이 서진하여 금을 건국하게 됨에 따라 고려의 동계 밖에 살던 여진이나 흑수말갈, 철리국鐵利國 등 여진의 제 부족이 동해를 왕래하며 고려 국왕에게 조회하고 무역하던 것이 사라졌다. 둘째, 금의 영역이 거란에 비해 더욱 남쪽으로 확대되면서 고려와 산동반도를 잇는 북선항로의 이용이 불가능해졌다. 여진과 고려를 잇는 해상교통로였던 동해가 사실상 폐지되고, 서해는 산동반도를 차지한 금이 무역선을 외국에 보내지 않았다. 그 결과 고려와 중국을 연결하는 해도는 예성항과 명주를 잇는 남선항로만이 활용되었다. 서해의 절반만이 열렸던 셈이다.

13세기에 몽골―원―이 금과 남송을 멸망시키고 중국을 통일하였다. 몽골과 오랜 항쟁의 성과로 고려는 왕조 체제를 유지하였으나 완전히 승리를 한 것은 아니었으므로 그들의 정치적 간섭은 피할 수 없었다. 반면에 고려와 원제국이 매우 친밀해져서 국경의 출입에 필요한 간단한 증명서가 있으면 양국의 사람들이 비교적 자유롭게 통행할 수 있었다. 서해는 발해만 연안을 항해하는 것은 물론 북선항로와 남선항로 어느 것이든 편리한 대로 다녔다. 기근을 구제하기 위해 원의 곡식이 고려에 유입되었고, 요동에 기근이 발생했을 때는 고려의 곡식이 보내졌다. 원에는 전 세계의 물산이 모였고, 고려의 상인과 중국의 해상은 그것을 고려에 가져왔다. 원 간섭기에 고려와 중국은 육지는 물론 주요 해상교통로인 서해가 완전히 개방되어 있었다고 해도 과언이 아니었다.

원말의 혼란기에 새롭게 성장한 장사성과 방국진 등 장강 유역의 군웅群雄이 서해를 건너 고려에 사신을 보내고 무역하고자 했던 것은 중국인들에게 바다가 큰 장애가 아니었으며, 고려가 매력적인 교역 상대였음을 알려준다. 그러나 그것이 명의 건국 이후 해상들이 외국에 가서 무역을 하는 것을 금지하는 소위 '해금정책海禁政策'을 시행하는 중요한 이유가 되었다.

명의 해금정책은 고려의 경제에 큰 영향을 끼쳤다. 중국 해상들이 비단 등의 사치품을 가져올 수 없게 되자 고려 사람들은 명에 가는 사신에게 많은 무역을 기대하였다. 그런데, 명의 건국 이후 고려는 신속하게 사신을 보내 사대관계를 맺었지만 공민왕 사후부터 명사 살해사건, 명의 무리한 공마 요구, 명의 철령위 설치 등 외교적 사건이 잇달아 터지면서 오랜기간 갈등이 계속되었기 때문에 외교무역이나 사행무역도 활성화되기 쉽지 않았다.

결국 상인들은 서해를 대신하여 육로무역을 택할 수밖에 없었다. 고려 무역의 중심이 바다에서 육지로, 서해에서 압록강 부근 국경으로 변화하였던 것이다. 주로 서북면 지역의 토호와 상인들이 압록강을 넘나들며 밀무역을 하였는데, 여러 가지 사회적 문제를 낳게 되었다. 무엇보다 국가가 변경의 무역상들을 통제하지 못하는 경우, 정치세력화하고 중앙권력에 원심력으로 작용할 우려가 있었다. 이에 공양왕대에는 백성들에게 사치품의 사용을 줄이고 검소한 생활을 할 것을 강조하고 관리를 파견하여 국경무역마저 단속하였다. 고려가 멸망될 즈음에는 바다에 이어 육지의 무역도 제한되고 오직 명에 가는 사신들이 무역하는 사행무역만이 합법적인 무역으로 남게 되었다.

고려의 동남쪽에 있었던 일본과 공식적인 외교는 없었어도 외교적 현안이 있을 때 사신이 왕래하였다. 일본 각 지역의 토호들이 보낸 해상들은 고려에 와서 국왕에게 진봉하고 사헌을 받았을 뿐 아니라 고려의 상인 및 송상과 무역하였다. 그 밖에 일본 해상들의 일상적인 교역은 일본과 가까운 금주에서 이루어졌으며, 외교문서도 이곳을 경유해서 고려 정부에 전달되었다. 고려와 일본의 무역은 규모가 크지 않았어도 상시적으로 이루어져 양국 사이의 바다는 늘 열려있었다고 할 수 있다.

그러나 원의 일본정벌 계획에 따라 고려의 동남해안 지역이 전초기지가 되었다. 두 차례의 일본 정벌을 마친 뒤에는 진변만호부가 설치되어 일본을 방어하는 최전방이 되었다. 대몽항쟁기부터 간헐적으로 있었던 왜구의 침입이 일본 남북조의 혼란기를 틈타 충정왕대부터 많아졌고 공민왕대를 거쳐 우왕대에 절정을 이루었다. 각 해안지역에 왜구가 출몰하자 더 이상 고려의 바다는 배가 안전하게 다닐 수 있는 곳이 아니었다. 이러한 상황에서 일본의 상선이 고려에 와서 교역하는 것은 불가능했다. 1388년에 위화도 회군 이후 고려의 대명관계가 안정되자, 고려는 남방으로 군사력을 옮겨서 대마도를 정벌하였고, 비로소 왜구의 침입이 잦아들어 유구와 섬라곡국의 배가 고려를 찾는 계기가 되었다.

이상에서 고려와 중국의 관계를 중심으로 외교관계의 변천에 따른 교류의 공간으로서 바다의 양상이 변화하는 과정을 서술하였다. 고려시대 전체를 개괄해서 볼 때 고려의 바다는 열려 있었다. 성종은 고려 해상들이 해외에 나가는 것을 금지하였지만, 고려의 주변국이나 민족들은 교역을 하기 위해 바다를 건너왔다. 고려의 개방성은 그대로 유지되었던 것이다. 그러나 고려의 바다는 주변의 왕조 교체, 대외 정책, 전쟁 등과 같은 외부적 요인에 의해 왕래가 불가능한 곳으로 변하기도 하였다. 마침내 왕조가 멸망되던 시기에는 바다와 더불어 육로무역까지 제한되기에 이르렀다. 바다와 교류의 측면에서 고려초와 고려말은 매우 달랐으며, 사실상 바다가 막힌 상황에서 조선왕조가 건국되었던 것이다.

제1장
오대십국五代十國
여러 나라와의 외교와 무역

1. 시대적 특징

1) 나말여초 중국과의 다원적 외교 관계

고려초의 대외교역은 신라와 마찬가지로 국가주도의 공무역과 해상海商에 의한 사무역이 공존하면서 이루어졌다. 이 시기 고려의 대중국 외교의 목표는 경제적인 이익을 얻는 것보다 주로 대외적으로 정치적 이권을 얻는 데 있었다. 이런 사정은 통일 이후에도 마찬가지여서, 특히 광종 때에는 왕권강화와 문물제도의 정비 등 정치적 문화적 요구에 따른 대중국외교에 치중하기도 했다. 외교의 또 다른 목적이 무역의 전제라고 할만큼 양자는 밀접한 관계가 있었다. 고려 태조가 후진 건국의 소식을 듣고 바로 사신을 보낸 것은 외교와 더불어 고려의 해상들이 많이 왕래하던 후진에서 안전한 무역을 할 수 있도록 돕기 위한 것이었다.

고려 건국 시기의 대외 무역은 신라 및 후백제 등과의 경쟁으로 인해 복잡한 양상을 띠고 있었다. 고려가 건국한 918년의 한반도에는 신라와 후백제가 있었고, 중국에는 중원에 후량이 있었으며, 장강 이남에는 오·오월·민閩 등 여러 왕조가 있었다. 한반도의 국가 가운데 신라는 중원 및 장강 이남 지역의 왕조와 외교관계를 맺었고 무역선이 왕래하고 있었다. 후백제는 해상교통의 요충인 나주 지역을 점령당했지만, 중국과 가까운 서남해 지역을 차지하여 해상교류에 유리한 점을 이용하여 활발한 외교적 활동을 펼쳤다. 후백제는 중원과 장강 유역의 여러 나라에 사신을 보내 후당의 책봉을 받고, 오월·남당南唐 등의 여러 나라와 무역을 하였으며, 거란과도 통교를 하였다.

후삼국과 중국의 여러 나라가 다원적이며 복잡하게 외교 및 무역을 전개하였으므로 후삼국의 대중국 외교는 치열하게 전개될 수밖에 없었다. 고려가 건국할 때 한반도에서 가장 강력한 정치세력은 후백제였고, 그것은 대중국 무역에도 영향을 끼쳤다. 그러나 930년 이후 고려가 후백제를 누르고 군사적으로 최강국이 되었으며, 933년에는 고려 태조가 후당의 책봉을 받게 되면서 외교적 우위마저 차지하였다. 결국 935년에 신라가 고려에 귀순하고, 다음해 고려가 후백제를 정복하면서 한반도에는 고려만이 남게 되면서 한반도와 중국의 다원적인 관계는 없어졌다. 942년에 거란이 고려에 사신을 보내 우호적인 외교관계를 유지하고자 했으나 태조는 사신을 유배하고 예물로 보낸 낙타를 굶겨 죽이면서 책봉국인 후진에 대한 외교적인 의리를 지켰다.

후삼국 통일 이후에도 남당·오월·민 등 십국의 여러 나라에 사신을 보내고 무역을 하였으나 고려는 후진에 이은 후한, 후주 등 중원왕조의 책봉을 받고 연호를 사용하였으므로, 외교의 중심은 오대 왕조에 있었다고 할 수 있다. 이러한 관계는 송에 의해 중국이 통일되면서 한반도 및 중국에 각각 하나의 왕조가 남게 되자 일대일의 외교 및 무역관계로 전환되었다.

2) 나말여초 대중국 해상교통로

고려초에는 한반도와 중국에 여러 국가가 있었고, 양국에 항구와 포구가 많아서 항로도 다른 시기에 비해 매우 다양하였는데 대체로 세 항로가 많이 활용되었던 것 같다. 첫째, 한반도 서북해안을 따라 북진한 뒤, 발해만을 거쳐 산동반도에 가는 항로, 둘째, 경기만 지역에서 서북진하여 산동반도에 다다르는 항로, 셋째, 한반도 서남해를 따라 남하한 뒤 흑산도를 거쳐 장강 유역에 도착하는 항로 등이 있었다. 한편 최근에 세 번째 항로에 대해 11세기 이전 나침반을 사용하지 않는 상황에서 가장 안전한 방법인 정방향正方向 대양항해를 택할 수밖에 없었기 때문에 오대 시기에는 장강 이남에서 북쪽으로 연해를 따라 이동하고 회하의 입구에서 흑산도 방향으로 정동진하는 항해를 했다는 주장이 제기되었다.

그런데 후삼국은 자리하고 있는 영역의 위치에 따라 대중국 외교와 무역에 유리함과 불리함이 있었다. 신라는 중원 및 장강 유역의 십국 등과 교류하였을 뿐 아니라 거란에도 두 차례 사신을 보냈다. 당시 신라의 무역항은 울산지역이었으며, 남해를 항해하여 목적지에 따라 흑산도 방면을 거쳐 장강 유역의 오월국 등으로, 서해를 횡단하여 산동반도 지역에 가서 오대왕조로, 서해를 타고 북진하여 발해 연안에 도착하여 거란에 갔을 것이다. 신라가 중국에 가기 위해서는 고려와 후백제가 차지하려고 다투고 있던 진주 해안을 지나고, 고려가 점령한 나주를 거쳐서 후백제가 장악하고 있던 충청과 전북 지역의 해안을 경유해야만 했다. 따라서 신라는 중국과 통하기 위해서 고려와 후백제의 도움을 받아야했으며, 특히 한반도 서남해와 중서부에 있던 고려의 협조가 필요했으니 대중국 외교에 큰 제약을 안고 있었던 셈이다.

후백제도 오대십국의 왕조 뿐 아니라 거란과도 배를 이용하여 사신이 왕래하였다. 후백제는 한반도의 서남쪽에 있어서 동남쪽에 있던 신라보다는 편리하게 중국의 세 방면으로 갈 수 있었다. 『고려도경』에 기록된 중국 명주에서 고려 서남해로 이어지는 해도를 따른다면 중국 장강 지역에서 왕래하기 가장 좋은 곳이었다. 그러나 고려와 적대관계였으므로 경기만을 지나 산동반도와 발해연안으로 가는 것은 위험했고, 장강 유역을 연결하는 해도 역시 나주에 있던 고려 해군의 견제를 받아야 했다.

고려는 후삼국 가운데 가장 북쪽에 있었다. 그 이전 신라와 당은 국경의 일부가 맞닿아 있었지만 육로 교통은 거의 없었으며, 주로 배를 이용하여 중국과 무역을 하였다. 918년에 고려가 건국하였을 때 북쪽 경계 지역은 여진인들이 차지하고 있었기 때문에 거란과의 외교는 서북 연해안을 잇는 해도를 이용하였을 것이다. 고려가 육로로 중원에 있던 오대왕조로 가는 것은 여진과 거란 지역을 거쳐야 했으므로 불가능한 것이었다. 고려는 서해를 건너 중국의 왕조와 교류하였다. 지리적 위치로 인해 산동반도 지역과 발해만에 대한 접근은 가장 편리했지만 서남해를 거쳐 오월 등에 가는 것은 후백제로 인해 안전하지 못하였다. 이 시기 고려 해상의 대중국 무역 활동이 장강 지역보다 중원지역에 집중된 것도 당시 해도의 정치적 상황과 깊은 관련이 있었다.

고려와 후백제는 대중국 외교와 무역을 원활하게 하기 위한 해상의 주도권을 잡기 위해 치열한 싸움을 벌였다. 태봉의 신하였던 왕건이 후백제의 나주를 공략하여 점령하고 고려를 건국한 뒤에 후백제의 공세를 받으면서도 나주 지역을 지켜냈던 것은 그 지역이 남해와 서해를 연결할 뿐 아니라 장강 유역으로 통하는 해상 요충이라는 점이 고려된 것이었다.

강주康州(晉州지역)를 둘러싸고 고려와 후백제가 뺏고 뺏기는 접전을 벌인 것도 마찬가지 이유였다. 또한 932년 9월에 후백제의 해군이 개경의 관문이며 해군기지인 예성강과 더불어 정주貞州·배주白州·염주塩州를 습격한 것은 해군력의 열세를 만회하고 서해의 주도권을 잡기 위한 것이었다. 황해도 해안은 후백제가 오대 왕조 및 거란으로 가는 길목이었으므로 후백제가 중국 왕조와 외교를 진행할 항로의 안전을 확보하고자 하는 의도가 있었다.

그런 점에서 후삼국의 정치군사적 주도권은 해상패권과도 깊게 연계되었다고 해도 과언이 아니다. 고려가 후삼국통일에 성공한 것은 왕건이 해상무역의 지리적 유리함과 해상패권이 가진 중요성을 인식하고 해상세력의 포섭에 공을 들였기 때문이다.

〈예성강-개경부근도〉「청구도」

예성강과 개경 주변의 지도이다. 고려 태조의 조상들이 북쪽에서 내려와 서해 무역으로 부를 쌓고 주변 지역의 해상호족과 연합하여 대호족으로 성장하여 마침내 고려 건국의 기반을 쌓은 곳이다. 「고려세계」에는 왕건의 가장 오랜 조상인 호경虎景이 백두산에서 송악산으로 내려왔다고 하는데, 이후 왕건 조상의 행적은 예성강 또는 해상무역과 깊은 관련이 있다. 예를 들어 호경의 아들 강충이 서강(西江: 예성강) 영안촌의 부잣집 딸과 혼인한 것, 왕건의 증조모인 진의辰義가 당나라 황제와 혼인했다고 한 것, 왕건의 할아버지 작제건(作帝建: 懿祖)이 상선을 타고 아버지를 찾으러 중국에 가려고 했고 용왕의 딸龍女을 아내로 맞아 돌아온 것, 왕건의 아버지 왕륭(王隆: 龍建, 世祖)의 무덤昌陵이 예성강 근처에 있는 것, 태조가 궁예의 휘하에서 수군장군으로 맹활약했던 것 등이 그러한 사정을 알려준다. 아울러 왕건의 조상들이 대호족으로 성장하면서 개경과 예성항 인근 지역 호족세력과 연합하거나 도움을 받았다는 상징으로 작제건이 용녀와 칠보를 가지고 돌아온 뒤에 개주開州·정주貞州·염주塩州·배주白州·강화·교동·하음河陰 사람들이 영안성을 쌓고 궁실을 지어주었다는 것, 왕륭이 단주端州 사람 몽부인夢夫人 한씨를 아내로 맞인 것, 태조의 첫째 부인이 정주의 대부大富 유천궁柳天弓의 딸이었다는 것 등을 들 수 있다. 지명의 위치는 개주가 개성, 단주가 개성남쪽 장단 일대, 정주가 조강 남쪽 파주 교하일대, 염주와 배주가 예성강 서편 연안군 배천군 지역, 강화·교동·하음은 강화도와 교동도이다. 모두 한강과 임진강의 합강인 조강과 예성강이 만나는 바다 부근에 있던 지역이다. 932년 견훤이 수군을 보내 공격한 곳도 왕건과 그 후원세력의 근거지인 예성항·염주·배주 등이었다.

고려와 후백제가 해상 패권을 둘러싸고 가장 오랫동안 싸움을 벌인 곳은 남해안의 해상교통로상 요처인 진주 지역과 충청 서해안에 있는 운주運州(충남 홍성) 지역이었다. 특히 후자는 후백제가 거란과의 외교를 하기 위해 거쳐야했으며, 고려가 나주로 갈 때 지나야했다. 그러므로 934년에 태조는 직접 군사를 이끌고 운주를 공격하여 후백제군을 격파하였고, 주변의 30여개 성이 고려에 항복하면서 고려는 서해를 완전히 장악하게 되었다. 그것은 고려가 후삼국을 통일하는 결정적 계기가 되었다. 후삼국 시기에는 중국과의 해상 외교가 활발했기 때문에 해상 교통로를 안전하게 지키는 것이 국가의 성쇠와 후삼국 통일의 열쇠가 될만큼 중요한 비중을 차지했다.

2. 고려와 오대십국의 '외교무역'

당을 이어 다섯 왕조가 있었던 중원지역은 중국의 정치와 문화의 중심지였다. 오월·남당·민 등의 동남연해의 지방정권은 9세기 이후 급속히 신장된 경제력을 바탕으로 강남경제를 발전시켰으며, 그 배경으로는 활발하게 전개된 해상교역이 있었다. 재목을 구하고 해외로 진출하는데 유리한 조건을 갖춘 명주와 온주溫州 등에 조선소가 만들어지고 조선기술이 발전함에 따라 해상들의 배는 훨씬 안전하게 서해를 왕래할 수 있었다. 비록 장강 이남의 십국은 중원의 오대왕조와 같이 고려와 후백제에 대해 책봉할 만한 정통성을 갖추지 못하였지만, 국가간 교역을 위한 전제이자 방편이었던 외교관계를 맺고자 후삼국에 사신을 보내고 무역을 하였다.

고려와 오대십국의 무역은 대부분 국가간의 외교적 형식을 갖추며 이루어졌으므로 사절의 왕래를 통해 고려가 중국에 조공품을 바치고 그에 대한 회사품을 받는 방식이 기본적인 교역이었다. 이처럼 양국의 사절이 왕래하며 외교적 목적을 수행하는 과정에서 이루어지는 다양한 방식의 무역을 포괄하여 본서는 '외교무역'이라는 용어를 사용하겠다.

고려는 오대 및 십국의 여러 왕조에 사절을 보내 외교를 하면서 예물로써 고려의 특산물을 바쳤다. 고려가 오대 왕조에 보낸 물품을 유형별로 보면, 금속공예품, 금·은, 구리 및 구리 제품, 직물과 직물공예품, 약재, 말, 개, 매, 해수피海獸皮 등이 있었다. 그 가운데 구체적으로 확인되는 것으로 후당에 보낸 사례와 후진의 사례가 있다.

후당에 보낸 것은 은향사자은로銀香獅子銀爐(향로)·금장반루운성도검金裝鈑鏤雲星刀劍·마필·금은응조구金銀鷹絛鞲(활을 쏠 때 사용하는 팔장신구)·백저白苧(모시)·백전白氈(모피)·머리카락·인삼·향유香油·은루전도銀鏤翦刀·겸발鉗鈸·송자松子(잣) 등이 있었다. 후진에 보낸 것은 계罽·계금罽錦·직성단織成段과 같은 옷감이 주를 이루고 백전포의 면직물, 백저포·세마포細麻布 등의 마직물류 등이 있었다. 그 밖에 갑옷, 침구와 활, 화살, 칼, 비수 등의 무기류 등은 화려한 문양과 장식을 한 수공예품이었다. 황제에게 바치는 옷감과 복식류, 도검류 등은 전문적인 기술을 가진 관영수공업장官營手工業匠에 의해 제작되었을 것이다. 그리고 포·삼·머리카락·겸자·향유·송자 등은 일반 백성들이 국가에 바친 공물 가운데 좋은 것을 골라 보냈다고 생각된다.

고려가 오대의 나라에 보낸 공물은 고려의 최고 장인이 만든 것이었다. 직성단은 비단을 짜면서 무늬를 넣는 것으로 금과 은을 비롯하여 오색실로 화려하게 꾸미는 최고급 기술이었다. 그래서 고려의 예물에 대해 '패금貝錦으로 문채文彩를 이루니 동화橦華가 무색할 정도며 광비筐篚(공물을 담은 광주리)를 모두 열어보니 다 진기한 것이로다. 또 병기는 잘 정돈되어 있고 갑옷은 대단히 아름다워 정묘하지 않은 것이 없었다'라거나 '병장기는 견

〈나전대모국당초무늬불자螺鈿玳瑁菊唐草文拂子〉 국립중앙박물관 소장. 국립중앙박물관편, 『고려·조선의
대외교류』, 2002, 18쪽.
겉면에 베를 바르고 그 위에 나전으로 국당초무늬를 넣고 양 끝에 칠을 하였다. 중국에 진봉되어 높은 평
가를 받았던 나전칠기의 수준을 알려주는 작품이다.

고하고 직물의 문양은 아름다우며[靡麗: 美麗] 저마苧麻는 눈 같이 희고 영
험한 약은 신통하였다. 머리장식과 노리개는 진기하였고, 향유에는 명품이
많았다'라는 표현을 하며 극찬하고 있다. 이와 같이 중국인들에게 고려가
보낸 것들이 인상적이었기 때문에 다른 주변 민족이나 국가가 보낸 조공
물에 대한 기록은 소략하게 남아있는 데 비해 고려의 물품은 사서에 비교
적 상세하게 적어놓았던 것이다.

후진의 정권이 취약한 상태에서 먼 바다를 건너 많은 물품은 보내준 고
려에 대한 고마움 때문에 의례적으로 과장된 표현을 할 수 있다. 그러나 공
물貢物의 명칭을 보건대 단순한 비단이 아니라 다양한 색으로 염색을 하고
거기에 금과 은으로 문양을 새겼고, 검의 경우에도 금과 은으로 장식하고
여러 가지 문양을 넣었다고 한 것으로 보아 장인이 많은 정성을 들여 만든
정교한 공예품이었음에 틀림없다.

오대의 여러 왕조가 고려에 보낸 것으로는 공예품, 견직물, 차, 서적 등
과 더불어 무역을 통해 중국에 유입된 코뿔소 뿔[犀角]·상아·향료·약품·
산호·구슬류[珠璣]·대모玳瑁(바다거북의 등딱지로 만든 공예품)·진귀한 새[珍鳥
類] 등이 있었다. 후진의 사신이 고려에 오면서 함께 가져왔던 국신물로는
책갑冊匣, 머리띠[帕], 자물쇠, 요[褥: 덮는 이불], 상, 책상 등의 수공예품과 침
구와 실 등이 포함되어 있었다. 주로 왕실에서 사용될 만한 귀한 물건들로

여겨지며, 고려가 보낸 물품과 비교할 때 포나 송자와 같은 일반적인 공물들은 없었다.

958년과 959년에는 후주와의 사이에 대규모 교역이 있었다. 958년에 후주가 상서수부원외랑尙書水部員外郎 한언경韓彦卿과 상련봉어尙輦奉御 김언영金彦英을 보내어 비단 수천필을 가지고 와서 고려의 구리와 교역하여 갔다. 다음해 봄에는 좌승佐丞 왕긍王兢과 좌윤佐尹 황보위광皇甫魏光이 후주에 가서 좋은 말, 직성의오織成衣襖(무늬를 넣은 겉 옷)·활·칼 등을 바쳤고, 가을에는『별서효경別序孝經』,『월왕효경신의越王孝經新義』,『황령효경皇靈孝經』,『효경자웅도孝經雌雄圖』등을 바쳤다. 그해 겨울에는 후주에 구리 50,000근과 자·백수정紫·白水精 2,000개를 보냈다.

두 해에 걸친 교역을 통해 상당량의 구리가 후주로 전해졌다. 이 시기는 후주의 세종이 중국을 통일하기 위해 장적帳籍에 오르지 않은 사찰을 철폐하고 동불·범종을 부수어 전과 무기를 주조하던 때로 구리의 수요가 많았다. 실제 후주에 이어 송을 건국한 조광윤이 중국을 통일하는데 고려에서 수입한 구리가 큰 도움이 되었다고 한다. 이 때의 교역은 후주의 요구에 따라 조공무역과는 별개로 이루어진 것으로, 국가간의 교역인 공무역의 성격을 갖고 있었다.

3. 고려와 오대십국 여러 나라와의 문화교류

전통적으로 중국 역사의 중심이었던 중원 왕조는 아니었지만, 장강 이남에 건국된 오·남당·오월 등의 국가는 농업생산력을 발전시키고 백성들의 생활을 안정시키고자 노력하였다. 이에 인구가 늘면서 비단·차·소금 등의 수요가 늘고 생산량이 증가하였다. 목면의 재배가 복건 이남지역까지 전파되었다. 풍요로운 경제 상황과 더불어 남양지역 및 서남아시아와의 무역이 발달하였고, 한반도와 가까운 명주항이 국제항구가 되면서 많은 해상들이 후삼국을 찾게 되고 인물과 문화교류가 활발해졌다.

천태종 불교와 인물교류를 보면, 935년에 사명四明의 자린子麟과 고려 이인욱李仁旭이 명주항을 이용해 고려를 왕래했다. 930년대 중반기부터 40년대까지 고려와 오월의 명주 영안원永安院 사이에 불교의 교류가 진행되었다. 오월의 불교는 해상무역의 번성으로 해양불교적인 성격이 있었다. 960년에는 오월국왕 전홍숙錢弘俶이 사신과 보물 50종을 보내 천태의 여러 논소를 구하자 고려는 체관諦觀을 보내 그것을 전해주었다. 968년에는 광종이 오월의 영명永明 연수延壽의 문하로 승려 39명을 유학보냈다. 이처럼 10세기 후반에는 고려는 오월의 천태종과 교류가 많았으며 그 거점은 의통이 세운 명주의 전교원傳敎院이었다.

인물과 천태사상이 교류가 진행되는 한편으로 문화교류도 있었다. 오월에서 오백나한상을 가져왔고, 후주의 요청에 따라 고려가 『별서효경別序孝經』 등의 책을 보낸 것도, 문화적인 교류라는 점에서 주목할 만하다.

민과의 교류도 있었다. 928년 8월에 신라의 승려 홍경洪慶이 민부閩府에서 대장경 1부를 싣고 예성강에 이르렀다. 홍경은 신라의 승려로 민에 유학하러 갔으나 귀국은 고려로 하였다. 민부에서 왔다는 표현은 고려와 민부 사이를 왕래하는 해상이 있었음을 뜻한다. 또한 이 시기에 고려의 사신이 남당에 갔다는 해석이 가능하다.

이러한 사례는 오대십국의 여러 나라들과 고려 사이에 외교 및 민간 교역을 통해 중국의 문화가 고려에 신속하게 전해지고 있었음을 알려준다. 고려는 책봉국인 오대의 여러 왕조에 외교역량을 집중했지만, 오월과 남당 등 십국과의 교류도 병행하였다. 신라말에 견훤은 후백제를 세우고 사

〈신라초〉 고려대 고려시대사연구실 제공.
중국 영파 보타산의 동쪽 앞바다에 있는 암초이다. 섬을 떠나 이 방향으로 가면 신라에 닿는다고 하여 뱃사람들이 신라초로 불렀다고 한다. 오대십국 시기의 오월의 사신과 무역선이 고려와 후백제를 왕래할 때 이곳을 지나갔을 것이다. 13세기 초에 편찬된 『보경사명지』에는 859년에 일본 승려 혜악慧萼이 오대산을 참배하고 관음상을 구하여 본국으로 모시고 가려다 '신라초'에서 좌초했다고 한다. 그런데, 12세기초 기록인 『고려도경』에는 신라의 상인이 오대산에 갔다가 관음상을 조각하여 본국으로 가려고 했으나 배가 좌초하여 관음상을 바위 위에 내려놓았다가 전각 안에 모셨으며, 해상으로 왕래하는 이들이 반드시 기도했다고 하였다. 명주와 보타산은 신라 상인이 많이 왕래하던 항구였고, 그 배편을 일본 유학승들이 많이 이용하였다. 그러므로 보타산의 불긍거관음상 설화는 본래 신라와 관련된 것이었으나 후대에 일본으로 와전되고 결국 통설이 되었다고 여겨진다.

신을 오월국에 보내어 국교를 맺은 뒤로 밀접한 관계를 유지했고, 오월왕도 때로는 사신을 보내어 고려와 화해하도록 권한 일도 있었다. 이는 오월이 고려와 후백제 두 나라에 대해 동시에 외교를 맺었던 양국간 외교전 때문이기도 하지만, 오월의 해상들이 후백제는 물론 고려를 다니며 무역하고 있었던 상황을 반영한 것이다. 그러므로 고려 우왕 때의 재신 윤진尹珍이 예전의 나주를 회고하면서 '상인이 오월과 통하던 시절이 있었다[有時賈客通吳越]'고 표현하기도 하였다.

4. 고려초 해상무역과
성종대 무역정책의 변화

이 시기 고려 해상들이 중국에 자주 가서 무역하였다는 기록이 있다. 934년 7월에 고려가 관압장管押將 노흔盧昕 등 70인을 파견하여 후당의 등주登州에서 교역을 하였고 같은 해 10월에도 사람을 보내 후당의 청주에서 교역을 하였다고 한다. 모두 고려 정부가 무역을 목적으로 파견한 것이므로 공무역의 성격이 있었다.

후삼국 통일 이후에는 국가주도의 공무역인 사행무역 외에도 민간이 주도하는 사무역이 활발하게 지속되었다. 하지만 성종대에 들어서 고려는 해상 무역의 문제점을 제시하면서 규제하려는 시도를 하기 시작했다. 『고려사』권93, 최승로전에 있는 시무책時務策이 그것을 알려준다.

우리 태조가 사대하는 것에 전념하였음에도 오히려 수년에 한 번씩 사신을 보내어 교빙의 예를 닦았을 따름인데, 지금은 교빙을 위한 사신을 보낼 뿐 아니라 무역으로 인해 사자使者의 왕래가 빈번하니 중국이 천시하는 바가 될까 두려우며 또한 왕래 도중에 배가 부서져 목숨을 잃는 자가 많았습니다. 청컨대 지금으로부터는 교빙하는 사신이 겸하여 무역을 행하고 그 나머지 무시로 매매하는 것은 일체로 금하십시오.

이 내용을 보면 외교를 위한 사신 뿐만 아니라 무역하러 가면서 외교 사신을 칭하는 경우도 있었는데, 후자는 정치보다 경제적인 이익을 얻기 위한 것이었다. 고려가 국가 차원에서 외교를 무역의 한 방식으로 활용하였음을 알려준다. 이에 대해 최승로는 무역을 위한 잦은 왕래로 인해 중국 사람들의 천시를 받을 우려가 있고 배의 난파 때문에 인명이 손실된다는 점

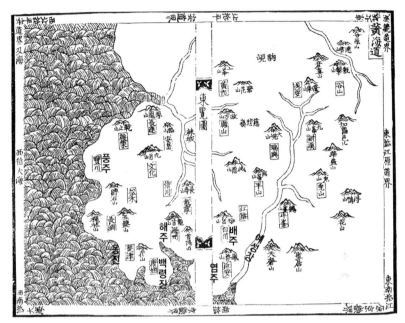

〈황해도 지도〉「신증동국여지승람」

조선시대 황해도 지도로, 고려시대에는 서해도라고 하였다. 서해도는 중국의 산동반도와 매우 가깝고 정서쪽에 있어서 항해술과 조선술이 발달하지 않은 고대부터 해도가 개척되었다. 바람과 해류 등을 고려할 때 서해도 지역에서 정서진하면 산동반도의 등주 등에 도착하였으며, 반대로 등주에서 정동진하여 만나는 곳이 서해도 풍주·옹진 등 해안 지역이었다. 고려 태조대 고려 해상들이 산동반도 등주지역에 가서 무역하였는데, 예성항에서 출발했을 경우 옹진반도와 백령도 사이의 험난한 바다를 지나야 했을 것이다. 993년에 송의 사신이 고려에 올 때 육지로 장거리를 영송하는 불편함을 감수하고 옹진에서 내린 것도 안전함을 택했기 때문일 것이다. 고려에 온 사신일행은 해주, 염주, 배주 등을 거쳐 예성강을 건너 개경에 이르렀다. 그런 점에서 고려초 해상들도 출발지를 예성항이 아닌 옹진이나 풍주로 했을 가능성이 있다.

등을 지적하였다. 또한 그 폐단을 해결하기 위해 교빙하는 사신을 통해 무역을 겸하게 하자고 건의하였다. 결국 최승로는 경제적 목적의 사신을 줄이는 대신 교빙 사신이 그 일을 겸하게 하자는 대안을 제시하였다. 그의 상서 속에서 정식 외교 사절이 왕래하는 과정에서 이루어지는 무역은 유지되어야 한다는 인식을 찾아낼 수 있다.

이 때 '사신의 무역 겸행'은 사신의 외교적 활동 외에 중국 상인과 무역하는 것을 뜻한다. 고려의 사신은 방물을 바치고 회사품을 받는 조공-회사 방식의 교역과 더불어 중국 상인과 사적인 교역을 위한 물품을 별도로 준비하여 출발하였을 것이다. 이 무역은 국가 차원에서 이루어지는 공적인 성격이었고, 중국과의 외교를 통해 국왕의 권위를 높였다. 공물을 바치고 회사품을 받을 뿐 아니라 고려의 물품을 중국의 물품과 교환하여 경제적 이득을 얻는 방식은 태조 이래 지속되어온 전통적인 정책이었다고 생각된다.

왕건의 선대가 서해안의 무역을 통해 성장하였고, 마침내 고려를 건국한 왕건은 국가차원에서 오대십국의 여러 왕조와 외교의 형식을 빌어 해상무역을 계속하였다. 고려가 동북아시아의 군사적 강대국인 거란을 멀리하고 후당, 후진, 후주 등과의 외교에 전념했던 것도 그러한 사정과 관련된다. 유목민족이 세운 거란의 특산물은 주로 가축의 가공품이나 원시적인 것들이 많아서 고려의 매력적인 무역상대가 되지 못한 반면에 오대 국가와의 무역은 커다란 이익을 얻을 수 있었기 때문이다. 또한 오대의 왕조는 동북아의 신흥 강국인 거란을 견제하기 위해 고려를 후대하였으므로 후삼국 통일 이후에도 태조는 거란에 대한 군사적 위협을 알면서 더 큰 무역상의 이익을 얻고자 거란과 단교를 하고, 중원왕조와의 외교와 무역에 온 힘을 기울였다. 고려 왕실은 해상무역가의 후손답게 대외정책을 결정하면서 군사 및 정치적인 고려보다는 경제적인 실리를 택하였던 것이다.

성종은 최승로의 건의를 계기로 지방 세력의 무역을 금지하고 사대교린 관계에 입각한 국가간의 공식적인 무역 관계를 위주로 무역 정책을 펼쳤다. 그와 더불어 해상이 중국에 가는 것을 금지하여 신라말 강주康州 지역의 왕봉규王逢規나 왕건의 선대처럼 해상무역을 하는 세력이 국가 권력을 위협하는 것을 방지하고 중앙집권화를 이루기 위한 목적도 있다.

고려의 해상들이 함부로 중국에 가는 것을 금지하라는 최승로의 건의는 받아들여졌던 것 같다. 이후 중국에 간 해상의 기록이 거의 남아있지 않을 만큼 고려 해상의 활동이 부진해졌다. 반면에 송은 상업 경제와 조선술 및 항해술이 발전하였을 뿐 아니라 송 태조와 역대 황제들이 해외무역을 장려함에 따라 그 동안 아랍 상인에게 의존했던 원거리 해상무역을 비롯하여 고려와 일본을 포함한 동남아시아 무역에서도 송상들이 활약하기 시작하였다. 한중간의 서해무역에 종사하는 고려 해상은 점차 줄어들고, 고려를 찾는 송상들은 늘어나면서 11세기초부터 송상들이 고려와 송 간의 무역을 장악하기에 이르렀다.

고려가 자국 해상들의 왕래를 제한했지만, 해상교류의 공간으로서 서해와 예성항을 개방하였으므로 송상의 왕래는 지속되었다. 이것은 한중교류사에 획기적인 변화였다. 왜냐하면 고대로부터 후삼국 시기에 이르기까지 한반도의 해상들이 중국의 해상과 더불어 서해 무역에 주요한 역할을 했으나 고려 성종대부터 고려 해상들의 활동이 위축되고 중국 해상들이 주도하게 되었기 때문이다. 이러한 점에서 고려와 오대십국의 해상 무역은 후대 역대 중국 왕조의 그것과 구별되는 것이다.

제2장
송과의 외교와 무역

1. 대송 무역과 그 특징

1) 고려의 문화적 욕구와 선진문물의 수용

(1) 고려인들의 중국 문화에 대한 동경

고려는 송과 바다를 사이에 두고 떨어져 있었으며, 동북아시아의 군사적 강자였던 거란과 금이 고려에 압력을 가하여 양국이 정상적인 외교를 진행하는데 많은 어려움을 겪었다. 하지만 고려가 거란과 금의 책봉을 받으면서도 송과의 외교관계를 유지하고자 온갖 노력을 기울였던 것은 몇가지 이유가 있었다. 첫째, 송은 동아시아 국가 가운데 가장 발달된 정치제도와 선진문화를 이룩하고 있었다. 송이 비록 거란과 금의 군사력에 굴복하여 세공歲貢을 바쳤어도, 문화적으로는 훨씬 앞서 있었던 것이 사실이다. 경제적인 측면의 교역은 상대국에 없는 특이한 토산물의 거래였는데, 고려를 변화시킬 수 있는 것은 발달된 정치제도와 문화 등이었고, 그것을 본받을만한 나라는 거란이나 금이 아닌 송이었다.

조공 책봉 관계를 고려하건대, 고려 국왕을 책봉한 거란과 금이 천자국이었지만, 고려 사람들은 진정한 사대로 인정하지 않았다. 예를 들어 목종 때 송에 사신으로 갔던 이부시랑吏部侍郎 주인소朱仁紹가 송 황제에게 '고려 사람이 중국의 문화를 사모하나 거란에게 위협받고 있는 상황을 이야기하였다'는 것은 그러한 사정을 알려준다. 송 황제에게 한 말이므로 과연 진실이었는지에 대한 의문이 들 수 있겠으나 고려 사람들이 거란과 전쟁을 치르고, 계속해서 침략의 위협을 받으면서 어쩔 수 없이 거란에 사대하게 된 현실을 표현한 것이다.

송과 고려의 외교가 중단된 지 20여년이 지난 1058년(문종 12) 8월에 문종은 탐라耽羅와 영암靈巖에서 재목을 베어 큰 배를 만들어 장차 송과 외교를 재개하고자 하였다. 이에 내사문하성內史門下省은 "우리 나라는 문물예악文物禮樂이 흥하여 행해진 지 이미 오래되었으며 상선이 끊임없이 와서 진보珍寶가 날로 들어오기 때문에 중국에 대하여서는 실로 도움받을 것이 없습니다."라며 반대하였고 문종은 그 의견을 받아들였다. 여기서 내사문하성은 송에서 들어온 예악문물이 널리 행해지고, 나머지 진귀한 보물들은 상선을 통해서 수입하고 있기 때문에 문제가 없다고 하였다. 문종이 송과 외교를 해서 문물예악을 받아들이려고 한 것에 대한 반박이다. 문종의 대송통교는 송 신종의 적극적인 '친려반요정책親麗反遼政策'과 함께 고려 문종의 모화사상이 긴밀한 관계를 맺어 나타난 결과라고 해석하기도 한다. 고려는 송상이 가져오기 어려운 최고급 문물을 공식적으로 획득하여 문화적 욕구를 충족시키려는 의도가 있었다.

요컨대, 고려는 송과 거란의 경쟁 관계로 인해 동북아시아에서 차지하는 외교적 위상이 높아진 점을 활용하여 송이 건국된 뒤 정치사회제도를 만들어가는데 필요한 여러 가지 서적과 의기儀器(의례 등에 사용되는 기구) 등 선진문물을 받아들였다. 문종대 이후에도 송은 고려와 연합하여 거란과 금 등을 견제하려는 외교적 목적에서 고려가 요구하는 귀중한 서적이나 대성악 등을 내리고, 많은 회사품을 주었다. 그런 점에서 고려와 송의 외교 관계를 고려가 문화적 관계를 중시한데 대하여 송은 정치적 관계를 도모하려 하였다고 한 것은 양국간의 교빙 목적을 적절하게 표현한 것이다. 아울러 송 강남 지역은 물자가 풍부하여 고려가 필요로 하는 물품이 많아서 경제적 교류가 잦았다. 그러나 거란과 금의 정치군사적인 압력을 받았으므로 고려는 현실적으로 문화적 경제적 요소보다는 국경의 안보와 같은 정치적인 것을 더 중시하여 송과 단교하고 거란과 금의 책봉을 받았다. 그러한 사정이 있었으나, 목종·현종·정종·문종·선종·숙종·예종·인종 등 역대 국왕들이 송에 사신을 보냈던 것은 송과의 외교관계를 수행하면서 고려가 필요로 하는 많은 것들을 얻을 수 있었기 때문이다.

(2) 외교를 통한 선진문물 수용의 실제

고려는 거란의 군사적 압력을 받아 송과 외교를 단절한 이후에도 송상을 통해 선진문물을 수용하였다. 의례 및 음악에 관한 것이나 중요한 서적 등은 상인들이 함부로 매매할 수 없는 것이어서 고려가 황제에게 공식적으로 요청하고 황제가 먼 바다를 건너 조공하러 온 고려에 대해 시혜를 베푸는 방식으로 전달되었다. 이것이 고려가 거란과 금의 군사적 위협을 감수하면서까지 송과 통교하려고 했던 숨은 이유일 것이다. 고려는 송에 사신을 보내 외교를 하면서 서적, 인쇄물, 의약품과 의술, 천문·역법, 불상·경전, 음악, 나희儺戲, 격구 등 다양한 것들을 가져왔다. 그 가운데 서적 및 대장경, 의술, 음악 등에 대해 구체적으로 설명하겠다.

① 유교 경전 및 서적

서적은 고려의 사신이 송에 가서 황제의 하사품으로 받아온 경우가 많았다. 성종대는 최승로를 중심으로 중국풍의 유교화된 국가를 만들고 종묘와 사직제도를 정비하고자 하였다. 이에 983년(성종 2) 5월에 송에 갔던 박사 임노성任老成이 「대묘당도大廟堂圖」·「사직당도社稷堂圖」·「문선왕묘도文宣王廟圖」 등의 그림과 『대묘당기大廟堂記』·『사직당기社稷堂記』·『제기도祭器圖』·『칠십이현찬기七十二賢贊記』 등을 가져왔다. 당시에 성종이 왕권 강화를 위해 관제의 개편 및 유교화를 추진하던 때였으므로 사신을 보내 필요한 그림과 서적을 요청하여 받아왔다고 생각된다. 전래된 그림과 서적들은 태묘·사직당·문선왕묘 등을 설치하고 운영하는데 이용하였을 것

〈보와 궤〉 국립고궁박물관 소장. 국립고궁박물관, 『궁에서 왕을 만나다』, 2013, 162쪽.
의례에 사용하던 제기이다. 보는 땅을 본 떠 네모나며 쌀과 기장을 담았다. 궤는 하늘을 본떠 둥글며, 메기장 또는 찰기장을 담아 나란히 진설하였다. 고려도 중국의 의례를 본받아 각종 제사 때 이 그릇을 사용하였다.

이며, 그것은 유교 군주로서 성종의 권위를 높이는 데 기여하였을 것이다.

1022년(현종 13) 5월에 한조韓祚가 『성혜방聖惠方』·『음양이택서陰陽二宅書』·『건흥력乾興曆』·『석전釋典』 등을 받아 돌아왔다. 1090년(선종 7) 12월에는 『문원영화집文苑英華集』이 들어왔고, 1098년에는 송의 『개보정례開寶正禮』가 도입되어 있었다. 1101년 6월에 왕하王嘏와 오연총吳延寵이 송 황제가 하사한 『태평어람太平御覽』 1,000권을 가져왔다. 이상의 서적이나 물품 가운데 태묘와 사직 등 의례와 관련된 것은 상인들이 쉽게 가져올 수 없는 것이다. 『문원영화집』이나 『태평어람』과 같은 거질의 서적은 오랫동안 고려가 요청했던 것인데, 송이 고려와 우호적인 외교관계를 유지하고자 특별히 주었던 것이다.

그에 반해 송도 고려에 간 사신편에 없어진 서적 총 113종 5,006권의 목록을 주고 구해주거나 전사해줄 것을 청하였다. 이 가운데 고려에서 몇 편을 구해주었는지 알 수 없으나 송이 요청한 내용으로 보아 고려에 적지 않은 희귀 서적이 있었음을 알 수 있다.

② 불교경전·대장경 및 불사리

유교 의례나 문집과 더불어 불교 경전도 많이 도입되었다. 고려는 불교 국가답게 여러 차례 불교 경전을 수집하고, 때로는 대장경판을 조성하기도 하였으므로 기회가 있을 때마다 송에 필요한 경전을 요청하였다. 그리하여 991년(성종 10) 4월에 한언공韓彦恭이 대장경을 가져왔으며, 1083년(문종 37) 3월에 문종은 송의 대장경을 태자로 하여금 맞이하게 하고, 개국사開國寺에 안치하도록 하였다.

983년에 송이 조성한 『개보칙판開寶勅板』을 들여와 초조대장경의 저본으로 삼았고, 1118년(예종 13) 4월에 정국안화사靖國安和寺가 개창되자 송 황제로부터 능인전能仁殿의 편액과 더불어 16나한羅漢의 소상塑像을 받기도 하였다. 문종대에 송에 갔던 조응祖膺은 정인淨因의 법을 배워 돌아온 뒤, 총림회叢林會를 열고 『좌선의궤坐禪儀軌』와 배발排鉢 등을 전하였다.

충렬왕대에 내전에 봉안된 부처님 어금니 사리[佛牙]는 1119년에 송에 갔던 입공사入貢使 정극영鄭克永·이지미李之美 등이 가져온 것인데 다음과 같은 흥미로운 내력이 『삼국유사』에 전하고 있다.

> 송 휘종대(1110~1125)에 황제가 좌도左道(도교)를 받들었고, 사람들이 도참을 전하여 '금인金人이 나라를 망하게 할 것이다'고 하였다. 황건黃巾(도교)의 무리들이 일관日官을 통해 "금인은 불교를 이르는 것이니 장차 국가에 불리할 것입니다"라고 황제에게 아뢰었다. 이에 조정에서 의논하여 석씨釋氏(부처)를 파멸하고 여러 사문沙門(승려)을 땅에 묻고, 경전을 태워 없애려고 하였다. 그런데 특별히 작은 배를 만들고 부처님 어금니를 싣고 망망대해에 띄워 인연에 따라 흘러가게 하였다. 마침 고려의 사신이 송에 이르러 그 얘기를 듣고 천화용天花茸(약재) 50령領과 모시 300필을 주고 배를 운항하는 관리에게 뇌물로 주고 몰래 부처님 어금니를 받았고, 빈 배는 떠나보냈다. 사신 등이 돌아와 이 사실을 아뢰자 예종이 크게 좋아

하고 십원전+員殿 왼쪽 작은 전각에 두고 항상 문을 자물쇠로 잠가두었으며, 밖에서는 향등香燈을 두어 매양 친히 납시는 날에 전각의 문을 열고 경배했다고 한다.

송에서 진신사리 조차도 없애려고 했다는 기록을 통해 송에서 도교가 중흥하면서 불교가 쇠퇴하고 있었음을 알 수 있다. 그것이 고려 사신이 부처님 어금니 사리를 가져올 수 있는 직접적 계기가 되었을 것이다. 고려 사신이 그것을 버리러 가는 배를 운항하는 관리에게 많은 대가를 주고 몰래 가져왔다고 했다. 정황상 고려 사신이기 때문에 그런 특권을 누릴 수 있었겠지만, 주목해야할 것은 결국 귀중한 부처의 사리를 높은 가격을 주고 무역하여 왔다는 점이다.

고려의 사신이나 승려가 전래한 대장경·불경·불상·불구佛具·부처님 사리 등은 고려 불교 교학과 신앙에의 발전에 크게 이바지했을 것이다. 그런데, 그것을 가져왔던 때가 성종·문종·선종·예종대였다는 점이 주목된다. 이 시기에는 송이 고려와 연합하여 거란을 제압하겠다는 전략에 따라 적극적으로 고려의 요구를 들어주는 등 후대를 하고 있었다. 고려는 그러한 사정을 충분히 알고서 자신들이 원하던 것들을 하사받거나 구매하였다. 고려의 주체적인 실리 외교가 돋보인다.

③ 의술 및 의약

고려는 송의 선진 의술을 받아들이는데도 적극적이었다. 일찍이 현종대인 1016년과 1022년에 고려의 사신이 송에 가서 의서인 『태평성혜방太平成惠方』을 가져온 바 있었다. 그리고 문종이 풍비증風痺症을 앓아 이를 치료하기 위한 의사와 약을 송 황제에 청하면서 본격적인 양국간의 의학 전승이 이루어졌다. 송은 거란의 외교적 압력을 받으면서도 대송통교를 성사시킨 문종의 치료를 돕고자 여러 차례 의사와 약을 구해 보내주었다.

1072년 6월에 의관醫官 왕유王愈·서선徐先이 왔고, 1074년 6월에 송의 양주의조교楊州醫助敎 마세안馬世安 등 8인이 왔다. 1079년 7월에는 공식적인 사절인 합문통사사인閤門通事舍人 왕순봉王舜封이 한림의관翰林醫官 형조邢慥·주도능朱道能·심신沈紳·소화邵化 등 88인을 인솔하여 왔으며 100여가지 약재를 가져왔다. 1080년 7월에 마세안이 다시 왔으며, 1081년 7월에 송 황제의 절일節日을 맞아 문종은 마세안이 머무는 객관에서 잔치를 베풀고 그를 치하하며 예폐體幣를 내려주었다.

송이 문종의 병을 치료하기 위해 보내준 진귀한 약재는 대부분 송의 유명한 산지의 것이었을 뿐 아니라 안식安息·인도·동남아에서 송에 수입된 것도 있었다. 고려에 들어온 약재는 100가지나 되었으며, 약재의 산지를 적은 것은 최고의 명품임을 표시하기 위한 것이었다. 고려가 다른 재화는 물물교환하였으나 약재 만큼은 중요시 여겨 전보錢寶를 주고 교역하였다고 한다.

약재가 들어왔다는 것은 그 효능을 알려주었다는 뜻이기 때문에, 약재를 구별하고 그 효능을 알게 되는 과정을 거치면서 자연스럽게 고려의 치료 기술이 발전하였을 것이다. 문종대부터 예종대에 걸친 의관의 방문과 약재의 전래는 고려의 의술 발전에 적지 않은 영향을 끼쳤음이 분명하다.

④ 대성악의 전래

고려시대의 음악은 풍속과 교화를 수립하고 조종祖宗의 공덕을 드러내는 수단으로써 중요한 역할을 하였다. 태조 이래 소위 양부악兩部樂이라고 불리운 속악俗樂과 당악唐樂이 중심이었고 아악기雅樂器에 의해 연주되는 것이 아니었다. 당악은 광종이 송에 당악기와 악공을 청하여 받아들였고, 송 악공의 지도로 고려의 교방敎坊에 의해서 연주되면서 수용되었다. 1073년 11월에는 여제자女弟子가 송에서 새로이 배운 포구악抛毬樂과 구장기별기九張機別伎 등을 팔관회에서 연주하였다.

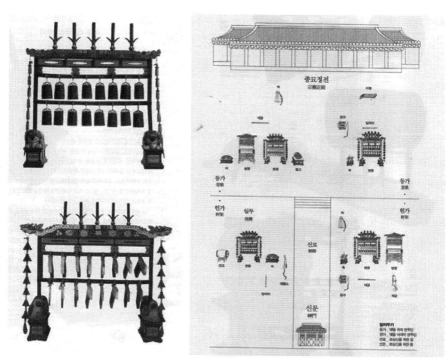

〈편종과 편경〉 국립고궁박물관 소장. 국립고궁박물관, 『궁에서 왕을 만나다』, 2013, 236쪽.(좌)
〈현행종묘제례악의 악기 편성〉 국립고궁박물관, 『궁에서 왕을 만나다』, 2013, 241쪽.(우)
1116년에 송에서 도입된 대성악의 악기 편성에 편종과 편경이 포함되어 있으며, 현행 아악의 악기 편성
도 대성악과 관계가 깊다. 대성악이 고려에 들어온 이후 송의 악공이 고려에 와서 대성악을 가르쳤고, 마
침내 회경전會慶殿에서 재추宰樞와 시신侍臣을 모아놓고 신악을 시연하도록 하였다. 당악을 대신하는 아
악의 연주는 여진 정벌의 실패로 다소 실추된 국왕의 권위를 높이는데 이바지했을 것이다.

   고려의 아악은 예종대에 대성악이 전래되면서 변화한다. 1105년에 송에
서 대성악이 만들어지자, 1116년(예종 11)에 예종이 송에 사신을 보내 대성
악大晟樂을 요청하고, 휘종이 고려에 등가악登歌樂(노래를 주로 하는 음악)·헌
가악軒架樂(악기의 연주를 주로 하는 음악)과 더불어 악기를 보내줌에 따라 아악
이 정식으로 사용되기 시작하였다. 이 과정에서 고려가 송에 대성악이 완
성되었다는 정보를 듣고 당악을 보충하기 위해 대성악을 송에 요청하면서
원활한 도입을 위해 사신단에 음악에 정통한 사람을 포함시켰으며, 대성
악에 필요한 악기와 의물을 받아왔다. 대성악을 도입하기 위해 고려가 치

밀하게 준비하여 마침내 성사시켰던 것이다.

고려는 동아시아 여러 나라 가운데 송의 고전·악무樂舞·대성악을 수입한 유일한 국가였다. 고려가 대성악의 도입에 적극적이었고, 왕실과 관련된 의례와 연회에서 그것을 자주 연주하는 것은 왕의 권위를 높이려고 한 것이었다. 예종이 송에서 보내준 대성악과 악기를 이용하여 곧바로 연주하도록 하고, 자신이 여러 대신들과 함께 연주를 관람한 것 자체가 권위를 과시하는 것이다. 대성악이 연주된 행사가 조종의 공덕을 드러내는 태묘와 왕이 농업을 장려하는 의미에서 치르는 행사인 적전籍田이었다는 점은 단순히 속악을 대체한다는 것 이상의 정치적 목적이 있었음을 알려준다.

2) 사행의 편리함과 해상교통로

고려가 북방의 거란과 금에 조공하기 위해서 육로를 이용했기 때문에 상대적으로 시간이 많이 소요되고 물품을 운송하는데 장애가 많았다. 반면에 송의 경우 북쪽이 거란 또는 금에 의해 막혀 있으므로 고려가 송에 사신을 보낼 때는 불가피하게 해로를 이용할 수 밖에 없었다. 그런데, 고려 사신이 배를 타고 송에 가는 것은 육로로 이동하는 것보다 많은 물품을 신속하게 옮길 수 있다는 장점도 있다. 즉, 대송통교 이전에 양국의 사신들이 황해도 서안에서 산동반도의 등주에 도착하는 해상교통로를 이용할 때 개성에서 옹진까지 육로 이동은 약 2~3일 정도, 대송통교 이후에는 예성항에서 명주까지의 해상교통로를 이용할 때는 개성에서 예성항까지 육로 이동은 하루 정도에 불과하였다.

또한 사신이 배를 타고 서해를 왕래하는 것은 운송상의 편리함이 있다. 오직 육로만을 이용할 때는 이동 속도도 늦을 뿐 아니라 말과 사람에 의존해서 짐을 운송하기 때문에 큰 화물을 옮기기에 어렵다. 1123년 송 사신단

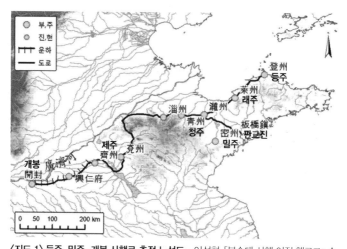

〈지도 1〉 등주, 밀주–개봉 사행로 추정 노선도 이석현, 「북송대 사행 여정 행로고: 송 입경 이후를 중심으로」, 『동양사학연구』 114, 2011, 90쪽.
이 사행로는 광종에서 현종대까지 송에 가는 고려 사신이 다녔던 길이다. 고려에서 출발한 배가 등주—선종대에 의천은 밀주—판교진에 도착한 이후 청주靑州와 제주齊州 등 주로 육로로 이동하여 개봉에 도착했다.

은 대형 선박인 신주神舟 2척과 일반 선박인 객주客舟 6척 등 모두 8척에 사신 일행과 예물을 싣고 왔다. 고려의 사신들도 황제에게 바치는 방물과 사절단이 가져가서 무역할 개인적인 물품 등이 많았으므로 배를 타고 서해를 건너가고 육지로의 이동을 최대한 줄이는 것이 유리하였다. 그래서 고려의 사절들은 등주로 가는 경우 개봉까지의 이동 거리가 긴 것을 불리하게 여겨서 명주에 도착하여 강과 운하를 이용하여 개봉까지 갈 수 있는 남선항로를 택하였다고 한다.

양국 사절단의 해로 이용은 조난의 위험은 있지만, 일정을 줄여줄이고 많은 짐을 동반할 수 있어 교역을 촉진하였다. 고려와 송을 연결하는 해도는 양국의 문물이 왕래하는 통로가 되었으므로 구체적인 파악이 필요하다. 고려와 송의 사신들이 다닌 해상교통로는 오래전부터 양국을 왕래하는 해상들에 의해 개척되어 이용되던 것이었다. 해상들의 해도는 기록에 남지 않은 반면 사신들의 여정은 사서에 상세히 남아있어 서해 해로의 연구에 귀중한 자료가 되고 있다. 사신의 배를 운항하는 것은 해상이었으므로 사신들이나 해상은 같은 항로를 이용했을 것이다.

고려와 송을 연결하는 대표적인 항로는 황해도 서해안에서 산동반도에 이르는 북선항로北線航路와 고려 서남해안과 흑산도를 거쳐 장강 유역의 명주 정해현에 도착하는 남선항로南線航路가 있었다. 고려초부터 송에 사신을 보내는 외교 노선으로 활용된 것은 전자였다. 이 항로는 황해도 서해안에서 산동반도의 등주登州로 향하는 것이었고 개경 부근에서 황해도 남해안을 경유하여 등주로 가는 경우, 주요 항구는 예성항, 정주貞州, 옹진 등이 있었다. 993년(성종 12) 고려에 파견되었던 송의 직사관直史館 진정陳靖과 비서승秘書丞 유식劉式의 경로를 보면, 동모東牟에서 팔각해八角海 포구로 옮겨 고려 사신 백사유白思柔가 탄 선박 및 고려의 뱃사공들을 만나고 그 배를 타고서 지강도芝岡島를 출발하였다. 이어 순풍에 큰 바다를 항해하여 이틀 후에 옹진 포구에 닿아 육지로 올라갔고, 다시 해주까지 160리, 염주閻州(塩州)까지 100리, 배주白州까지 40리를 가고, 거기서 40리를 더 가서 고려의 도읍에 도착했다고 한다. 바다에서 순풍을 만나 이틀만에 도착했고 옹진에서 개경까지 240리를 육지로 갔으며, 송에서 출발한 것을 포함해도 닷새 이상은 소요되지 않았다. 만약 예성항 벽란도 포구로 직접 도착했다면 더 단축될 수 있었다. 이것은 같은 시기 고려의 사신이 거란에 가는 것보다 보다 훨씬 편리할 뿐 아니라 시간도 적게 드는 것이었다. 그리고 송사신이 고려의 배로 옮겨탔다는 내용을 보건대, 이 해도는 송상보다 고려해상들에게 더 익숙했던 것 같다. 비록 이 무렵에는 최승로의 건의에 따라 사신이 가는 편에 겸하는 무역만이 허용되었지만, 고려초부터 등주에 가는 해상이 많았기 때문에 송의 사절단은 고려의 배가 더 안전하게 운항할 것으로 판단하여 고려 사신선의 안내를 받았을 것이다.

거란의 군사적 영향력이 점점 커지자 송의 도착 항구로서 산동반도의 북쪽에 있는 등주보다 남쪽에 있는 밀주가 선호되었다. 대송통교 재개 이

〈지도 2〉 명주—개봉 고려사행노선도　이석현, 「북송대 사행 여정 행로고: 송 입경 이후를 중심으로」 『동양사학연구』 114, 2011, 101쪽.
이 사행로는 문종대 대송통교 재개 이후 고려의 사신이 다녔던 길이다. 고려에서 출발한 배가 명주 정해현에 이르고, 소주蘇州·양주揚州·초주楚州 등을 거쳐 개봉에 도착하였다. 그런데 중국내륙에서도 절동운하浙東運河, 강남하江南河, 경항운하京杭運河, 구산운하龜山運河와 변하汴河의 물길을 이용하였기 때문에 중국에서도 고려의 조공품 등을 배에 싣고 직접 개봉까지 갈 수 있는 편리함이 있었다.

후 양국의 사행 항로로 활용된 것은 남선항로였다. 이 해도는 1123년(인종 1)에 송 사신의 일원으로 고려에 왔던 서긍徐兢의 견문기인 『고려도경』에 왕복 일정이 매우 자세하게 기록되어 있다. 서긍 일행이 바다로 나선 것이 음력 5월 24일이고 예성항에 다다른 것은 6월 14일로 약 21일이 소요되었다. 돌아오는 것은 7월 16일에 배를 타서 8월 26일에 도착하여 바다길만 41일이 걸렸는데, 도중에 약 12일 정도를 풍랑으로 항해하지 못하였다. 고려로 향하는 주요 여정은 호두산虎頭山, 심가문沈家門, 매잠梅岑, 봉래산蓬萊山, 백수양白水洋, 황수양黃水洋, 흑수양黑水洋(이상 중국), 협계산夾界山(소흑산도: 가거도), 백도白島(홍도), 흑산도黑山島, 군산도群山島, 마도馬島(태안), 자연도紫燕島(영종도), 예성항 순이었다. 송으로 향하는 주요 여정은 흑산도까지는 같았으나 이후 수주산秀州山, 동서서산東西胥山, 낭항산浪港山, 소주양蘇州洋, 율항栗港, 초보산招寶山, 정해현定海縣이었다. 이 해도를 다니는 고려

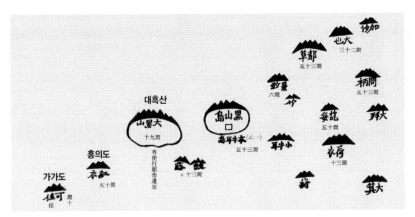

〈흑산도와 가거도〉「대동여지도」
조선시대 전라도 나주목에 속한 흑산도와 가거도의 지도이다. 고려시대 명주 정해현을 출발하여 주산군
도舟山群島에서 동북진하고 망망대해를 항해하여 비로소 만나게 되는 한반도 서남단의 섬으로 고려의 서
쪽 경계가 되었다. 가거도의 북쪽에 홍도와 흑산도가 가까이 있어서 항해의 지표가 될 뿐 아니라 풍랑을
만났을 때 피난처가 되므로 고려-중국 항로상 매우 중요한 곳이다. 흑산도를 지난 이후에 신안 앞바다를
향해 동진하였다.

와 송을 왕래하는 사신과 상인들 사이에서 협계산을 기준으로 그 이남은
중국이며, 그 이북은 고려의 바다라는 해역인식이 있었다.

　본격적으로 고려의 영해가 되는 흑산도를 지나 서남해에서는 고려의 지
방 수군이 사신단을 영접하고 호위하며 예성항까지의 항해를 도왔다. 당
시 항해에 중요한 역할을 하는 바람은 송에서 고려로 향할 때는 남풍을, 송
으로 되돌아 올 때는 북풍을 이용하였다.『송사』에 기록된 북선항로의 여
정은 바닷길로 이틀,『고려도경』의 남선항로는 21일이었다. 남선항로의 경
우 송의 사신이 탔고, 황제의 조서가 실려있는 배는 무엇보다 안전을 고려
했기 때문에 일반적인 항해보다 오랜 기간이 소요되었을 것이다.

　고려를 왕래하던 배는 대송 통교후 황제의 조서를 싣고 온 송의 사신이
타고 온 신주神舟가 대선이었고, 해상들의 배를 꾸며 만든 객주는 중선이
었다. 배의 하부 구조는 뾰족하여 해양의 깊은 수면에서 높은 파도에 이기
며 물을 갈라 나아가기 적합한 첨저선尖底船이었다. 9세기경에 중국 해상
이 이러한 배를 타고 동지나해를 건너 무역을 하였다. 나침반의 사용으로

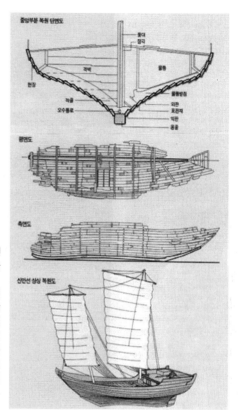

〈신안선의 상상 복원도〉 국립해양유물전
시관, 『물·바다·사람·배·꿈·삶·그 자
국』, 1998, 45쪽.
1323년 원의 경원항—중국 영파시—에서
무역품을 싣고 일본 박다로 가다가 신안앞
바다에서 침몰한 배를 복원한 그림이다. 원
양항해를 위한 배이므로 안정성을 높이기
위한 격벽이 있고, 장기간 항해에 사용할 큰
물통이 있다. 또한 항해시 빠른 속도를 내기
위해 배 밑이 뾰족하게 만들어졌다. 그 이전
에 고려를 다니던 송상의 배도 이 구조와 크
게 다르지 않았을 것이다.

날씨와 주야에 관계없이 원양항해가 가능했으며, 두 개의 돛대는 횡풍이
나 사역풍까지 이용할 수 있어 비교적 안전하고 빠르게 서해를 건널 수
있었다. 또한 배가 파손이 되어도 전체가 가라앉지 않도록 수밀격벽水密
隔壁 구조였으며, 외부 충격에 부서지지 않도록 외판을 두겹 이상으로 만
들었다.

송대에 조선술과 항해술이 발달했기 때문에 고려를 왕래하는 송상의 횟
수가 많아지고, 90여일에 두차례 고려를 오기도 하였으며, 고려를 여러 차
례 찾아온 송상이 적지 않았던 것이다. 따라서 고려를 왕래하는 송상들은
원양항해에 비해 항해거리가 짧고 서해 항해 노정 곳곳에 있는 섬으로 대

피가 가능해서 그다지 위험하지 않다고 인식하였을 것이다.

2. 외교무역

1) 고려의 공물貢物

전근대 사회에서 국가간의 사신이 오갈 때 공물 — 진봉물 또는 방물, 국신물 — 이 함께 전달되는 것은 상례였다. 단순히 '방물을 바치기 위해' 또는 '대성악을 내려준 것을 사례하기 위해' 고려의 사신이 송에 파견되었다고 하더라도 많은 폐물幣物이나 예물을 함께 보냈다. 고려는 송과의 외교를 진행하면서 많은 사신이 송에 갔다. 구체적으로 사신의 임무는 방물을 바치는 것[進奉, 方物], 왕위 계승을 알리는 것[告嗣位], 약재를 하사한 것이나 고려인에게 제과制科(중국의 과거) 급제를 준 것 등과 같은 황제의 은덕에 사례하는 것[謝恩使], 군사를 청하는 것[乞師], 새해를 하례하는 것[賀正], 황제의 승하를 조문하는 것[弔恩], 황제의 등극을 하례하는 것[賀登極] 등 다양했다. 방물을 바치는 것도 그 대상이 누구인지에 따라 달라졌다. 1080년에 고려가 송에 보내는 공식적인 방물인 국폐國幣 이외에 황제를 위한 사은방물謝恩方物을 비롯해서 태황태후太皇太后와 황태후皇太后에게도 개별적인 방물을 보냈던 적이 있었다.

처음에는 고려가 송에게 책봉을 받았으므로 정기적으로 송에 사신을 보내 조공을 하였다. 목종과 현종대에는 거란에 사대관계를 맺어서 송에 가는 고려의 사절은 조공이 아닌 진봉이나 사은의 명목으로 파견되었다. 문종이 송과의 통교를 재개한 이후에 양국은 형식적으로 대등한 관계하에서 국신사를 주고 받았다. 고려는 주로 송의 황제가 하사한 것에 대한 사은을

〈송 신종황제와 왕안석〉 대만고궁박물원 소장.

송의 신종과 왕안석의 초상이다. 신종은 왕안석王安石을 기용하여 개혁을 추진하고 고려와 연합하여 거란을 제압하기 위해 고려와 외교를 재개하고자 하였다. 이 때 신종의 명을 받은 천주 해상 나증羅拯은 같은 천주 출신인 황신黃愼을 고려 문종에게 보내 황제의 뜻을 전하였다. 그는 한 차례 더 양국을 왕래하며 통교를 성사시키는 데 크게 이바지하였다. 천주의 해상들이 고려와 송의 사신 왕래를 위해 적극적인 역할을 했던 것은 황제와 중앙정부의 지시를 따라야만 했던 어쩔 수 없는 사정도 있었지만, 고려가 거란의 책봉국이 되어 사대를 하자, 고려를 적국으로 간주하고 해상들이 고려에 가지 못하도록 하는 상황에서 고려와 송의 외교를 근거로 합법적으로 고려를 왕래하며 무역을 하려고 했기 때문이다. 결국 고려와 송의 대송통교가 이루어진 뒤에 신종은 이들의 공로를 인정해서 허가를 받은 해상들은 고려에 갈 수 있도록 편칙編勅을 바꾸어 주었다.

명분으로 여러 가지 방물을 가져갔다.

그 가운데 중복되는 것을 제외하고 나열해보면 말[馬]과 갑옷, 유동기鍮銅器(놋쇠 그릇), 금선직성金線織成(금실로 짠 옷), 용봉안복龍鳳鞍幞, 수룡봉안복繡龍鳳鞍幞(수를 넣은 머리에 쓰는 복두), 어의, 금요대金腰帶, 금사라─대야─, 금화은기金花銀器, 색라色羅(염색한 비단), 색릉色綾(염색한 비단), 생라生羅(가공하지 않은 비단), 생릉生綾(가공하지 않은 비단), 복두사幞頭紗(복두용 실), 모자사帽子紗(모자용 실), 계병罽屛(모직 병풍), 화룡장畵龍帳(용을 그린 휘장), 대지大紙(종이), 먹[墨], 기장器仗(병기), 세궁細弓(활), 효자전哮子箭(소리나는 화살), 세전細箭(화살의 일종), 안비鞍轡(안장과 고삐), 세마細馬(좋은 말), 산마散馬(야생 말), 금기·은기, 금

합金盒(뚜껑있는 그릇), 반잔盤盞, 주자, 홍
계배배紅罽倍背(옷의 뒤쪽에 붙이는 배자),
홍계욕紅罽褥(붉은 털로 짠 요), 장도, 생
중포, 삼, 송자松子, 향유, 나전장차螺鈿
裝車 등이 있었다. 품목별로는 복식류,
옷감, 그릇, 말과 마구류, 갑옷, 종이,
활과 화살, 도검, 침구류, 향유, 인삼,
송자 등으로 나뉜다.

〈은제금도금합銀製金鍍金盒〉 국립중앙박물관
소장 국립중앙박물관, 『고려시대를 가다』, 2009,
77쪽.
12세기에 만들어진 덮개있는 그릇이다. 은으
로 만들었으며 꽃무늬를 새기고, 금도금을 하
였다. 개경의 지배계층이 향료 등 귀한 것을 담
는데 썼을 것이다. 고려가 송에 보낸 진봉물에
도 금합이 있었다.

1074년 고려의 사신 김양감金良鑑
이 송에 가서 바쳤던 공물의 내역이
송 황제의 조서를 모은 『송대조령집
宋大詔令集』에 자세히 기록되었던 것은 질적으로나 양적으로 훌륭해서 송
인에게 큰 감명을 주었기 때문이다. 공물의 품목은 금기金器(금그릇)·안석安
席·요·장도 등 황제를 위한 선물 성격의 수공업 제품, 세폐의 의미로 생중
포·생평포, 특산물인 인삼·송자·향유·말과 안장 등이 포함되었다. 앞서
제시했던 것과 비교하면, 장도·세마·송자·인삼·생중포·생평포 등이 공
통되며, 나머지 복식과 기장은 달랐다. 고려의 특산물인 송자·인삼·생중
포·생평포·세마 등은 방물로 항상 포함되었으며, 그 외에 황제를 위한 복
식과 기장은 사정에 따라 바뀌었던 것 같다. 황제를 위한 수공예품, 특산
물, 세폐를 포함하는 것은 혜종 때와 거의 같은 것으로 아마 대중국 진봉물
의 기본 구성이었을 것이다.

태황태후와 황태후에 대한 진봉물은 금기·생중포·생평포·인삼·송
자·향유·말·안장 등이 있었다. 양자를 비교하건대, 금기·생중포·생평
포·인삼·송자·향유·말·안장은 공통되지만, 황제에게는 안석·요·장도
등이 더 있었다. 반면 태황태후와 황태후에게는 향유의 수량이 훨씬 많
다. 향유는 여성들이 많이 사용하는 것이므로 수령자를 고려하여 보냈던

것이다.

다음으로 사은 물목은 어의御衣 등 황제의 복식, 은기·복두사·대지·먹 등 고려의 특산물, 기장·활·화살·말·안장 등 황제의 의장용 전구戰具 등 이었으며, 진봉 물목에 비해 품목의 종류가 많다. 또한 세공 성격의 생중 포·생평포·인삼·송자·향유 등은 제외되었다. 사은과 진봉은 세폐인 포류와 방물이 있는지의 여부에 따라 구분되었다.

조공의 기본적인 구성은 황제에 대한 예물과, 세폐적인 성격의 공물로 분류된다. 전자는 복식, 기명, 의장 등이 포함되었고, 후자는 비단, 포 등의 옷감이나 인삼, 지묵, 향유, 송자 등 특산물이 해당된다. 예물은 황제에 대한 충성어린 선물이기 때문에 가치를 따질 수 없는 것인 반면, 공물은 가치를 계산하여 회사를 하였다. 고려는 문종대 대송통교 이후 회사품을 더 많이 받기 위해 송에 보내는 진봉물의 수량을 점차 늘려갔으나, 1080년에 유홍柳洪을 비롯한 고려 사신 일행의 배가 난파된 것을 계기로 송은 회사품을 절견浙絹(절강 지역에서 생산된 비단) 1만필로 고정하였다. 이러한 조치는 배가 난파한 것에 대해 송 조정이 책임을 느끼지 않을 수 없었을 뿐 아니라 고려의 진봉물이 늘어나는데 송은 그것을 헤아려 주어야하므로 점차 재정 부담이 증가하였기 때문이다.

이것은 문종이 대송통교를 재개한 이유를 다시 한 번 확인시켜준다. 고려는 송이 건국하자마자 사대관계를 맺고 매우 큰 규모의 조공무역을 하였고, 그것은 고려의 왕실 및 국가 재정에 적지 않은 기여를 하였다. 따라서 고려는 거란과의 세 차례 전쟁을 치르고 거란의 책봉을 받는 상황 속에서도, 목종과 현종이 송과의 외교를 지속시키고자 노력했던 것이다. 문종은 고려와 연합하여 거란을 제압하려는 송의 의도를 간파하고, 거란의 세력이 다소 약해진 틈을 타서 거란과의 사대관계를 전제로 하면서 송과의 외교를 재개하였다. 이어 선종·숙종·예종·인종 등의 여러 국왕들은 여러 차례 사신을 보내 공물을 바치고 막대한 회사의 이득을 취하였다. 고려의 대송 외교가 경제적 실리와 긴밀하게 연계되었던 것이다.

2) 송에서 전래된 물품

고려의 최고 기술자들이 만든 수공예품과 중국에서 희귀한 고려의 특산물이 송에 조공품으로 보내졌듯이, 고려에 전해진 송의 물품들도 진귀한 것들이 많았다. 그것이 전해지는 경위는 고려의 사신이 송에 가서 회사를 받아오는 것과 송의 사신이 고려에 와서 고려 국왕에게 하사하는 것이 있다. 전자는 회사품이라고 하고 후자는 하사품下賜品(송이 고려 국왕을 책봉하던 시기)이라고 하였다. 문종대 대송통교 이후에 양국간에 책봉관계가 없었으므로 송이 사신과 함께 보내는 예물을 국신물國信物이라고 하였다. 후자에 해당하는 것을 시기별·품목별로 정리하면 의대衣帶·필단匹段·금옥기金玉器·궁시弓矢·안마鞍馬, 금기錦綺·의착衣著·은기銀器, 용봉차龍鳳茶, 금도은기金鍍銀器·잡색필단雜色匹段·산마散馬, 침향沈香을 담은 금합金盒·은합銀盒 등이 있었다.

1078년 6월에 송의 사신이 가져왔던 국신물의 종류가 전부 기록되어 품목을 분석할 수 있다. 송 신종이 보낸 것 가운데에는 의衣·공복公服·한삼, 바지·서대犀帶 등 고려 국왕에게 주는 어의를 비롯하여 복식류가 가장 큰 비중을 차지하고 그 다음이 비단 옷감들이었으며, 별사품으로 차, 술, 악기 등이 있었다. 이것을 문종대 송의 황제가 보낸 하사품과 연계시키면, 첫째 권위를 보여주는 의복류와 무기류, 둘째 구하기 어려운 귀금속 공예품, 견직물, 모직물류, 진기품珍奇品, 토산물류, 셋째 문종의 치료를 위한 약물藥物 등이 있었다.

이 물품이 현재 전해지지 않고 있어 정확한 실상을 알 수 없다. 수식된 문구를 보건대 고려가 송에 보낸 것보다는 훨씬 정교하고 화려했던 것으로 여겨진다. 특히 물건을 싸거나 담아서 보낸 보자기와 자루, 갑 등은 화려함의 극치를 이루었다. 송의 복식·금은장식물·옷감·염색·수예 등의 기술이 고려보다 앞서 있었음이 분명하다. 송에서 전래된 수공업품은 고려의 장인들이 그것을 보고 배우는 과정에서 자연스럽게 장인들의 기술을 발전시키고 나아가 고려의 수공업 수준을 높였을 것이다.

송 황제의 하사품은 고려 국왕의 권위를 높이는 데 이용되었다. 그것은 고려가 책봉관계를 맺었던 송·거란·금 등의 모든 왕조에 적용되는 것이었다. 신료들이나 일반 백성들에게 가시적이며 지속적으로 효과를 발휘하는 것은 책봉 자체가 아니라 황제가 준 복식이었다. 중국 황제가 보내준 화려한 장식의 옷과 장신구를 입은 고려 국왕의 모습은 그 자체로 다른 사람과 구별되는 권위를 갖게 되는 것이다. 비록 대송통교 재개 이후 송이 고려 국왕을 책봉하지 않았지만, 거란의 황제로부터 복식을 받은데 이어 문화적으로 흠모하던 송의 황제가 보내준 복식까지 받게 된 문종의 정치적 위상은 매우 높아졌을 것이다.

그 다음은 경제적인 것이다. 고려의 사신이 송에 가서 조공에 대한 회사품으로 받아오는 물품이 적지 않았다. 고려와 송이 외교를 하며 소위 '조공과 사여'를 하는 것은 양국 정부 사이에 문물을 교역하는 것이었다. 송은 고려가 바친 것의 가치를 헤아려 회사품을 주었고, 그 이외에도 송 황제가 개별적으로 고려 국왕에게 회사품을 보냈다. 고려는 송에 가져간 것보다 더 회사를 많이 받았을 뿐 아니라 별도로 황제의 특사품을 받았으니 분명히 고려에게 이익이 되는 교환이다. 이것이 조공의 본질이고, 고려에게 여러 가지로 유리한 점이 많았다.

뒤에 송은 금의 공격을 받자 고려에 사신을 보내 그 동안 황제의 후대를 받은 들며 황제를 구하러 갈 병사의 길을 빌려줄 것을 요청하였으나, 고려가 적극적으로 응하지 않았다. 송은 재정상의 손실을 감수하고 지속해왔던 고려와의 외교가 더 이상 송의 외교 전략에 이득이 되지 않는다고 판단하고 고려와의 외교를 단절하려고 하였다. 이에 대송통교 재개 이후 많은 회사품을 받아 왕실재정을 풍족하게 운영해왔던 고려 국왕은 물론, 사신으로 송에 가서 황제의 회사를 받고 사행무역을 하여 막대한 이익을 얻었던 고려의 관인들은 송에 사신을 보내 외교를 유지해달라고 호소하였다. 그러나 송의 거부로 1160년대부터 양국의 공식적인 사절 교환은 이루어지지 않았고, 송과의 외교가 단절되면서 고려는 중요한 재정 수입원을 잃게 되었다.

3) 고려 사신의 무역

고려의 사신들은 송에 가서 외교 임무를 수행하는 한편 사행무역을 할 기회가 있었다. 고려 사절단은 송의 수도 개봉開封에 갈 때 왕복하는 2개월을 제외하고 9개월 정도 송에 체류하였다. 송이 수도를 고려와 가까운 임안臨安으로 천도한 이후에는 대략 3~7개월 동안 머물렀으며, 왕래하는 과정이나 수도에 있을 때 교역에 참여하였다. 고려의 사신들은 송의 수도에 도착하여 황제를 알현하고 각종 의례에 참여하는 동안 송이 마련한 객관客館에 머물며, 짬을 내어 송의 공식적인 협조를 받으며 교역할 수 있었다.

『고려사』 열전에는 송에 갔던 사신 가운데 청렴했던 사례들이 기록되어 있다. 1090년에 송에 갔던 위계정魏繼廷은 이자의李資義가 많은 진귀한 물화를 샀던데 반해 하나도 사지 않았다. 1100년에 송 철종 황제의 조위사弔慰使였던 임의任懿는 일행이 모두 물화의 이익을 탐했으나 홀로 청렴하게 삼갔으므로 송나라 사람들의 칭송을 받았다. 1104년에 정문鄭文은 송에 갔다가 받은 금백金帛을 종자從者에게 나누어주고, 나머지는 모두 책을 샀다고 한다. 위계정, 임의, 정문 등은 송에 가서 무역에 힘쓰지 않은 청렴한 행동으로 열전에 기록되었지만, 그것은 오히려 그들을 제외한 대부분의

〈고려청高麗廳과 고려사관高麗使館 안내도〉 고려대 고려시대사연구실 제공.
1117년(예종 12) 송이 고려 사신의 편의를 위해 명주에 설치한 객관이다. 이 무렵은 거란이 쇠약해지고 금이 흥성해지던 시기로, 송이 고려와 연합하여 거란을 제압하기 위해 고려에 적극적인 외교를 펼치며 시행하던 후대 정책의 하나가 고려 객관의 설치였다. 명주는 문종대 대송통교 이후 고려의 사신들이 송 상의 배를 타고 도착하고, 귀국할 배를 기다리던 곳이었다. 현재의 건물은 LG전자의 후원으로 복원된 것이며, 건물 내부에는 고려와 송과의 교류에 관한 전시물이 있다.

사신과 그 일행들이 적극적으로 무역에 참여하고 이익을 얻고자 했다는 것을 반증하고 있다.

송이 고려와 연합하여 거란 및 금을 견제하고자 했기 때문에 고려 국왕이 사신을 보내 귀중한 전적典籍이나 의례 등에 관한 것들을 요구할 때 대부분 들어주었던 것과 같이 송에 갔던 고려 사신들은 송 황제와 조정의 극진한 후대를 받았다.

고려의 사신으로서 가장 많은 교역을 한 인물은 최유청崔惟淸과 합문지후 심기沈起였다. 그들은 송이 금에게 패하여 수도를 임안臨安으로 옮기고 국가 체제를 재정비하고 있을 시기인 1132년(인종 10)에 송에 가서 금 100냥, 은 1,000냥, 능라 200필, 인삼 500근을 바쳤다. 또한 최유청이 개인적으로 1/3 정도를 바쳤는데, 송의 황제는 그들을 불러들여 보고서 금대 2대를 하사하였다고 한다. 이때 최유청이 많은 재화를 개인적으로 헌납한 것은 그 이상의 회사를 바랐던 것으로, 사실상 그는 송 황실과 정부를 상대로 엄청난 규모의 무역을 한 것이었다.

게다가 조공로가 명주로 바뀌면서 송에 간 고려의 사신들은 도착과 귀국시에 고려사관高麗使館에 머물렀다. 이후 수도 개봉이나 임안으로 가는 길이 바다와 강 등 수로로 연결되어 배를 이용하여 무거운 물건을 옮기기 편해졌다. 고려의 사신들이 많은 물품을 가져갈 수 있게 되었고, 송의 각종 편의를 제공받아 더 많은 이익을 얻을 수 있게 되었던 것이다. 이에 소식蘇軾 등 고려와의 외교를 반대하는 사람들은 고려 사신에 대한 지나친 우대와 사신의 왕래 과정에서 발생하는 폐단을 거론하였다. 당시에 고려 사신에게 주는 회사물은 어느 시기와 비교할 수 없을 만큼 많았고, 고려의 사절단에게 많은 비용을 지출하였다.

고려의 사신이 송에 가서 황제의 회사품을 받고, 체류하는 동안 가져간 것들을 무역을 하여 많은 이익을 얻었던 것과 같이 송의 사신도 고려 국왕의 하사를 비롯해 영접을 담당한 관인들이 주는 선물을 받았다. 송의 사신은 초기에 책봉사가 많았고, 문종대 이후에 국신사로 바뀌었으며, 고려 국왕의 제전祭奠이나 조위弔慰, 고려에 대한 군사적 협력의 요청 등의 임무를 띠고 고려에 왔다.

1078년에 고려에 왔던 송의 사신 안도安燾와 진목陳睦 등은 고려 국왕 등에게 의대·안마와 더불어 금은보화와 미곡·잡물雜物 등을 받았고 잔치에 소요되는 음식까지 줄여서 은으로 교환해갔으므로 고려 사람들이 그들의 탐욕스러움을 비난했다. 고려의 국왕들은 송의 사신들이 위험을 무릅쓰고 바다를 건너온 노고를 치하하며 적지 않은 회사품을 주었다. 문종은 송 사신에 고마움을 표시하기 위해 많은 물품을 주어 배에 실을 수 없었다고 할 정도였다. 아울러 송의 사신이 오면 특별히 시전이 열려 합법적으로 무역할 수 있도록 배려하였다.

송의 사신들도 지나치게 욕심을 부리지 않았다면, 큰 문제가 되지 않았을 것이다. 양국의 사신들이 배를 타고 서해를 건너 사신의 임무를 완수하

〈고려 성균관의 명륜당〉 정학수 제공.

지금은 고려박물관으로 사용되고 있는 고려후기 성균관의 사진이다. 고려전기에 국자감이 충렬왕대 관제 격하로 인해 성균관으로 명칭이 바뀌었으며, 공민왕대에 순천관順天館이 있던 곳에 새로이 지어졌다. 순천관은 문종대 대송통교 이후 송의 사신이 찾아오자 별궁이었던 곳을 고쳐서 객관으로 만들었다고 한다. 1123년 고려에 왔던 서긍徐兢은 순천관의 규모가 거란이나 금 사신의 객관보다 훨씬 규모가 컸다고 기록하였다. 하지만 거란과 금의 사절이 머무는 곳은 궁성 안이었다는 것은 고려가 송보다는 거란과 금과의 관계를 더 중시했다는 사실을 알려준다.

는 일은 힘들고 어려운 일이었고, 사행무역은 고역에 대한 일종의 대가로 사절단이 함께 누려야할 당연한 특권이었기 때문이다.

4) 공물과 수공업

비록 회사품을 기대하고 보낸 것이기는 하지만, 고려가 상당히 많은 공물을 보냈다는 것은 고려의 재정적 여건이 뒷받침되었다는 것을 뜻한다. 귀금속 가공공예와 고급직물에 대해 고려인은 중원에 자랑할 만큼 커다란 자부심을 가지고 있었으며, 송나라 사람들을 놀라게할 만큼 뛰어난 것들을 만들고 있었다. 송에 보낸 진봉물은 고려 수공업의 수준을 보여준다. 나전기구螺鈿器具, 용수석, 문피, 부채, 붓, 먹 등은 고려의 특산물로서 높은 기술 수준을 인정받았고, 금은으로 장식된 장도는 고려가 일본에게 받아서 송에 전한 일본도·유황과 더불어 송나라 사람들의 사랑을 받았다. 신라시대부터 유명했던 황칠의 명성도 그대로 유지되었다.

고려가 송 황제에게 보낸 복식이나 조공품의 포장에 사용된 비단을 보건대, 비록 고급 비단을 만들기 위해 산동·절강·복건 등의 명주실을 수입해왔지만 능라綾羅 등을 짜는 기술이 매우 발달되었음이 분명하다. 일부 명주실이나 비단은 사소絲所·주소紬所 및 경주 갑방甲坊 같이 지방의 군현에서 만들어진 것도 있었다.

옷감을 제외한 대부분의 물품들은 당시 최고 기술을 가지고 있던 국가 또는 왕실의 전문 장인에 의해 만들어졌다. 이들이 만든 물품과 송에 보냈던 공물의 종류가 거의 일치한다. 공장들은 10석 이하의 쌀을 공장별사로 받았다. 9품관의 녹봉이 10석이니 공장이라는 신분에 비해 꽤 후한 대우를 받은 셈이다. 그것은 가장 훌륭한 솜씨를 가지고 최고의 대우를 받던 장인들이 공물을 만들었음을 알려준다. 이들은 평소에 각 관서에 소속되어 자신들의 역을 수행하다가 송에 사절이 가게 되고 보낼 품목이 결정되면 국가의 지시를 받아 필요한 물품을 제작하였을 것이다.

은도 수출품의 하나였다. 송은 상품화폐경제의 발달과 함께 동전을 대신하여 은화를 사용하기 시작하였다. 주변 여러 나라에 대한 세폐歲幣 및 사여로 인해 은 산출량이 증대했음에도 은값의 폭등 현상이 있었기 때문이다. 그 밖에 백저포 등은 일반 백성들에게 호별로 부담되었던 상공常貢 또는 별공別貢 가운데 가장 우수한 품질의 것으로 선별된 것이었다.

3. 송상의 왕래와 무역

1) 송대의 무역과 해상왕래 규제

고려와 송의 무역은 거란·금과의 무역과 다른 성격이 있다. 후자는 공식적인 외교 사절의 교환 과정에서 무역이 거의 대부분을 차지하고 있었던 데 반하여 전자의 경우 그 이외에 민간 상인과의 무역도 활발하게 이루어졌다. 고려와 송과의 교역 가운데 가장 중요한 특징 가운데 하나는 고려가 송의 책봉국이던 시기는 물론이고, 송의 적대국인 거란의 책봉국으로 변화된 이후에도 송상이 고려를 왕래하며 무역을 했다는 점이다. 고려가 거란의 책봉국이 되고 송과 사신 왕래조차 중단되었던 1031년경부터 1071년까지의 송상 왕래는 정치외교를 넘어선 경제적 관계였다는 점에서 동아시아에서 매우 이례적인 것이다. 송이 고려에 대해 적극적인 무역을 하였던 배경은 송대에 이르러 중국의 상업자본이 발달한 것, 대식국을 비롯한 동남아 및 아랍 지역과의 무역이 성했다는 점, 송의 무역 정책이 해외무역을 장려함으로써 국가 수입의 증진을 꾀하였던 점 등 여러 가지 요인이 있었다.

송대에는 전국적인 유통망의 회복과 발달, 정부의 무역 장려 등으로 해외무역이 획기적으로 발전하였다. 고려와 송 사이의 무역을 주도한 것은 송상들이었다. 송상은 상단을 이루어 해외를 왕래하였으며, 배를 지휘하는 사람을 강수綱首라고 불렀다. 강수는 강의 우두머리라는 뜻으로 본래 국가의 위탁을 받아 전문적으로 관물官物을 운송하는 일을 하였다.

송상은 고려를 왕래하며 주로 상층계급에게 필요하고 그들의 욕구를 반영하는 것을 가져왔기 때문에 특별한 대우를 받았다. 거란과 금의 견제가 있었지만 남송의 멸망에 이르기까지 300여년 동안 끊임없이 개경의 관문인 예성항을 찾았다. 송상은 사실상 고려 왕실이 지정하고 관할하는 항구인 예성항에 도착하여 수도인 개경과 예성항을 중심으로 무역을 하였으며, 개경에서 예성항으로 파견한 감검어사監檢御史가 출입국 과정을 감시하였다.

송상은 송의 건국 이후부터 남송이 멸망할 때까지 고려를 왕래하며 무역하였으나 처음부터 자유롭게 고려를 왕래할 수 있었던 것은 아니었다. 왜냐하면, 송은 거란과의 관계를 고려하여 경력편칙慶歷編勅과 가우편칙嘉祐編勅을 내려서 해상이 거란의 책봉국인 고려에 가는 것을 원칙적으로 금하였기 때문이다.

그러나 고려 문종이 사신을 보내와 양국의 외교가 재개되자 해상의 고려무역 금지의 명분이 사라졌으므로 고려에 가는 규제를 풀기 시작했다. 1080년에 명주 시박사에서 공빙公憑(허가증)을 취득하는 경우에 한해 합법적으로 고려에 갈 수 있게 하였고, 1085년에는 도항渡航 금지 지역에서 고려가 제외되어 공빙이 있는 송상들은 규정을 준수하는 것을 조건으로 고려왕래가 가능해졌다.

고려는 거란의 책봉을 받고 연호를 사용하면서도 송에 사신을 보내 통교를 재개한 덕분에 송 황제로부터 자신들이 원하는 고급 문물을 하사품으로 받았을 뿐 아니라 송상의 왕래가 합법화되고 일반 무역이 활발해지는 부수적인 효과를 거두었던 것이다. 이러한 상황은 문종·선종·숙종·예종대까지 지속되다가, 금이 동북아의 새로운 군사적 강자로 등장하면서 변화하였다. 금은 거란을 멸망시키고 세력을 남쪽으로 확장하여 송을 공격하였다. 송은 고려에 사신을 보내 군사적 지원을 해주기를 바랐으나 고려가 번번히 거절하면서 양국관계는 소원해졌다.

1163년(의종 17) 4월에 송 효종은 금을 공격하는 한편 송상 서덕영徐德榮을 고려에 보내 공작새 등을 하사하고 고려와 연합하여 공격하고자 하는 뜻을 담은 황제의 밀지를 전달하였다. 고려가 결정을 미루고 잠시 머뭇거리는 사이에 송과 금이 화의를 하였고, 이 사건을 계기로 남송과 고려는 단절하게 되었고, 송상의 왕래가 줄어들었다고 한다. 하지만 기록상 송상의 고려 왕래가 감소한 것 같아도 실제로 송상은 매년 고려를 왕래하였다. 심지어 13세기 중엽 고려와 남송이 몽골의 침입을 받아 국가적 위기에 직면했을 때도 송상의 왕래가 완전히 단절되지는 않았으며, 양국의 비공식적 외교관계를 계속 유지시켰다.

2) 송상 왕래의 실제

고려는 신라말 해상무역으로 성장한 호족이 세운 국가였는데, 정작 그러한 일들이 재발되지 않도록 하기 위해 성종대 이후 개인의 무역을 제한하고 국가가 무역을 독점하였으며, 대신 송상이 고려에 와서 무역하는 것은 허용하였다. 그것은 고려 사람들이 송 문화에 대한 동경심이 많았고 송의 문물 수입에 적극적이었기 때문이다. 송상이 선진문물의 전달자 역할을 충실히 수행했으므로 거란·금의 정치적 압박을 받아 고려가 송과의 외교를 단절한 상황에서도 고려는 송상의 입국을 허락하고 무역을 진행하였던 것이다.

그와 더불어 해상세력의 등장을 막고자 나말여초와 같이 중국 해상들이 각 지역의 항구를 다니지 못하게 하고 예성항으로 교역항구를 한정하였다. 예성항은 벽란도를 말하며, 예성강의 다른 항구에 비해 큰 배가 정박하기 좋았으며, 항구에서 개경까지의 거리가 36리에 불과하여 운반에 유리하였다. 또한 개경에서 가까워 송상의 무역을 관할하는 감검어사監檢御史가 활동하기에 편리하였으며, 수군인 천우위千牛衛가 주둔하고 있어서 송상의 배에 대한 감시를 할 수 있었다.

고려가 어사대의 관원을 보내 예성항을 왕래하는 송상의 출입국에 대해 감독하였으나 그것으로 인해 송상들이 크게 불편해하거나 왕래하지 않

〈강화도 봉천산에서 본 예성강 입구〉 정학수 제공.
강화도 북쪽은 한강과 임진강이 합류한 조강祖江과 예성강이 합류하는 곳이다. 고려시대에는 조강이 개경의 동쪽에 있다고 하여 동강, 예성강은 서쪽에 있다고 하여 서강이라고도 불렸다. 강화도의 험한 바닷길을 지나온 배들은 다시 이 합류지점을 거쳐 예성강을 거슬러 올라 벽란도로 향하였다.

는 이유가 되지는 못하였다. 오히려 성종대 이후 고려의 해상들이 무역만을 목적으로 중국에 갈 수 없게 되고, 송상이 한중간의 서해 무역을 사실상 독점하게 되면서 그들의 왕래는 더욱 잦아질 수 밖에 없었다. 실제 송상은 1012년(현종 3)에서 1278년(충렬왕 4)에 이르기까지 약 260여년 동안 약 120여회에 걸쳐 적어도 5000여명이 왔었다고 한다. 이러한 견해에 의하면 960년 송의 건국 시기부터 1012년까지는 송상왕래의 공백기가 되는데, 이시기 송상의 왕래도 적지 않았다. 송상은 보통 7·8월에 서남계절풍을 이용하여 고려에 왔다가 북풍을 이용하여 되돌아 갔다. 때로는 11월 보름의 팔관회에 참석하기 위해 10·11월에 역풍을 무릅쓰고 오기도 하였다.

송상은 우두머리인 도강都綱을 중심으로 선단을 이루고 고려의 예성항에 와서 고려 국왕에게 헌상품─토물·방물 등─을 바쳤다. 이들이 바쳤던 백한白鷳, 화목花木, 앵무鸚鵡·공작·이화異花, 등은 고려에서 구하기 어려운 진귀한 것들이었다. 무역을 했다는 구체적인 기록은 없어도 송상이

〈개성 남대가와 남대문안 시장〉 정학수 제공.
고려시대 개경의 시전이 있었던 남대가의 최근 사진과 19세기 남대문 안에 있었던 시장의 풍경이다.

국왕에게 헌상품을 바치는 것은 무역상의 편의를 제공받기 위한 절차였다고 이해된다. 그것은 송상이 헌상을 통해 고려 국왕에게 현실적인 이익을 주고, 권위를 높여준데 대한 일종의 대가였던 것이다. 송상들은 고려에 오면 국왕과 권력자들을 만나 방물을 바치면서 합법적인 무역의 권한을 획득하고, 고려 국왕은 송상이 장차 거두게 될 이익의 일부를 떼어받는 등 경제적 이익을 공유하였다.

송상은 국왕의 알현 절차를 마친 뒤에 고려에서 무역을 할 수 있었다. 송상은 영빈관迎賓館·회선관會仙館·오빈관娛賓館·청하관淸河館·조종관朝宗館·청주관淸州館·충주관忠州館·사점관四店館·이빈관利賓館 등의 객관에서 머물며 사절에 준하는 대우를 받았다.

송상의 편의를 배려한 것은 국왕과 지배층이 송의 물품에 대한 구매욕이 높았기 때문이다. 송상은 국가 및 왕실의 운영에 필요한 물품을 구매하는 관부와 일정한 거래가 있었다. 1260년(원종 1) 10월에 송상 진문광陳文廣 등이 대부시大府寺와 내시원內侍院의 침탈을 견디지 못하고 무신 집정인 김준金俊에게 "값을 주지 않고 능라사견綾羅絲絹 6,000여 필을 가져가니 우리들은 장차 빈자리만을 들고 돌아갈 판이라."고 호소하였으나 김준도 금하지 못했다고 한다. 대부시·내시원 등이 값을 치르지 않는다는 주장을 보건대, 양자는 진헌이나 답례가 아닌 상업적 무역을 하고 있었음에 틀림없다. 떼인 물품과 양이 비단 6,000여 필인 것으로 보아 그 규모도 상당했으며, 송상이 고려왕실과 정부의 어용상인으로서 역할도 하였음을 알려준다.

3) 송상의 상시왕래와 교역망

고려시대에 송상왕래가 많았다는 것은 잘 알려져 있다. 그러한 사실은 『고려사』와 『고려사절요』에 기록된 다수의 송상 내헌來獻—도래渡來와 진헌進獻—기사를 통해 확인된다. 직접 송상이 왔다고 하는 기사 이외에도 고려와 송의 교류와 관련된 기록을 분석해보면 송상이 왔다고 이해할 만한 사례들이 적지 않다.

송상이 더 많이 왔을 것이라는 것은 송상의 반복적 왕래를 통해 추정할 수 있다. 송상 황조黃助는 160일, 서성徐成은 140일만에 다시 왔다. 두 사람이 어떤 이유로 짧은 기간에 송을 왕복했는지 알 수 없으나, 다른 송상들도 그러한 일을 했을 개연성이 있다. 타국을 다니며 무역을 하는 해상들은 장기간 특정 지역을 다니며 신용을 쌓아야만 한다는 것, 고려 사람들이 원하는 물품을 송상이 구매해준 것, 의천이 정원을 비롯한 여러 승려에게 보내는 서신과 물품을 송상이 왕래하며 전달했던 것 등을 볼 때, 송상은 기본적으로 규칙성을 갖고 고려와 송을 반복적으로 왕래하였으며, 기록상으로 고려에 6차례 왔던 송상도 있다. 따라서 『고려사』와 『고려사절요』에 송상의 이름이 1회만 기록되었다고 해서 그 송상이 고려에 한 번만 오고 말았다고 이해해서는 안 된다. 사서에 기록된 고려 왕래 송상은 극히 일부에 불과했을 것이다. 문집 등에 있는 송상에 관한 기록은 송상의 왕래가 모두 사서에 기재되지 않았으며, 더 많은 왕래가 있었다는 것을 증명하고 있다.

다음으로 송상이 매년 왔다는 송의 기록이 있다는 점이다. 11세기 후반 송의 해상에 대한 관리 규정에는 해마다 송상의 배 두 척 이상이 고려에 가서 1년간 머물다가 돌아왔다고 한다. 13세기 명주 지역 지방관이 남긴 기록에는 1년에 3척이 고려에 가고 다시 다음해 같은 수의 배가 고려에 가면 먼저 갔던 배가 되돌아 오는 방식으로 송상이 고려를 왕래했다고 한다. 이것들을 종합하면, 송상의 배가 매년 2·3척씩 고려를 왕래한 셈이 된다.

또한 송이 고려의 표류민을 송환했다는 것이나, 송의 탈출 포로를 귀국시킨 사실이 송상왕래와 관련되었다는 것이다. 표류민이나 탈출한 포로의 망명과 같이 고려와 송에 어떤 난민이 발생하였을 때, 그들이 언제든지 고국으로 돌아갈 수 있었던 것은 송상이 고려를 왕래하고 있었기 때문이다. 1088년 5월에 송의 명주가 고려 나주에서 표류한 양복楊輻 등 23인을 돌려보냈다는 기사를 비롯해서 많은 고려인들이 해상에서 조난을 당해 송의 해안에 표류하였다가 일정한 절차를 거쳐 구호를 받고 송상의 출발지인 명주로 옮겼다가 귀국하였다. 이러한 기록에는 송상이 전혀 관계되지

⟨고려시대 하양창河陽倉 추정지⟩ 국립해양문화재연구소 소장. 국립해양문화재연구소, 『고려 뱃길로 세
금을 걷다』, 2009, 63쪽.
하양창은 고려시대 아주牙州에 속한 조창으로 현재 평택시 팽성읍에 있다. 안성천 하류에 있으며, 안성천
유역의 청주목·천안부·수주水州 관할 고을의 조세가 모이는 곳이었다. 조운선이 조세를 운반해가는 목적
지인 예성항에는 항상 송상의 배가 머물고 있었다.

않은 것처럼 보이지만, 그 자체로 송상이 고려에 왔다는 정황적 증거가 된
다. 고려시대에 송에 표류한 고려사람들이 되돌아왔다는 단순한 기사들이
적지 않으며, 이것들이 송상왕래에 더해진다면 그 횟수는 크게 늘어날 것
이다.

그밖에도 고려와 송의 사신이 송상의 배를 타고 양국을 왕래했던 것, 고
려의 표류민과 송의 포로가 송상의 배편으로 귀국했던 것, 송상이 양국 인
물왕래에 배편을 제공했던 것, 양국의 승려와 문인들이 송상의 도움으로
교류를 했던 것 등은 송상의 왕래와 관련된 간접적인 증거이다.

송상왕래를 추정할 수 있는 다양한 증거에, 송상이 내헌했다는 사례가
더해져서 수 많은 왕래가 있었음이 확인되지만, 현재로서는 매년 왔다는
것을 '기록상으로' 완벽하게 증명할 수 없을 것이다. 그렇다고 해도 송상
의 활동에 관한 기록을 참고하건대, 송이 건국된 960년경부터 송이 멸망한
1279년까지 송상은 고려를 상시 왕래했다고 보는 것이 사실에 부합하는
합리적인 해석이다.

송상이 상시왕래해서 언제나 고려에 있었다는 것은 고려의 국내 상업은

물론 고려의 주변 민족 및 나라와의 무역에도 영향을 미쳤다. 고려는 각 지역의 조세를 바다와 강을 통해 예성항으로 운반하는 조운제도를 처음 실시하였고 물자를 운반하는 운송체계를 만들었으며 일반적인 물품의 수송도 바다와 강을 이용하여 배편으로 이루어졌다. 그런데 송상이 고려에 상시왕래했다는 것을 고려의 조운제도나 국내 물류 운송체계와 연계하면 배의 정박지인 예성항과 주요 교역지인 개경의 객관에서 언제든지 송상과 교역할 수 있었다는 뜻이 된다. 그리고 고려시대 예성항은 해로로 온 중국의 사절, 중국·일본 기타 외국 상인 등의 배가 정박하는 곳이었고, 당시 지방농민으로부터 징수된 조세미의 수송이 고려 남부로부터 서부에 걸쳐 연안해로 및 내륙의 한강수로를 이용하여 도착하는 곳이었다.

또한 개경과 예성항은 송상과 교역하는 주체인 왕실 및 국가 기관 상인들이 주로 활동하는 곳이었다. 전자는 공장工匠의 신역身役으로 수공업품을 수취하고 백성들에 대한 호역戶役으로써 상공常貢·잡요雜徭에 의해 인삼·칠·잣 등을 거두어 재정으로 지출하고 남은 잉여를 송상에게 매매하였다. 후자는 일반 상인들이 각 지역에서 매매한 것을 다시 송상과 교역하였다. 개경의 객관에서는 송상과 왕실 및 국가 기관이 주로 교역하였고, 송상의 배가 머물던 예성항에서는 주로 각 지역에서 배를 타고 온 국내 상인들과의 교역이 이루어졌다.

송상의 상시왕래는 동·서여진, 흑수말갈, 일본 등 고려 주변 민족과 정치세력이 조공을 명분으로 고려를 찾게 하는 계기가 되었다. 송상은 고려에 와서 오랫동안 객관에 머물렀고, 그 가까운 곳에 동·서여진의 사절들을 위한 객관이 있었다. 거란의 등장으로 송에 가기 어려워진 여진인들은 송상과의 무역을 하고자 대규모 사신단을 이끌고 고려에 와서 국왕에게 조회하고 하사품을 받은 뒤에 송상과 교역하였다. 특히 팔관회는 고려인들의 축제였지만 개경에서 이루어지던 송상과 고려 주변 민족간의 교역을 촉진하였다. 팔관회에는 송상, 동·서여진, 일본인들이 고려적 천하관에 따

〈구정 터〉 정학수 제공.

궁성 안에 격구 등이 치러지던 곳이다. 명칭은 격구를 하는 뜰의 의미로 구정이라고 불렀
으나 실제로는 궁궐의 남쪽 신봉문 밖에 있었다. 궁궐 밖 황성 내에서 가장 넓은 공간이
었으므로 팔관회와 같이 많은 인원이 참가하고 구경하는 국가적 큰 행사가 이곳에서 치
러졌다. 고려 국왕은 백성들과 함께 즐기기 위해 팔관회 때에 궁성문인 신봉문에서 여진
과 송상 등이 헌상하는 의례를 행하였고, 백성들은 구정에서 그것을 보고, 외국인들이 참
여하는 국제적인 축제에 동참하였다. 그러므로 팔관회가 있는 시기에 가장 많은 외국인
들이 고려를 찾아왔고, 내외국인 또는 외국인들간에 무역이 가장 활발하게 이루어졌다.

라 고려 국왕에게 하례를 하였다. 여기에 참여하는 외국인이 고려에 신종
臣從은 하지 않지만, 그 덕화를 받는 조공국의 사자로서 예우되고 있었다.

그 가운데 송상이 『고려사』 예지를 비롯한 「세가」의 팔관회 기록에서 항
상 가장 먼저 기록되어 있었던 것은 의례상 중요한 역할을 해야할 뿐 아니
라 확실한 참가자이기 때문일 것이다. 송상과 동·서여진, 흑수말갈·일본
인들은 팔관회에 참가하면서 자연스럽게 만나서 무역할 수 있었고, 그 이
외의 시기에도 객관에 상주하는 송상과 언제든지 교역이 가능했다. 송에
직접 가는 것이 어려웠던 동·서여진, 흑수말갈, 일본인들은 고려 국왕에게
입조하여 정치적 권위와 회사의 이익을 얻고, 부가적으로 송상에게 원하
는 물건을 교역하였다. 이로 인해 동아시아 교역권에 포함된 고려는 동북
아시아 교역망의 중심지가 되었다.

4) 송상과 고려의 무역품

(1) 일반 무역품

송에서 수입된 물품들은 고려에서 나지 않는 귀한 것들이 많았다. 따라서 왕실이나 개경의 부유한 귀족 가문들에 의해 소비되었고, 송상들도 이들 품목을 중심으로 가져왔을 것이다. 구체적으로는 비단·자기·금박·약재·차·서적·악기 등 송의 산물과 향약·침향·서각犀角·상아 등 서남아시아 여러 나라와 교역해온 중계 무역품이 있었다. 이 물품은 고려의 금·구리·인삼·호랑이 가죽·물소가죽·황칠黃漆·유황 등 특산물과 비단·저마苧麻·백지·향유·나전기구螺鈿器具·금은장도·낭미필狼尾筆·송연묵松煙墨 등 수공업품과 교환되었다. 그밖에 여지荔枝·서화·사직품絲織品·차잎·약물 등이 수입되었고, 송상은 고려의 술·화폐·연적·마납의磨納衣·구리그릇·초석草蓆·화로·부채 등을 사갔다.

송의 동전도 무역을 통해 고려에 유입되어 국내에서 발행된 화폐와 함께 통용되었으나, 화폐사용이 활발하지 않아서 매장자의 위세품 기능을 하였다. 그리고 대각국사 의천을 섬겼던 승려 혜소惠素가 '장사배[商舶]'에서 남방의 설탕[砂糖]을 구하고자 했는데, 그 장사배는 송상의 배였다. 이처럼 다양한 물품이 송상에 의해 고려에 전해졌으며, 그 가운데 공예품은 수공업에 큰 자극을 주었을 뿐 아니라 그 제조방법도 전수해주었기 때문에 각별히 중시되었다.

(2) 특수 무역품

송상이 고려에 가져오는 수입 물품의 종류는 그 동안의 무역의 결과에 근거하여 고려인들의 취향에 맞춘 것이기도 하지만, 고려도 스스로 필요한 물건을 그들에게 주문하여 구하였다. 복건성의 상인 서전徐戩은 '고려로부터 미리 재물을 받고 항주杭州에서 많은 비용을 들여 『협주화엄경夾註

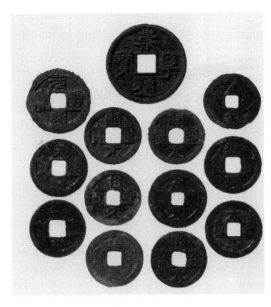

〈동전〉 국립공주박물관 소장. 국립중앙박물관, 『고려·조선의 대외교류』, 2002, 17쪽.
천안시 직산면의 고려시대 무덤에서 발굴된 송나라 동전이다. 고려 성종대부터 여러 차례 금속 화폐의 유통을 시도하였으나 국내 상업이 크게 발달하지 않아 실패하였다. 송의 동전이 묘지의 부장품으로 출토된 것은 교환수단이 아니라 망자의 위세품이나 이국산 완상품으로 이용되었음을 알려준다.

華嚴經』을 조판彫版하였고, 그것을 인쇄하여 공공연히 배에 실어 고려에 갔다'고 한다. 송상은 고려 사람들의 요청으로 선불을 받고 송에서 경전을 인쇄하여 고려에 팔고 있었다. 아래의 『고려사』 최이崔怡전 기사는 송상이 고려인들의 주문을 받고 구매해 주었음을 알려주고 있다.

(고종) 16년 … 처음에 국가가 송상에게 포를 주어 수우각水牛角을 사오게 하였는데 이에 이르러 송상이 채단綵段을 사가지고 왔다. 국가가 약속을 어겼음을 꾸짖으니 송상이 말하기를 "우리 나라에서 너희 나라가 수우각을 구하여 활을 만든다는 말을 듣고 칙령으로 매매를 금하므로 사올 수가 없다."라고 하였다. 최이崔怡가 도강都綱 등의 처를 가두고 사온 채단을 가져다 가위질하여 되돌려 주었다. 뒤에 송상이 수우 4두를 바치니 최이가 인삼 50근과 포 300필을 주었다.

이 기사를 보면 국가가 송상에게 수우각을 사다줄 것을 청했으나 송의 금수품禁輸品에 들어 약속을 지키지 못한 채 채단을 사왔으므로 약속 위반을 들어 도강의 처를 가두고 채단을 잘라 버리는 보복을 행하였으며, 뒤에 송상이 원하는 물건을 사오게 되자 인삼과 포로서 보상을 하고 있다. 당시 송상이 고려와 송의 교역을 거의 독점하고 있었기 때문에 주문을 받아 무역을 행하는 주체였지만, 만약 고려의 요구가 받아들여지지 않았을 때는 송상도 적지 않은 손해나 위험을 감수하고 있었음을 알 수 있다.

송상이 처음에 자국의 사정을 들어 수우각 대신 채단을 가져왔다가 결국은 수우각을 가져온 것은 고려측과의 약속을 지켜야만 했던 사정을 보여준다. 송상이 계속 고려에 와서 무역을 하기 위해서는 고려의 요구에 성실하게 응해야 했다. 송상이 여러 가지 물품을 싣고 와서 고려와 거래하기 때문에 송상이 주도한 것 같지만, 사실 그들이 가져오는 물품은 기본적으로 고려 왕실 또는 귀족들의 취향에 맞는 것들이었을 뿐 아니라 고려 사람들이 송상에게 구매를 부탁한 것도 많았다. 양국간의 무역에서 구매자이면서 소비자였던 고려의 주체성이 엿보인다. 일반적으로 교환되는 물건이 아니어서 고려인들의 주문 요청을 받고 송상이 구매를 해주었을 것으로 여겨지는 몇가지 사례를 들어보겠다.

① 전적 및 문집

고려 광종에서 성종대에 이르기까지 고려와 송이 외교를 맺고 있던 시기에는 고려가 원하던 전적을 주로 고려 사신이 송에 갔을 때 황제에게 요청하여 하사받거나 교역을 통해 얻었다. 외교가 단절된 시기에는 고려가 원하는 책들을 송상에게 요청하면, 송상이 구매하거나 아예 새로이 책을 만들어 와서 전해주었다. 특히 송대에는 사천四川의 광도지廣都紙 등이 대량으로 생산되면서 인쇄술이 발달하였고, 사천의 촉본蜀本과 강남의 복건본福建本이 훌륭하였으며, 그 가운데 일부가 고려에 유입되었다.

1027년 8월에 송 강남 사람 이문통李文通 등이 579권의 서책을 바쳤다.

1192년(명종 22)에 송상이 와서 『태평어람』을 바치자 명종이 백금 60근을 하사하였으며, 최선崔詵에게 명하여 잘못된 바를 고치게 하였다. 서적의 도입은 외교 과정에서 황제의 하사 형식으로 가져오거나 송상이 고려 왕에게 바치는 형식이었다. 그 방식은 여러 가지가 있었겠지만, 도입되는 서적의 종류를 결정하는 데는 고려의 요구가 반영되었다고 생각된다. 송상이 『태평어람』을 바쳤다고 했으나 그 대가로 백금 60근을 받은 것은 고려의 주문을 받아 책을 구입해주면서 일정한 상업적 이익을 노린 것이었음이 분명하다.

이와 반대로 1174년에는 명주진사明州進士 심민沈忞이 김부식이 편찬한 『삼국사기』를 황제에게 바쳤다고 하는데, 당시에는 양국의 외교를 맺지 않았으므로 송상에 의해 전달되었을 것이다.

② 불교 교류와 경전

문집과 더불어 불교 경전도 송상의 교역품이었다. 1087년(선종 4) 3월에 송상 서전徐戩 등 20인이 와서 「신주화엄경판新註華嚴經板」을 바쳤다고 했는데, 사전에 고려가 주문한 것이었음은 잘 알려져있다. 의천은 송에 가서 많은 경전을 사가지고 돌아왔으며, 흥왕사에 교장도감을 두어 거란·송·일본 등지에서 사 모은 4,000권에 달하는 서적을 간행하여 완성된 이른바 속장경 즉 『신편교장총록新編敎藏總錄』을 개국사에 두게 하였다. 그리고 12세기 고려의 선종계는 북송의 선종계와의 직접 간접적인 교류를 통하여 『설봉어록雪峯語錄』, 『선림승보전禪林僧寶傳』, 『냉재야화冷齋夜話』, 『균계집筠溪集』, 『경덕전등록景德傳燈錄』 등 다양한 선종의 서적을 받아들였다. 이러한 교류는 무신정권기에도 계속되어 유가종의 경조景照는 송의 승려 조파선사祖播禪師와 송상을 통해 간접적인 교류를 하면서 선 불교의 경향을 보였다.

③ 예술 교류와 전래

예술 분야의 교류가 무역과 관련되었음은 『파한집』 중권의 이영의 그림 이야기를 통해 확인된다.

> 경성 동쪽의 천수사天壽寺는 거리가 도성문에서 백 보인데, 뒤로는 잇달아 봉우리가 일어나고 앞에는 평탄하게 냇물이 흐르며, 계수나무 수백 그루가 길가에 그늘을 이루고 있어 강남에서 황도에 이르는 자들은 반드시 그 아래에서 쉰다. 이로 인해 수레와 말굽이 길을 메우고 어부의 노래와 나무꾼의 피리소리가 끊이지 않고, 붉은 누대와 푸른 전각이 소나무·삼나무와 안개 사이로 반쯤 나와 있다. 왕손 공자들은 구슬과 비취를 차고 풍악을 울리며, 맞이하고 보내는 일을 반드시 절 문 앞에서 하였다. 옛날 예종 때에 화국畵局에 있던 이영李寧은 산수를 잘 그리므로 그 곳을 그려서 송상에게 주었다. 오랜 뒤에 임금께서 송상에게 명화를 구하자, 그 그림을 바쳤다. 임금께서 여러 화사를 불러 보이니 이영이 나아가 말하기를, "이는 신이 그린 천수사남문도입니다."라고 하였다. 뒤를 뜯어서 보니, 표제를 기록한 것이 매우 상세하므로 그런 뒤에야 그가 훌륭한 화가임을 알게 되었다.

이 사료에서 이영이 그린 실경 산수인 「천수사남문도」가 송상에 의해 송에 전해졌다가 인종의 부탁을 받은 송상이 그 그림을 다시 사서 전하고 있다. 내용상 교역이라는 표현은 찾을 수 없지만, 송상이 고려의 그림을 사갔고, 송상이 인종의 부탁을 받고 그림을 사다주었다고 이해해야 한다. 그림이 송에 전해지고 다시 고려로 되돌아오는 과정이 모두 교역에 의한 것이며, 이러한 사례는 다른 예술 분야의 전파과정에도 적용될 것이다.

(3) 중국에 알려진 고려의 특산물

고려시대에 중국의 왕조는 오대·송·거란·금 등과 같이 다양했어도 공물은 예전과 유사한 것들이 많았다. 고려 사신들이 사행무역을 하면서 중국에서 인기 있는 고려의 특산물을 가져갔다고 해도 수량이 한정될 수 밖에 없었다. 따라서 송상들이 고려에 와서 그것을 사가려고 했으며, 송에 가져가서 적지 않은 이익을 얻었던 것 같다. 결국 고려의 명품이라고 할 수 있는 방물에 대한 중국인의 수요는 매우 적은 인구를 가진 고려가 송의 사치품을 지속적으로 교역할 수 있는 원천이 되었다.

고려를 대표하는 방물 가운데 종이·붓·먹·부채·놋그릇·자리·삼베·모시·비단·자기 등 수공업품과 더불어 자연에서 채취한 인삼·칠·잣에 대해 종류와 특징 및 중국 사람들의 평가를 중심으로 상세히 살펴보자.

① 종이

종이는 중국에서 삼한지三韓紙, 계림지鷄林紙, 고려지 등으로 불리었다. 중국 촉蜀 지역에서 생산되는 종이와 비견되며 곱고 빛이 난다는 칭송을 받았다. 종이의 종류는『송사』고려전과『계림유사』에 기록된 백추지白硾紙를 비롯하여 취지翠紙(비취빛 종이), 금분지金粉紙(금은가루를 뿌려 화려하게 만든 종이), 아청지鵝靑紙, 청자지靑磁紙, 청지靑紙(청자지, 아청지와 더불어 푸른 빛이며, 벌레가 타지 않아 책 제작에 이용) 등의 색깔에 따른 구분과 더불어 사용처에 따라 표전지表箋紙(중국에 보내는 사대문서나 왕궁의 사무용지), 불경지佛經紙, 문창호지門窓戶紙(들기름을 발라 물이 스며들지 않게 한 종이), 크기에 따라 조대지造大紙·필대지·대지大紙 등으로 나뉘었다.

고려시대 종이는 닥나무와 더불어 등나무, 누에고치 솜 등을 원료로 만들었다. 중국인들은 고려의 종이에 대해 '고려 종이는 누에고치솜으로 만들어져 종이 색은 능라 비단과 같이 희고 질기기는 마치 비단과 같으며, 글자를 쓰면 먹물을 잘 빨아들여 종이에 대한 애착심이 솟구치는데, 이런 종이는 중국에 없는 것이다'라고 극찬하였다. 그러나 닥나무가 귀하였으므로 등나무를 섞어 품질이 조금 낮은 종이를 만들기도 하였다. 고려의 종이는 완성 후에 다시 다듬이질을 하여 매끈하게 만든 것이 특징이었으며, 고려전기에도 제지 기술이 뛰어났으나, 무신정권기에 대장경의 조성과 금속활자의 발명으로 종이의 수요가 늘면서 제조 기술이 더욱 발전하였다.

이처럼 고려의 종이가 높은 품질이었기 때문에 송에 보내는 방물로 자주 포함되었다. 일반 농민이 가내수공업으로 만들어 바친 공물이나 종이를 전문적으로 생산한 특수행정구인인 지소紙所의 공납으로 충당되었다. 고려가 조공한 만지蠻紙는 책의 속지로 많이 이용되었으며, 송의 수도 및 항구 주변에서 뿐 만 아니라 장강 안쪽에서도 유통되면서 그 성가를 높였다.

② 붓

종이와 더불어 붓도 중국에서 인기가 있었다. 서미필鼠尾筆·낭미필狼尾筆은 야생 동물의 털로 만든 붓으로『송사』와『계림유사』에서 고려 명산의 하나라고 하였다. 그런데, 서긍은 황호필黃毫筆(족제비털로 만든 붓)은 연약해서 쓸 수가 없고 예부터 성성猩猩(원숭이의 일종)의 털이라고 하나 반드시 그렇지 않다고 하였다. 반면에 송과 고려의 외교에 대해 극력 반대하던 소식은 성성모필猩猩毛筆을 애용하면서 '부드러우면서도 굳건하여 자유자재로 글씨 쓰기에 좋은데 그 붓을 한 번 잡기만 하면 차마 놓지 못할 만큼 훌륭하다'고 호평하였다.

③ 먹과 벼루

송연묵松煙墨은 송연묵松烟墨이라고도 하였다. 만드는 방법은 오래된 노송을 태운 그을음을 모으고, 사슴 뿔의 아교를 섞어 단단하게 굳혀서 검은 옥[玄玉]과 같이 가공한 것이었다. 먹은 주로 전국에 흩어져 있는 묵소墨所에서 만들어졌으며, 먹의 유명한 산지는 맹주孟州(평북 맹산)·평로성平虜城

〈단산오옥명묵丹山烏玉銘墨〉 국립청주박물관 소장. 국
립중앙박물관, 『고려시대를 가다』, 2009, 115쪽.
13세기에 만들어진 먹으로 '단산오옥'이라는 글자가
있다. 『신증동국여지승람』에 있는 충청도 단양의 특산
이 단산오옥이라고 하였는데, 고려시대에도 이미 그
명칭이 사용되고 있음을 알려준다.

(평북 영원) · 순주順州(평남 순천) · 단산丹山(단양) 등이 있었다. 특히 맹주에서 만들어진 것을 귀하게 여겼지만, 색이 흐리고 아교가 적으며 모래가 많았다는 지적도 있었다. 단산의 먹은 까마귀 빛깔처럼 새까맣고 질이 우수하여 '단산오옥丹山烏玉'으로 불렸다. 이에 대해 고려 먹이 잘 부서진다는 비난이 있었고 그것을 사용하면 검은 빛이 물위에 뜨는 것 같았다는 칭찬을 받기도 하였다.

송의 문인들 사이에서 고려 먹에 대한 관심이 시로써 자주 표현되었다. 이런 명성 때문인지 고려의 먹은 거란·송·원과의 무역품에 모두 포함되었으며, 고려 사신들이 송에 갈 때 송의 문인에게 주는 선물로써 준비해가기도 하였다. 이와 더불어 먹의 원료인 그을음[煤, 油煙]이 널리 알려졌으며, 고려의 벼루[高麗硯]도 중국에서 조직이 치밀하고 단단하여 두드리면 소리가 나고 먹을 갈면 파란 빛에 흰 빛이 섞여난다는 평가를 받았다.

④ 부채

고려 부채는 중국 문인들에게 가장 사랑받은 고려 물산의 하나였다. 폈다 접는 쥘부채의 하나인 백접선白摺扇은 대를 엮어서 뼈대를 만들고[編竹爲骨] 등지藤紙를 발라서 덮어씌웠으며[裁藤紙幌之], 간혹 은·동의 못으로 장식하기도 하였다. 그 가운데 대의 수효가 많은 것을 귀하게 여기는데, 심

부름을 하거나 일로 움직이는 사람들이 가슴이나 소매 속에 넣고 다니며 사용하기 좋았다고 한다.

고려의 사절이 송의 관인들에게 개인적으로 선물해서 좋은 평가를 받은 것으로 접첩선摺疊扇이 있다. 이것은 아청지鴉靑紙에 화목, 물새 등을 그려 넣은 부채로 정교하다는 명성이 얻었다. 그러므로 중국의 포규선蒲葵扇(부들잎으로 만든 부채)·종려선棕櫚扇(종려 잎으로 만든 부채)과 같은 유명한 부채도 고려 접첩선에는 비견되지 않을 것이라는 평가가 있었다.

둥글부채였던 송선松扇은 소나무의 부드러운 가지를 가늘게 깎아 가닥[縷]을 만들고 그것을 두드려 실線로 만든 후에 짜냈다. 이것은 위에 꽃무늬가 있었으며, 서긍은 고려의 국왕이 송의 사절에게 준 것이 가장 잘 만들어진 것이라고 하였다. 송선은 고려에 사신을 다녀온 사람들을 통해 송의 여러 문인들에게 전해져 애장되었다. 부채 위에 송학松鶴·설산雪山 등의 운치 있는 그림이 그려져 그 가치를 더욱 높였다.

⑤ 구리 그릇

구리 그릇—동기銅器—은 구리와 기타 금속의 배합에 따라 다양하게 이용되었다. 백동으로 만든 것이 적동보다 좋고 적동보다는 유동鍮銅(아연을 섞은 놋쇠)이 더욱 좋은 것이었다. 본래 고려에는 구리가 많이 산출되었다. 경상도 동천소銅泉所(창원 지역) 등 전국의 동소銅所에서 채굴과 제련을 하여 공납하였다. 고려는 일반 백성들조차 그릇의 재료로 구리를 많이 사용하여 상대적으로 제작 기술이 발달되었던 것 같다.

구리는 고려의 대외 무역에서 금과 은 다음으로 중요한 위치를 차지하였다. 구리 그릇이 후주·거란·송·금·원 등의 공물 및 사무역품으로 자주 이용되었으며, 고려에 왔던 송과 금의 사신들이 구리 그릇을 선호하였다고 한다. 외국과의 무역품으로 이용된 구리 그릇은 금속 공예품을 제작하는 기관인 장야서掌冶署에 소속되어 별사別賜(役을 한 대가로 1년마다 일정하게 받는 곡식)를 받는 백동장白銅匠과 적동장赤銅匠 등과 같은 최고 기술을 가진 장인에 의해 만들어진 것이었다.

⑥ 자리[席]

자리는 말린 풀이나 나무의 껍질을 염색하고 다양한 무늬를 넣어 짠 깔개이다. 용수석龍鬚席·등석藤席은 중국의 여러 문헌에 기록된 고려의 명품이다. 일찍이 고려의 뱃사람들이 송에 팔러 오는 자리는 그 간격이 좁고 긴밀하며 그 위에는 작은 단화團花 문양을 넣었다고 하였다. 고려의 자리는 송의 사신을 접대할 때도 사용되었다. 『고려도경』에 '곱고 거친 것이 일정하지 않으나, 정교한 것은 침상과 평상床榻에 깔고 거친[粗] 것은 땅에 까는데 쓴다. 짠 풀은 부드러워서 접거나 굽혀도 망가지지 않으며, 흑백 두 색이 서로 섞여서 무늬를 이루고 청자색靑紫色으로 무늬를 둘렀다'고 기록하였다.

고려인들은 풀로 자리를 만드는 기술이 좋았을 뿐 아니라 거기에 아름다운 문양을 넣어 더욱 가치를 높였던 것 같다. 그래서 자리는 단순히 깔고 앉는 데 이용하는데 그치지 않고, 도기로 만든 술통에 바깥쪽을 등껍질로 짠 것을 두루 감아 배가 흔들려도 서로 부딪혀 깨지지 않게 하였고, 자리를 돛으로 쓰는 등 다방면으로 활용하였다. 이런 명성 때문에 일반 상인들의 대송 무역품에도 포함되었다.

⑦ 삼베와 모시

삼베와 모시는 고려에서 가장 많이 사용되던 옷감이었다. 『고려도경』에 의하면 '고려는 모시와 삼을 스스로 심어, 사람들이 많이 베옷을 입는다. 그 중에 가장 좋은 것을 시紵라 하는데, 깨끗하고 희기가 옥과 같고 폭이 좁다. 왕과 귀신貴臣들이 다 입는다'고 하였다. 그리고 '고려 사람들은 왕에서부터 서인에 이르기까지 모시로 만든 저의紵衣를 주로 입었다'고 하였다. 이처럼 모시는 고려인들의 가장 보편적인 직물이었을 뿐 아니라 품질도 우수하여 송의 사신을 위한 잠자리에 모시로 만든 수침繡枕(베개)·침의寢衣(잠옷)·저상紵裳(목욕옷) 등을 제공했다. 송의 사신들은 고려의 모시 제품이 꽤 인상적이었으므로 기록에 남겨놓았던 것 같다.

고려 모시가 유명하였으니 당연히 조공품에도 포함되었다. 그러나 모시는 생산량이 적어서 삼베를 더 많이 보냈다. 생평포生平布(보통의 삼베)·생중포生中布(조금 배게 짠 삼베)는 세폐 가운데 가장 큰 비중을 차지하여 한꺼번에 수천필 씩 보냈다. 또한 송과의 일반 무역에서 대포大布·소포小布·모사포毛絲布 등이 교역품으로 활용되었다.

⑧ 비단 등 직물류

고려에서 보편적으로 입는 옷은 삼베나 모시로 만든 것이었으나 비단도 매우 우수한 것을 생산하였다. 다만 누에에서 나는 실은 매우 적어 비단 1필은 은 10냥에 해당되기 때문에 일부 귀족들에게 팔거나 송상과 무역하기 위해 만들었다고 생각된다. 고려는 양잠에 서툴러서 명주실을 산동이나 민절閩浙(복건성과 절강성)의 상인들에게 사들였고, 그것으로써 아주 좋은 문라화릉文羅花綾(꽃무늬가 있는 고급 비단)·긴사緊絲(매듭에 쓰는 실)·금錦을 만들었다. 계罽는 거란에서 생산되는 양털인 거란사를 수입하여 국내에서 짰으며, 거란 전쟁이후 항복한 사람 가운데 공장工匠이 많았으므로 더욱 정교해졌고, 염색도 그 전보다 나아졌다고 한다.

비단이나 모직물의 생산 과정은 중국의 원사를 수입하여 고려에서 직조하고 문양을 넣거나 염색을 하여 좋은 비단을 만들어내는 일종의 국제 분업이 이루어지고 있었다. 고급 옷감은 직조술과 더불어 염색이 중요한데, 고려는 염색을 잘하여 홍색과 자색이 더욱 절묘했다. 보라색의 원료가 되는 자초紫草는 큰 줄기가 모란과 같은데, 그 즙을 내어 옷감을 물들였다고 한다. 고려의 비단과 모직물은 품질이 좋았으므로 진봉물에 각종 색상을 물들이거나 색실로 문양을 넣은 것들이 있었다. 송상이 고려에서 주단絑緞을 교역해갔다는 것은 『보경사명지』의 기록을 통해 확인된다.

⑨ 청자

도자기도 송나라 사람들의 사랑을 받았다. 고려 청자는 철분이 조금 섞인 백토로 형체를 만들고 잘 말려 700~800도로 초벌구이를 하고, 다시 철분이 1~3% 정도 포함된 석회질의 유약을 발라 1,250~1,300도에서 구워낸 그릇이다.

고려의 도자 기술은 중국에서 들어왔다. 송대의 문화전파에서 대표적인 매개물자의 하나가 도자였으며, 고려에 전해져 송문화의 이미지를 대량으로 재생산하는 기능을 하였다. 남한의 전역에서 송의 도자기가 출토되고 있으며, 송의 경덕진 등 주요한 가마에서 만들어진 새로운 도자기는 곧바로 고려에 유입되었다. 송에서 들어온 최신 기법의 도자기는 고려의 제작 기술을 발전시키는데 이바지했다. 특히 한반도의 중서부와 남서부 해안에 초기 청자가마터가 집중되어 있는 현상은 자기 기술이 중국의 해상교통로와 밀접하게 관계되었음을 알려준다. 중국의 도자기 가마는 규모가 크고 땔나무가 많이 필요한 벽돌로 만든 전축요塼築窯인데 비해 고려는 규모가 작지만 흙을 이용하여 적은 비용으로 만들 수 있는 토축요土築窯로 개량하여 사용하였다.

고려의 장인들이 중국의 자기기술

〈청백자과형병靑白磁瓜形瓶〉 국립중앙박물관 소장. 국립중앙박물관, 『고려시대를 가다』, 2009, 77쪽.
송의 경덕진 가마에서 만들어진 것으로 고려 인종릉에서 출토된 과형병과 형태가 유사하다. 경덕진 가마의 자기가 고려 자기의 기형에 영향을 주었음을 알려준다.

을 배워 비색을 만들어 내고 상감 기법 등을 창안함으로써 세계 최고 수준으로 발전시켰다. 이에 송의 문인들도 도자기로 만든 고려 화로를 고려로 高麗爐라고 하며 선호하였다. 중국인들은 고려의 자기를 감서監書·내주內酒·단연端硯·징묵澄墨·낙양화洛陽花·건주차建州茶·촉금蜀錦·정자定磁·진동晉銅·서마西馬 등과 함께 천하 제일 명품의 하나에 포함하였다.

인종초에 송 사신단의 일원으로 고려에 왔던 서긍은 고려자기에 대해 더욱 구체적인 묘사를 하고 있다. 그는 '도기의 빛깔이 푸른 것을 고려인은 비색翡色이라고 하는데, 요즘 만듦새는 솜씨가 좋고 빛깔[色澤]도 더욱 좋아졌다. 술그릇의 형상은 오이 같으며 위에 작은 뚜껑이 있는 것이 연꽃에 엎드린 오리의 형태를 하고 있다. 주발·접시·술잔·사발·꽃병·탕잔湯琖도 만들 수 있으나 모두 중국제도를 모방하였다'고 하였다. 이어 도기로 만든 화로를 설명하면서 '위에는 쭈그리고 있는 짐승이 있고 아래에는 앙련화仰蓮花가 있어서 그것을 받치고 있다. 여러 기물들 가운데 이 물건만이 가장 정절精絶(뛰어남)하고 나머지는 월주越州(浙江省 紹興縣)의 고비색古秘色이나 여주汝州의 신요기新窯器와 비슷하다'고 평가하였다. 서긍의 평가는 아직 송의 청자에 미치지 못하고 있으나 고려 청자가 상당히 발전되어 있다는 것이다. 최근에는 두 청자의 색상과 기형 장식이 유사했던 것은 전자가 후자에 영향을 끼쳤기 때문이라는 견해마저도 제시되고 있다. 송상이 고려에서 교역하여 명주에서 거래한 물품에도 고려 청자를 뜻하는 청기靑器가 있었던 것은 고려 자기가 송에서 팔릴 만큼 우수했기 때문이다.

⑩ 인삼

고려 인삼은 일찍부터 효험이 중국에 알려져서 공물에 들었고,『계림유사』에서 고려의 산물로 특별히 기록되었다. 송상의 거래에서도 높은 관세를 부과하는 귀중한 물품이었던 만큼 고려의 명산 중에 명산이었다고 할 수 있다. 송의 여러 곳에서도 인삼이 생산되었으나, 특정한 질병의 치료에는 고려의 인삼이 가장 좋았을 뿐 아니라 실제 효험이 적지 않아서 고려에 온 송의 사신들이 인삼을 선물로 받아가기도 하였다.

『고려도경』에 의하면 '인삼은 한줄기로 나는데 춘주春州의 것이 가장 좋다. 생삼生蔘과 숙삼熟蔘의 두가지가 있다. 생삼은 빛이 희고 허虛하여 약에 넣으면 그 맛이 온전하나 여름을 지나면 좀이 먹으므로 익혀쪄서 익힌 것만 같지 못하다. 예로부터 전하기를 그 모양이 평평한 것은 고려 사람이 돌로 이를 눌러 즙을 짜내고 삶는 때문이라 하였다. 하지만, 삼의 찐 것을 뿌리를 포개어 만들기 때문에 그렇게 된 것이고 달이는 데에도 의당 그 방법이 있다'고 하였다. 백삼과 홍삼의 기술을 서긍이 알고서 소개한 것이다.

⑪ 칠漆

고려의 칠은 그 빛깔의 우수성 때문에 송에 보내는 공물에 여러 차례 포함되었다. 칠은 섬에서 생산되는데, 6월에 베어 해를 쬐어 말렸으며, 그릇에 바르면 금빛이 난다고 하여 황칠黃漆이라고 했다. 본래 백제에서 났으나 송의 절浙 지방 사람들은 신라칠新羅漆이라고 하였다.

이 같은 명성으로 송 명주에서 거래되던 품목에 고려의 나전螺鈿이 있었는데, 칠을 이용하는 기술 가운데 하나인 나전은 세밀하여 귀하다고 할 만하다는 평가를 받았다. 1123년에 고려는 칠을 한 그릇으로 단칠조丹漆俎와 흑칠조黑漆俎를 고려에 온 송 사신에게 주었던 적도 있었다.

⑫ 잣

잣나무 열매인 송자松子·송실松實도 대표적인 고려의 방물이었다. 그러므로 『송사』·『계림유사』·『고려도경』에서 모두 명산이라고 소개하였으며, 『송사』에서는 고려의 토질이 소나무—실제로는 잣나무—에 적합하였다고 하였다. 『고려도경』의 토산土産에서는 나무의 생태와 열매의 효용성에 대해 다음과 자세히 묘사하였다.

광주廣州·양주楊州·영주永州 등에 큰 소나무가 많았다. 소나무는 두가지 종류로 오직 5엽인 것이 열매를 맺는데, 처음 열매가 달리는 것이 솔방울이다. 그 모양은 마치 모과와 같이 푸르고 윤기가 나고 단단하다가, 서리를 맞고서야 곧 갈라지고 그 열매가 비로소 여물며, 그 방은 붉은 색에 이르게 된다. 고려의 풍속에 과실·안주·국·적에도 잣을 쓰지만 많이 먹어서 안되는데, 사람의 구토를 멎지 않게 하기 때문이었다.

송자가 송에서 명성이 있어서 송에 가는 고려 사신들이 개별적으로 가져가 판매해서 이익을 취하기도 했다. 송의 명주에서 거래되던 고려의 방물로 송자·송화가 있었으니 송상과의 교역품이었음이 분명하다.

이상에서 든 12가지 고려의 대표적인 특산물 이외에 두충, 백부자, 마자, 금, 동, 고려경高麗磬, 신구수준神龜壽樽, 은우, 삼각고려화병, 고려동병, 대동분大銅盆, 우어표牛魚鰾(아교의 재료), 고려지담高麗紙毯 등이 알려졌다. 이것들이 조공품으로 사용되었던 만큼 송상과의 무역을 통해 중국에서 유통되었다고 생각된다.

5) 송상의 무역 이외 부가적 활동

고려와 송은 북쪽에 있는 거란과 금으로 인해 육지로 상대방 국가에 가는 것이 어려웠기 때문에 서해 해상 교통로를 이용하여 외교와 무역을 할 수 밖에 없었다. 이에 고려와 송을 왕래하는 송상은 무역 이외에도 다양한 역할을 수행하였는데, 그것을 외교적 활동, 인물 왕래의 교통편 제공, 한중일 삼국의 간접 교류 등으로 나누어 설명하겠다.

(1) 외교적 활동

송상이 고려에 와서 국왕을 알현하고 헌상하거나 팔관회의 의례에서 외국의 사신처럼 역할을 하면서 사실상 외교적 활동을 하며 양국간의 교류에 큰 기여를 하였다. 이것은 송 정부가 인정한 것이 아니라 송상이 고려에서 무역상의 편의를 얻기 위해 임의로 한 일이었다. 그리고 공식적으로 송황제의 조서 및 지방정부의 문첩을 전달하는 일, 송의 정황을 알려주는 임무를 수행하기도 하였다.

고려와 송의 외교가 단절된 상태에서 송상이 마치 송이 보낸 사신의 역할을 하였던 것이 팔관회 의례의 참여였다. 처음에는 송상이 고려 국왕을 개별적으로 알현하고 가져온 진귀한 물건을 바치는 의식을 치렀는데, 고려가 송상·여진·일본 등이 고려 국왕에게 헌상하는 의례를 팔관회 행사의 일부로 만들었다. 이후 고려 백성들만이 즐기던 축제가 주변국의 상인과 사신들이 참여하는 국제행사로 바뀌었다.

팔관회에서는 송의 상객商客과 동·서여진·일본이 참여하였고 많은 백성들이 보는 가운데 '송 상객' 등이 공물貢物을 바쳤다. 팔관회의 행사 가운데 '만방에서 바친 9곡을 연주한다'는 상징적인 의례절차는 국외적으로 주변국에 고려중심의 천하관 또는 세계관을 표명하여 국제사회에서 고려국의 위상을 드높이고 확인하기 위한 것이다. 송 또는 거란의 책봉국이었던 고려가 천자국 체제의 칭호를 사용하고 팔관회를 통해 여진·일본 등을 포함한 동북아시아의 중심국가로 행세를 했던 것은 거란·송과의 정치외교적 압력 속에서 고려의 자존의식을 높이려고 한 것이었다.

반면에 송상은 팔관회에 참여하여 고려 왕실에 경제적 이득을 주었을 뿐 아니라 동·서여진 등 주변 민족과 더불어 고려 국왕의 정치적 권위를 높이는데 이바지하였다. 그에 대한 보상으로 고려는 송상에게 외교사신으로 간주하여 객관을 주었고, 고려 사람 뿐 아니라 고려를 찾은 여진 및 일본 상인과 무역하도록 각종 편의를 제공하였다. 결국 송상은 고려 국왕을

〈의천과 소식〉 정학수·고려대 고려시대사연구실 제공.

개성 영통사에 있는 의천의 초상과 항주의 소식 석상이다. 개성의 영통사는 의천의 사후에 비가 세워진 곳이며, 항주는 소식이 지방관이 되어 부임했던 곳이다. 대송통교를 재개한 문종이 죽자, 거란은 고려 국왕에 대한 책봉을 늦추며 고려와 송과의 통교를 중단시키려 하였다. 이에 문종의 차자로서 장자 순종의 급서로 왕위에 오른 선종은 아우인 의천이 송에 가서 불교를 배우고 오겠다는 요청을 허락하지 않았고, 송에 사신을 보내는 것에 대해 신중한 태도를 취하였다. 그러나 의천은 송상의 배를 타고 송 유학을 결행하였고, 선종은 어쩔 수 없이 송에 사절단을 보내 통교를 유지하게 되었다. 의천은 선종대에 대송통교를 이어가는데 결정적 역할을 하였던 것이다. 반면 소식은 송에 온 승려 의천의 행동을 비판하며 항주가 아닌 천주에서 귀국하도록 건의하였다. 또한 고려가 사신을 보내는 것은 황제의 회사품을 받아 이익을 얻으려는 것이며, 그들을 접대하는데 많은 재정적 지출이 발생하고 백성들이 고통을 받는 것 등 국가에 다섯가지 해악을 끼친다[오해론(五害論)]며 더이상 고려의 사신을 받아서는 안된다고 주장하였다. 의천은 송과의 외교에 적극적인 친송적인 입장이었던 데 반하여 소식은 극단적으로 고려와의 외교에 반대했다는 점에서 동시대를 살았던 두 인물의 성향이 대비된다.

알현하고 방물을 헌상하는 의례를 했을 때와 같이 팔관회 의례에 참여하여 고려 국왕의 정치적 권위를 높여주었고, 대신 고려 국왕의 보호와 도움을 받았다는 점에서 호혜적인 성격이 있었다고 생각된다. 그것은 팔관회에 참여하는 동·서여진과 일본도 마찬가지였다.

송상은 고려와 송의 외교가 단절된 시기에 양국의 외교 문서를 전달하는 임무를 수행하였다. 문종대 고려와 송이 외교를 재개할 때 송상 황신黃愼이 양국을 오가며 송 황제의 뜻을 전달하고 문종의 동의를 받아 통교를 성사시키는데 결정적으로 기여했다는 점은 이미 잘 알려졌다. 1128년 3월

송 고종의 즉위교서를 전한 사람은 송상의 강수綱首 채세장蔡世章이었으며, 그후에도 송 황제의 밀지와 국제 정보가 송상을 통해 고려에 전달되었다. 송상은 송 정부의 의뢰를 받아 외교 업무를 대행하거나 돕는 일이 적지 않았고, 그에 대한 대가로 삼반차사三班借使나 대장大將과 같은 하위 관계나 관직을 제수받기도 하였다.

송상은 양국의 사신을 운송하는 일을 하였다. 1123년에 고려에 왔던 송 사절단은 국가가 직접 건조한 대형선인 신주神舟 2척과 송상의 배를 꾸민 6척의 객주客舟를 이용하였으며, 그 배를 운영한 것은 송상이었다. 바다를 운항하는 것은 많은 경험과 고도의 기술을 필요로 하므로 고려에 왔던 송의 사절들은 송상들의 도움을 받았다고 생각된다.

송상은 대송 통교 이후 송에 가는 고려의 사절을 태워주었다. 고려의 사절단이 송상 서전徐戩이나 서덕영徐德榮의 배를 타고 명주에 도착하였다. 송 명주의 지방관을 역임했던 소식이 공공연히 고려의 사신을 태워 오는 송상들의 처벌을 주장했다는 것은 고려 사절단이 송상의 배를 빌렸음을 알려준다. 그런 점에서 송상은 고려와 송이 외교를 재개하고 지속하는 데 크게 이바지했다고 생각된다.

(2) 서신 및 물품의 전달

송상은 서해를 왕래하며 송과 고려 사람들의 서신과 물품을 전달해주었다. 의천은 송의 승려와 교류하는데 송상의 도움을 많이 받았다. 그는 1085년 송에 가기 전부터 돌아온 이후 입적하기 전까지 정원淨源·변진辯眞·종간從諫·행단行端·법린法隣·희중希中 등의 승려와 서신을 주고 받았으며, 그것을 도와준 이가 이원적李元積·서전徐戩·진수陳壽·곽만郭滿·홍보洪保 등 송상이었다.

서신과 더불어 가치있는 물건도 송상편에 전해졌다. 의천은 송상에게 재물을 주고 항주에서 『협주화엄경』을 조판하게 하고 경판을 고려에 가져

〈정원법사와 대각국사 의천〉 고려대 고려시대사연구실 제공.
항주 혜인고려사 경내에 있는 송 정원법사와 대각국사 의천의 상이다. 송의 정원법사淨源法師는 화엄학에
조예가 깊었으며, 의천은 송상을 통해 그 사실을 알고 서신으로 교류하며 정원법사를 스승으로 섬겼다.
이후 의천은 송에 건너가 정원법사를 직접 만났으며, 귀국한 뒤에도 서신과 경전 및 물품을 주고받으며
교류를 이어나갔다.

왔으며, 정원이 책을 보내준 대가로 은 200냥을 보내기도 하였다. 이처럼
의천은 송상에게 직접 구매를 부탁하거나 필요한 물품의 구입 비용을 송
상편에 전달하기도 했다.

　이러한 양상은 계속되었다. 예종대 활약한 탄연坦然은 『사위의송四威儀
頌』과 『상당어구上堂語句』를 송상의 배편에 송의 선사 개심介諶에게 보냈
다. 개심은 그 내용을 본 뒤 탄연을 인가印可하였고 그 저술에 대하여 지극
히 탄미하였다는 서신을 보내왔는데, 양국을 왕래하며 그것을 전달한 이
는 송상 방경인方景仁이었다. 무신정권 말기에 요세了世가 남긴 『법화수품
찬法華隨品讚』과 『천태조사찬天台祖師讚』은 그의 사상이 탁연卓然을 매개로
송의 연경사와 연계되었음을 증명하는데, 당시에도 송상이 양국을 왕래하
며 서신과 서적을 전달해주었기 때문이다. 따라서 고려와 송의 승려간 교
류는 송상을 떼어놓고는 설명할 수 없다.

〈혜인고려사〉 고려대 고려시대사연구실 제공.
항주에 있는 혜인고려사이다. 혜인사는 오대 때 창건된 절로 정원법사가 주석한 곳이다. 정원의 사후에 의천은 제자 수개를 보내 조문하였으며, 시주를 하여 혜인사를 중창하였다. 의천은 막대한 절의 건립 기금을 송상에게 맡겨 혜인사에 전달하도록 하였는데, 그 이전에 송상이 의천과 신용을 쌓았을 뿐 아니라 송상들의 무역규모가 컸기 때문에 가능한 일이었다.

(3) 인물 왕래의 교통편 제공

고려 사람들이 송에 가서 유학할 수 있었던 것은 송상의 배가 있었기 때문이다. 문종대 승려를 유학보낸 것 이외에도, 1085년에 의천이 거란과의 관계 악화를 우려한 선종과 신료들의 반대를 무릅쓰고 송에 건너갈 수 있던 것은 문종 사후 고려와의 외교를 지속하려는 송의 적극적인 외교도 있었지만, 그를 태워준 송상 임영林寧이 없었다면 애당초 불가능했을 것이다. 정원법사 사후에 그의 제자 안현이 와서 의천에게 스승의 사리를 전하였으며, 의천은 사람을 보내 조문한 바 있었다. 송상이 그들에게 교통편을 제공하였던 것이다. 송상은 표류한 고려인들을 고려에 송환해주고, 몽고군을 탈출하여 고려에 항복한 송인을 태워 귀국시켜주었다.

인물의 왕래와 관련하여 비교적 많은 사례가 남아있는 것은 송나라 사람들의 고려 투화와 관련된 것이었다. 고려초부터 고려에는 민閩 지역을 비롯한 중국 사람들이 개경에 많이 살고 있었으며, 주로 해상이 고려에 무역하러 왔다가 정착한 것이었다. 뒤에 고려가 사대 문서의 작성 등에 필요한 문사를 구하자 과거를 준비하던 지식인들이 송상의 배를 타고 와서 투화하고 높은 벼슬에 오르기도 하였다. 대표적인 인물로는 주저周佇, 유재劉載, 호종단胡宗旦, 신수愼脩 등과 승려인 혜진慧眞이 있었으며, 출신 지역은 천주泉州 등 복건 지역이 많았다. 이들은 고려가 대중국 외교를 진행하기 위해 중국어와 문장에 능한 인재를 찾는다는 것을 송상들에게 듣고 고려에 가는 송상의 배를 타고 왔으며, 고려 관리로 임용되어 중국어와 한문의 능력이 필요한 비서성秘書省·예빈성禮賓省 등의 관서에서 활약하였다.

송상의 배는 특정 지역을 정기적으로 연결하는 연락선으로 양국 사람들의 소식을 전하였으며, 상대 지역에 가고자 하는 사람들 실어나르는 역할을 하였다. 송상은 교역상 알게된 인적 관계망을 이용하여 실력있는 투화인이 고려의 관리가 될 수 있도록 추천하는 일도 했다. 고려에 사는 송의 투화인들은 언제든지 송에 남아있는 친족들과 소식을 주고 받을 수 있었고 때로는 가족들에게 사정이 생겨서 투화를 포기하고 송으로 되돌아가는 사례도 있었다. 그러므로 송의 투화인들이 고려에 살면서 관인으로 복무하거나 송상과 관련된 무역을 종사하더라도 타국에 살면서 느끼는 고립감은 적었을 것이다. 왜냐하면 송상의 배가 수시로 양국을 왕래하고 있었기 때문이다.

(4) 일본과의 간접 교류 중개

송상은 고려와 일본 사이에 간접적 문화교류도 담당하였다. 1095년에 일본을 왕래하던 유우柳祐는 의천판 「아미타행원상응경장소阿彌陀行願相應經章疏」 등을 구입해달라는 일본 승려의 요청을 받고, 송에 돌아가 명주·항주에서 고려를 왕래하던 해상들을 통해 『아미타극락서阿彌陀極樂書』 등 13부 20책을 구하여 일본에 가져다주었고, 「아미타경통찬소阿彌陀經通贊疏」

〈대방광불화엄경소大方廣佛華嚴經疏 권제30〉 국립중앙박물관 소장. 국립중앙박물관, 『고려시대를 가다』, 2009, 92·93쪽.

『대방광불화엄경』에 대한 징관澄觀의 설명을 송의 승려 정원淨源이 본문 아래 적어 엮은 책이다. 이것은 송상을 통해 고려 의천에게 전해졌으며, 사진의 경전은 14세기에 다시 제작된 것이다.

를 전하였다. 그리고 1120년 7월에 송상 장영莊永·소경蘇景 등이 대재부大宰府에 있는 대법사大法師 각수覺樹의 의뢰에 따라 고려국에서 『성교聖教』 100여권을 가져왔다고 한다. 송상은 고려와 일본의 교역에도 참여하면서 상대국의 문물 정보를 전달하고 때로는 구매해주는 중개자 역할을 하였다.

고려와 일본을 왕래하는 정기적인 교역선이 없는 상황에서 일본인들이 고려에 대한 정보를 듣고 원하는 것을 가장 편리하고 빠르게 얻는 방법은 송상에게 부탁하는 것이었다. 고려와 일본에 가는 송상은 구분되었지만, 송상의 귀국 항구는 모두 송의 명주였기 때문에 서로 만나 교역품에 대한 정보를 교환하고 구매할 수 있었다. 고려와 일본이 직접 교역하지 않아도 양국을 다니던 송상의 교역망을 이용하면 필요한 것을 얻을 수 있었던 것이다. 일본 상인들이 직접 고려의 예성항에 와도 송상을 만나 같은 방식으로 구할 수 있었다. 송상의 중개에 의한 간접 교역 방식은 비단 고려와 일본에 국한되지 않고, 당시 중국과 교역하던 동남아시아 및 아랍 지역에서도 활용되었다.

6) 고려 상인의 해상 무역에 대한 재검토

고려의 예성항은 송·대식·일본 등 여러 나라의 상인들이 무역하러 온 국제적인 항구였음이 틀림없다. 그것은 조선의 폐쇄성과 비교되는 고려의 개방적 성격을 보여준다. 연구자들은 거기서 더 나아가 고려의 해상들이 해외로 나아가 무역을 했다는 견해를 내고 있는데, 실증적으로 몇가지 문제가 있다고 여겨진다.

고려 상인들의 대외무역이 활발했다는 점은 일제 강점기에 발표된 신라말 고려초 해상활동에 관한 논문에서 제기된 이후 아무런 의심이 없이 받아들여졌다. 그 주요한 근거의 하나는 송대에 고려의 해선이 자주 명주·등주에 표착했다는 기사가『송사宋史』「고려전高麗傳」에 실려있다는 점이다. 명주와 등주는 고려와의 교통 및 무역에 있어 중요한 항구로 당대로부터 고려의 상선이 자주 출입하던 곳이므로 그 곳에 자주 표착했다는 고려의 선박을 상선으로 이해할 수도 있다.

그런데『송사』고려전과『고려사』에는 송이 표착漂着한 고려 사람을 돌려보낸 여러 개의 기사가 있지만, 구체적으로 상인이었다는 기록은 없다. 그들이 상인이었다면 적어도 한 두 개 기록은 남아있었을 것이다. 이들이 표착한 배를 밀무역을 위한 상선이었다고 설명했는데, 서해를 가로 질러 가던 중에 풍랑을 만났다면 서쪽 방향이 아닌 훨씬 남쪽이나 북쪽의 엉뚱한 곳으로 표류해갈 것이기 때문이다. 고려의 남해안에서 표류되었을 때 조류와 바람에 의해 자연스럽게 명주 해안에 도착한다. 표착 사례 자체가 고려 상인의 활동을 알려주는 적극적인 자료는 되지 못한다. 게다가 그것이 상선이라고 해도, 밀무역이라고 했으므로 고려의 대외무역 정책과 '활발한' 해상활동과는 무관한 것이다.

오히려 고려 상선의 존재를 확실히 알려주는 것으로는 남송 말경에 이르러 명주 지방에서는 다른 외국 선박에 대해서 1/15을 입구세入口稅(항구에 들어올 때 내는 세)로 징수했으나 고려의 상선에 대해서는 1/19을 세율로 하였다는 기사가 있다. 이는 당시 명주가 고려와의 해상 무역에 중심적인 항구였던 만큼 출입이 빈번하던 고려 상선에 대하여 특혜조례를 베풀었던 것이라고 한다. 이에 대해 최근에는 명주에서 입구세를 내던 상인들은 고려 상인이 아니라 고려를 다니던 송상이었다는 견해가 제시되었다.

'일본국이 풍랑으로 표류한 우리 나라의 상인 안광安光 등 44인을 돌려보냈다'는 기록도 고려 해상들의 활동이라고 하지만, 이 내용을 자세히 검토해보면 단순히 배를 타고 가던 상인 안광이 표류한 것인지, 아니면 안광이 배를 타고 무역을 하러 가다가 표류를 하게 되었는지 분명하지 않고 안광의 직업이 상인이라는 점만 확인된다. 그를 해상으로 보기 위해서는 다른 사례가 발견되어야 하는데, 고려 해상이 일본에 무역하러 다녔다는 기록이 없다.

이런 점에서 고려의 해상 활동이 소극적이었다는 지적에 주목할 필요가 있다. 태조대 이후 중국에 갔던 고려 해상들의 이름이 사서에 남아 있지 않다. 고려 해상들의 활동에 대해 적극적으로 인정하기 어려운 것은 당시 송상이 고려 무역의 주도권을 장악하고 있는 상황에서 그들과 경쟁하며 이익을 남기기 어려웠기 때문이다.

전왕조인 신라의 장보고가 해상 무역을 통해 급속히 정치적으로 성장하는 것을 보았고, 해상무역에 기반을 두고 성장한 고려 왕실이 해외 무역을 자유롭게 허락할 경우 국가의 권력을 위협할 수 있다는 것에 대해 누구보다 잘 알고 있었다. 고려는 송상이 오직 예성항에만 정박하도록 하고, 관원을 파견하여 출입을 감독하였다. 고려가 개방적인 무역을 한 것 같지만, 실상은 상인들의 진출을 제한하였다. 그 이유는 무역을 국가 또는 왕실의 통제하에 두고자 하는 정책과 관련되었다. 송상들이 고려 국왕에게 많은 예물을 바치고 허락을 받아 교역을 하는 형태를 통해 적지 않은 실리를 취하고 있는 상황에서 고려 정부도 해외무역을 장려할 이유가 없다. 그래서 고려는 일반인들에게 무역을 허용하지 않았고, 왕실 또는 국가의 간여하에 서만 가능하도록 하였다. 거란과 금이 멸망하던 시기에 그들이 무역을 요 구해오자 변방 사람들의 무역을 단호하게 금지한 까닭이 거기에 있었다.

고려가 송·일본·대식 등의 여러 나라와 무역을 한 것은 사실이다. 그러 나 고려의 상인들이 배를 타고 해외로 나가는 무역이 아니라, 개경에 근접 하고 왕실의 출신 기반이었던 예성강의 벽란도만을 개방하고 송·아랍 상 인들과 일본 상인 및 사절들을 상대로 무역하는 것이 주를 이루었다. 따라 서 원 간섭기 이전 고려의 해상 활동은 거의 없었다고 이해하는 것이 사실 에 부합한다고 생각된다.

제3장
거란과의 무역

1. 외교무역

1) 사행의 종류와 무역

대송무역이 사신의 왕래를 통한 무역과 송상을 통한 무역으로 이원화되었으나 거란과의 그것은 외교 관계에서 이루어지는 무역이 대부분을 차지하였다. 특히 사신의 왕래가 송에 비해 매우 잦았다는 점에 주목할 필요가 있다. 거란이 고려에 보낸 사신은 동경지례사東京持禮使·횡선사橫宣使·책봉사·칙제사勅祭使와 고려왕의 생신사生辰使 등이 있었다.

이에 비해 고려가 거란에 보낸 사신은 매우 많아서 약 30여 종류가 있었는데, 대표적으로는 방물사方物使(進奉使)·하정사賀正使(正旦使)·사계문후사四季問候使·절일사節日使·태후생신사·동경지례사東京持禮使 등의 정기 사절과 거란의 보빙사報聘使·횡선사·책봉사·칙제사 등에 사은사謝恩使 및 회사사回賜使, 거란의 개원改元, 책례거행冊禮擧行에 대한 축하 사절 등이 있었다. 이 가운데·방물사·고주사·사은사 등의 명칭은 송과 같으나 그 보다 훨씬 다양한 사신이 거란에 파견되었다.

이처럼 고려의 사신이 너무 자주 찾는 것에 부담을 느낀 거란은 1022년에 동경지례사 이극방李克方을 보내 '춘하계문후사春夏季問候使를 한 번씩만 보내되 천령절하례사千齡節賀禮使와 정단사正旦使를 동행하도록 하고 추동계문후사秋冬季問候使도 한 번씩 보내되 태후생신하례사太后生辰賀禮使와 동행하도록 하였다. 이것은 1년에 7차례 가야할 고려의 사신을 두 차례

〈거란지리도〉

거란의 주요행정구역을 그려 넣은 지도이다. 가운데 수도인 상경上京이 있고, 오른쪽 끝 하단부의 강 오른 편에 고려·백제·신라계라고 표시하였다. 지도에서 주목할 곳은 오른 편 중앙에 있는 동경東京으로, 고려와 경계를 접하고 있었기 때문에 유수관이 독자적으로 여러 차례 고려에 사신을 보내고 외교 문서를 주고 받았다.

로 묶어 한꺼번에 오도록 한 조치로 고려의 사신이 자주 왕래함에 따라 사행길 주변에 사는 백성들이 고통을 받는 것을 덜어주기 위한 것이었다. 하지만, 사신의 수는 춘계문후사와 하계문후사를 합쳐 춘하계문후사로, 추계문후사와 동계문후사를 합쳐 추동계문후사로 하였을 뿐 나머지는 그대로 유지하도록 하였고, 이후에 고려에서 가는 사신의 종류도 더 많아졌다. 고려가 여러 명목의 사신을 보낸 이유는 사행을 통해 경제적 이득을 얻었기 때문이다.

고려와 거란의 외교는 무역상에서도 사신교환에서도 일방적인 것이 아니라 책봉국인 고려의 주체적인 점이 돋보인다. 거란이 고려에 보낸 사신에서도 그러한 특징이 있었다. 거란의 책봉사는 고려에서 왕을 책봉한 뒤 그에 걸맞는 복식을 하사하였고, 1057년에는 거란의 황제가 고려 국왕뿐만 아니라 왕태자도 책봉하고 복식을 하사하였다.

다음으로 1023년 7월에 거란은 책봉국왕인 고려 현종의 생신을 축하한 것을 비롯하여 고려 국왕의 태후 생신에 사신을 보내왔다. 1085년(선종 2) 9월에 거란이 어사중승御史中丞 이가급李可及을 고려에 보내 왕의 생신을 축하하였는데 기일期日에 이르지 못하자 고려 사람들이 그를 조롱하기도 하였다. 본래 황제가 제후의 생신에 사신을 보내 축하하는 것도 특별한 사례였으나 고려 사람들은 기일이 늦은 것을 따질 정도로 당연히 여겼던 것이다. 횡선사를 비롯해 종주국인 거란이 보내는 정기 사신이 있었다는 사실은 당시 고려와 거란의 외교를 단순히 조공·책봉국의 관계만으로 설명해서는 안된다는 것을 알려준다. 고려가 거란과의 전쟁에서 패하지 않아서 전후 외교관계가 고려에게 다소 유리하게 만들어져 일방적이지 않고 대등한 측면도 있었다.

하생신사賀生辰使는 성격상 생신을 축하하는 사절이기 때문에 황제가 축하의 대상인 고려 국왕 또는 태후에 주는 많은 선물이 있기 마련이다. 횡선사 역시 황제의 정규 사신이므로 마찬가지이다. 반대로 고려에서 거란에 가는 사신은 많은 물품을 가져가지만 적지 않은 회사품을 바랄 수 있었다. 조공 사절은 그 자체의 목적이 방물과 폐물幣物 또는 납폐물納幣物을 바치는 것이 목적이었다. 고려가 보낸 황제 또는 황태후의 생신 사절이나, 국호나 연호를 고친 것을 하례하는 사신, 동지나 원단元旦(새해 첫날, 정월 초하루)을 축하하는 사신 등은 경축일을 경하하는 의미에서 많은 물품을 가져갔다. 사신의 표문은 하례하는 뜻을 문장으로 표현한 것이지만, 방물이나 하례품은 그 뜻을 선물로써 보여주는 것이다.

특별한 날에 멀리서 축하의 뜻을 담아 온 사신들에게 대국인 거란의 황제는 적절한 보상을 하지 않을 수 없었다. 이에 하례의 표를 올리고 선물을 보내준 고려 국왕에게 회사품을 하사하고, 사신들에게는 수고의 대가

〈**거란자명동경契丹字銘銅鏡**〉 국립중앙박물관 소장. 국립중앙박물관, 『고려시대를 가다』, 2009, 99쪽.
개성에서 출토되었으며, 가운데 거란 글자는 한자로 '장수복덕長壽福德'이다. 거란에서 유입되어 실제 사용되었던 것이다.

를 주었다. 결국 거란의 사신이 고려에 오든지, 아니면 고려의 사신이 거란에 가든 상관없이 고려는 외교를 통해 거란의 진귀한 것들을 받게 되어 있었다. 이러한 사정으로 인해 고려는 여러 가지 명목을 들어 사신의 수를 늘리려고 하였던 것이다.

거란도 고려와의 외교를 하면서 무역하기를 바랐다. 거란이 많은 수의 사행을 허락한 것은 고려와의 무역이 절실했던 현실을 반영하는 것이다. 1043년(정종 9)에 온 거란의 사신은 책봉사 소신미蕭愼微·부사 한소문韓紹文 등 133인이었는데, 이것은 순수한 사절의 수라고 이해하기 어렵다. 상당수가 무역을 목적으로 고려에 온 사람들로 여겨지며, 그 수로 보아 활발한 교역이 있었을 것이다.

조공책봉관계는 다분히 형식적인 측면이 있었다. 중국은 조공한 나라에 대해 황제가 준 책력冊曆—正朔—을 사용하고, 일정한 시기와 조공, 사절의 인원, 조공품, 정해진 문서 등의 형식을 준수한다면 조공하는 국가의 정치적 자주성을 보장하였다. 그러므로 고려는 중국왕조의 각종 편의를 제공받으면서 조공한 것 이상의 여러 가지 회사품을 받을 수 있었는데, '후왕박래厚往薄來'라고 표현되듯이 고려에 매우 유리한 것이었다. 고려와 거란의 관계는 고려가 자주성을 인정받으면서도 수많은 사행을 통해 경제적 실리를 얻었다는 점에서 그러한 전형적인 사례에 해당되었다고 생각된다.

2) 고려 공물과 거란의 회사품

　고려와 거란 사이에 활발한 사신 교류가 있었으며 그 과정에서 오고 간 물품은 송과 약간의 차이가 있었다. 『고려사』에는 매·금흡병金吸瓶·은약병銀藥瓶·복두幞頭·사저포紗紵布·공평포貢平布·뇌원차腦原茶·대지大紙·세묵細墨·용수등석龍鬚簟席(문양을 넣은 자리) 등이 있었다. 『거란국지契丹國志』에는 금기金器·금포두金抱肚(금공예품)·금사라金紗羅·금안비마金鞍轡馬(안장 등 장식을 한 말)·자화면주紫花錦紬·백면주白錦紬·세포細布·조포組布·동기銅器·법청주초法淸酒醋·등조기물藤造器物(등나무로 만든 그릇)·성형인삼成形人蔘·무탄목도이無炭木刀儞·세지細紙·먹 등이 있었다. 횡선사에 대한 답례로 갱미粳米(쌀)·나미糯米(찹쌀)와 직성오채어의織成五彩御衣가 있었다.

　송에 보낸 것과 비교하건대 황제의 복식과 칼 등 황제의 권위를 상징하는 것들이 거란에는 없었고, 송에서 평판이 좋았던 먹·종이·인삼 등은 포함되었다. 그리고 사행의 종류에 따라 그 납폐물이 달랐을 것인데, 그릇류, 각종 비단과 베, 인삼 등 세폐로서의 성격을 차지하는 것이 더 많았다. 송에 보낸 것은 비교적 화려하고 많은 장식이 가미되어 정교한 기술이 요구되는 수공업 제품이었던 데 반해 거란에 보낸 것들은 고급이기는 하지만 단순 수공업품이었다.

　거란의 황제가 하사하거나 선물로 보낸 것으로는 국왕 및 태자에 관한 것들이 많았다는 점이 주목된다. 거란은 고려 국왕이나 왕태자를 책봉한 뒤에 그 지위에 맞는 복식이나 의례품 등이 함께 하사하는 것이 상례로 삼았다. 그러므로 3차례의 전쟁이 끝나고 외교가 재개되기 시작한 1022년(현종 13)부터는 책봉 조서와 더불어 수레·의복·의물儀物 등을 보내왔다. 그 후에도 구류관九旒冠·구장복九章服·옥규玉圭·옥책玉冊·상로象輅·의대衣襨·필단匹段·궁전弓箭·안마鞍馬, 왕여로王輿輅, 인수印綬 등이 있었다.

〈왕건초상〉 정학수 제공.
개성 고려박물관에 소장된 고려 태조 왕
건의 초상으로 후대의 상상화이다. 특징
적인 것은 천자―황제―만이 입을 수 있
는 황색의 포를 입었다는 점이다. 황은 오
행상 중앙을 뜻하므로 천자에게만 허용된
색이다. 또한 의례 때에 쓰던 면류관에 12
줄의 구슬을 늘어뜨린 것은 천자를 의미
한다. 고려가 천자국을 자처하며, 왕을 천
자라고 생각했기 때문에 이러한 복식을
했던 것이다. 그러나 거란의 황제는 고려
국왕을 책봉하면서 제후에 해당되는 구류
관九旒冠 · 구장복九章服 등의 복식을 보내
왔다.

또한 왕세자에게 구류관 · 구장복 · 아홀
牙笏 · 죽책竹冊 · 혁로革輅 · 의대 · 필단 · 안
마 · 궁전 · 술 · 왕세자 거로 등을 보냈다.

거란이 왕의 복식과 의장을 주요 물품
으로 준 것은 고려 국왕을 제후 또는 황
제에 대한 왕의 지위로 인정하고 그에 걸
맞는 거란의 복식과 의물을 하사하여 고
려 국왕이 거란의 신하가 되었음을 드러
내게 하는 목적이었다. 고려 국왕은 문화
적으로 동경하던 송 황제의 하사품에 미
치지는 못하지만, 동아시아 지역의 군사
적 패권을 잡고 있던 거란 황제의 하사품
을 사용하여 자신들의 권위를 높이고자
하였다. 양자의 이해가 적절히 어우러졌
던 것이다.

그 밖에 태조대에 거란이 낙타와 모전
毛氈 등을 보낸 바 있으며, 993년에 소손
녕蕭遜寧과 담판에 성공한 서희는 거란의
진영에서 되돌아 올 때 낙타 10수首 · 말
100필 · 양 1,000두와 금기라환錦綺羅紈(비
단) 500필을 선물로 받았다. 그리고『거란
국지』에는 서옥요대犀玉腰帶 · 금도안비마
金塗鞍轡馬(금도금한 안장과 코뚜레를 한 말) · 산마散馬(꾸미지 않은 보통 말) · 궁전기장
弓箭器仗 · 세금細錦 · 기기綺 · 능라 · 의착견衣著絹 · 양 · 술 · 과자 등이 기록되어
있다. 이러한 비단과 양 · 술 · 과자 등은 일반 하사품이었을 것이다.

2. 문화 및 기술 교류와 각장

1) 문화 및 기술 교류

거란은 북방의 유목민족이 세운 나라이지만, 921년에 정주定州를 공격하고 많은 사람을 잡아 갔으며, 947년에 거란의 태종은 변경汴京(개봉)을 공격하여 성내의 각종 수공업에 종사하는 백공 등을 상경성으로 끌고갔다. 정주는 구리가 많이 나고, 오랫동안 도자 수공업 등이 발달한 곳이었다. 잡혀간 한족 수공업자들은 거란족 다음의 대우를 받으며 거란의 수공업 기술과 문화를 발전시켰다. 그후 고려와 거란의 사신이 왕래하면서 자연스럽게 거란의 문화와 기술이 고려에 전파되었다.

고려가 거란과 사대외교를 하면서 가장 받고 싶었던 것은 대장경이었다. 송이 태조와 태종대에 국가적 사업으로 대장경 조판을 추진하자, 거란은 이에 맞서 중국의 고승을 초빙하여 같은 사업을 진행하고 1059년에 마무리하였다. 이 결과로 인쇄된 대장경은 1063년(문종 17), 1099년(숙종 4), 1107년(예종 2) 등 여러 차례에 고려에 전해졌는데, 거란의 황제가 고려 국왕에게 준 회사품 가운데 하나였다. 특히 추가로 조판된 대장경을 준 것은 고려가 송과 국교를 재개한 것에 대한 회유책이었다고 한다. 이 때 거란의 대장경에 『석마하연론釋摩訶衍論』이 포함되었으며, 1097년에 거란의 사신 야율사제耶律思齊가 경록대사慶錄大師가 집성한 「마하연론기문摩訶衍論記文」을 가져왔다. 그것이 의천의 『교장총록』 등에 수록되어 다시 송과 일본에 전해졌다.

고려와 거란 사이에는 사적인 무역이 이루어지지 않았으므로 거의 대부분 거란이 고려에 회사품을 주거나 고려의 사신이 예술품을 보고와서 고려의 장인에게 알려준 것들이었다. 그 대표적인 것으로 도자기 제작과 불교 미술이 있었다. 거란의 도자와 고려청자 사이 유사점을 가장 잘 지적할 수 있는 유물로는 청자어룡문필가와 요삼채인화어룡문필가가 있다. 거란 자기의 어룡문, 죽학문, 파초문 등의 문양이 고려청자에 영향을 주었다. 12세기 도자기와 공예품의 문양으로 유행한 포류수금문은 거란과 관련되었고,고려의 수파문기水波文器는 거란을 통해 유입된 것이다. 고려 젓가락의 대나무 문양은 11세기 거란의 내몽고·요녕성 지역에서 유행했던 것이며, 고려에서는 금속이나 청자 주자의 손잡이로 장식되었다. 그리고 자기를 성형한 뒤 낮은 온도에서 1차 번조하고, 유약을 입혀 다시 굽는 2차 번조법과 상감기법 등은 거란의 북방계 자기 기술을 받아들인 것이었다.

거란사契丹絲는 그 품질이 우수하여 그것으로 만든 거란의 모직물은 고려 지배층의 방한 의류로 인기가 있었다. 1185년(명종 15) 궁중에 견사가 떨어지자 서북면병마사로 하여금 금의 상인과 밀무역을 통해 거란사 500 속束을 구매하게 할 정도였다. 물론 이 때는 거란이 멸망하였기 때문에 금과의 무역이었을 것이지만, '거란사'라는 명칭이 그대로 불리워지고 있다는 것 자체가 품질과 명성을 알려주는 것이다.

'거란에서 항복한 포로 중 정교한 솜씨를 가진 공장을 왕부에 머물게 하였는데, 요즈음 기복器服이 더욱 공교하였고, 겉을 장식하고 꾸며서 예전의 순수하고 질박한 것을 회복하지 못했다'고 평가한 서긍의 말과 같이 고려와 거란의 전쟁 때에 포로로 잡힌 거란 수공업자들이 고려에 정착하면서 직접적으로 고려 수공업을 발전시켰다. 한국 금속 공예사상 최고의 조형미를 보여준 11·12세기 고려 금속공예품은 고려인들의 탁월한 조형능력 및 미의식과 더불어 거란과의 외교 교류와 귀화한 거란의 장인들을 통한 북방문화의 유입과 토착화 과정을 거친 것이다.

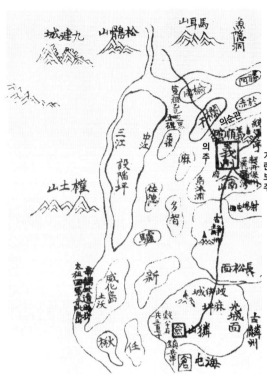

2) 거란의 각장榷場 설치와 그 실제

고려와 거란의 무역에서 논란 거리가 되는 것이 각장이다. 각장은 국경을 맞대고 있는 양국의 백성들이 필요한 물품을 교역하는 호시장互市場이다. 양국의 각장은 1005년(목종 8)에 국경지역인 진무군振武軍과 보주保州에 설치되었다. 그러나 1010년(현종 1)에 거란의 침입으로 폐쇄되었고, 1014년에 거란이 보주와 정주를 차지하고 다시 각장을 설치하였는데 거란의 3차 침입으로 기능을 할 수 없었다.

이후 고려가 거란의 책봉국이 되고 오랫동안 국경 지역이 평화로웠으며 양국간에 각장을 설치하려는 시도는 없었다. 그런데 1086년에 선종이 문종에 이어 대송통교를 지속하려 하자 갑자기 각장을 설치할 것임을 고려에 알렸다. 거란은 압록강변의 보주에 각장을 설치하여 양국간 국경분쟁이 지속되고 있는 압록강 지역 경계를 공식화하고 정치·군사적으로 고려를 압박하는 동시에 압록강 이동 지역의 생산물을 보다 쉽게 조달하려 했다. 고려는 여러 차례 사신을 보내 그 부당함을 지적하였다. 가장 중요한 골자는 994년에 거란과 고려가 맺은 협정에서 보주를 고려의 영토로 인정했으니 그곳에 각장이 설치되어서는 안된다는 점이다. 왜냐하면 고려의 입장에서 그 동안 영토 분쟁이 되어 왔던 보주에 거란의 각장이 서고 그곳에서 거래하도록 하는 것은 사실상 거란의 영토임을 승인하는 결과를 가져오기 때문이었다. 고려는 강력하게 반발하며 외교적인 노력을 펼친 결과, 마침내 거란은 고려에 사신을 보내 각장의 설치를 포기하겠다는 공식적인 통보를 해왔다. 선종대 각장 문제는 고려가 원하는 방향으로 해결되었다. 고려는 거란의 각장 설치 시도를 저지하여 이로 인해 야기될 수 있는 군비 및 시설의 증강을 막고, 고려의 대외정책 결정에 영향력을 행사하려는 거란의 의도를 봉쇄하였던 것이다.

거란의 각장 설치 시도를 두고, 양국의 국경에서 교역이 이루어졌다는 주장이 있다. 더 나아가 각장의 설치를 고려가 반대한 이유 가운데 하나로서 교역의 주도권을 지키려했다거나 각장의 설치로 인해 고려와 여진의 무역이 막히는 정치·경제적 위기를 타개하기 위해 철폐했다는 설명을 하기도 한다. 모두 각장이 호시로서의 역할을 했다는 것을 전제로 하는 견해인데, 생각해볼 여지가 있다.

각장이 국가간의 호시장으로 거란이 국경에 설치한 것은 분명하다. 그러나 호시는 말 그대로 상호간에 이루어지는 것이어서 거란이 대규모의 각장을 설치했다고 하더라도 고려가 그것을 인정하지 않고 무역에 응하지 않으면 아무런 기능을 할 수가 없었다. 또한 현실적인 이유로 경제문화적으로 뒤떨어진 거란과의 무역을 통하여 고려가 얻을 수 있는 것이 별로 없었던 것이다. 거란이 3차례 각장을 설치하였으나 결국은 실패했던 이유이다. 1014년에 거란이 압록강에 있는 섬을 군사적으로 점령한 이후 국경지역에 설치된 각장을 고려가 이용하는 것은 거란의 불법 점유를 인정하는 것이므로 그곳에서 교역을 해서는 안되었다.

게다가 고려는 일반 개인들의 사적인 무역은 허락하지 않았다. 그래서 1108년(예종 3)에 여진의 공격을 받아 포위되고 식량이 떨어진 거란의 장수가 손해를 보면서까지 자신들의 재화와 고려의 쌀을 바꾸자고 했을 때 변방의 수령은 백성이 매매하는 것을 금지하였다. 뒤에 도병마녹사都兵馬錄事 소억邵億을 파견하여 쌀 1,000석을 보냈으나 내원성來遠城의 통군統軍이 사양하고 받지 않았다고 한다. 두 기사가 연관이 된 것은 분명하다. 변방의 수령이 거란의 다급한 사정과 유리한 조건을 알고서도 매매를 금지하였고, 고려 정부는 대신 무상으로 쌀 1,000석을 보냈다.

이는 차라리 많은 이익을 포기하고 무상으로 원조하는 한이 있더라도 일반 개인들에게 다른 나라와 무역을 하지 못하도록 하겠다는 고려의 전통적인 입장을 보여준다. 이러한 상황에서 거란이 각장을 설치한다고 해서 제대로 기능했을 리 없다. 따라서 고려와 거란 사이의 각장 무역은 초기에 한해 제한적으로 이루어졌다고 이해해야 한다.

제4장
금과의 무역

1. 외교무역

1) 사행의 종류와 무역

대금무역에서 주요한 비중을 차지하는 것은 거란과의 무역과 같이 외교무역이었다. 고려에서 금에 가는 사신은 방물을 바치는 진봉사進奉使, 천수절 및 만수절 등 금황제의 생일을 하례하는 절일사, 동지와 신년 하례를 하는 하동지사와 하정사, 고려 국왕의 생일에 사신을 보낸데 대한 사례로 가는 하생일사, 3년에 한번씩 보내는 횡선사에 대한 답례로 파견되는 사횡선사 등이 있었다. 그밖에 비정기적인 사절은 사책봉사·고주사·사선유사謝宣諭使(謝宣慶使)·하등극사賀登極使·봉위사奉慰使·제전사祭奠使·회장사會葬使·칙제사勅祭使(國喪의 조문) 등이 있었다.

반대로 금이 고려에 보내는 사신은 고려 국왕 생일사·횡선사와 의전문제나 국내 정세를 알리기 위한 선유사宣諭使(선경사), 고려 국왕을 책봉하기 위해 오는 책봉사 등이 있었다. 흉사와 관련되어 고려에 오는 금의 사신은 제전사祭奠使(칙제사)·조위사弔慰使(慰問使)·기복사起復使·낙기복사落起復使 등이 있었다. 이에 대한 답례로 고려는 사칙제사謝勅祭使·사기복사謝起復使·사낙기복사謝落起復使 등을 보냈다. 그런데, 고려와 금의 사절 왕래 가운데 금의 하생일사와 고려의 사하생일사, 금의 횡선사와 사횡선사의 파견시기가 6월과 11월로 일정했던 것은 물산이 모이는 시기에 무역하기 위한 것이었다. 또한 금에 들어간 고려 사절들은 12월 및 정월 하례를 중심으로 사행무역을 하였다.

전체적으로 고려가 금에 파견한 사신의 종류는 거란에 비해 적었으나 정기 사행을 중심으로 횟수는 오히려 더 많아졌다. 그 만큼 양국간의 조공과 회사를 통한 물품 교류 기회와 양이 더 늘어났음을 의미하는 것이었다. 특히 1199년(신종 2) 4월에 고려에 왔던 책봉 사절단의 규모는 정사·부사와 더불어 상절上節 18명·산상절散上節(상절에 준하는 사신) 14명·중절中節 27명·하절 100명, 강담부綱擔夫(짐을 운반해주는 사람) 100명 등 총 261명이었으며, 수레 21대와 말 14필 등도 함께 왔다. 이는 거란 사절에 비해 두 배가 되는 규모였으며, 짐을 나르는데 많은 수레, 말, 강담부 등이 동원되었다는 것은 그들이 매우 많은 물품을 고려에 가져왔음을 알려준다.

그러나 통상적으로 고려도 금황제의 하사품에 답례를 하고, 총 261명에 이르는 대규모 사절단에게 선물의 종류와 양은 다르겠지만 선물을 해야했다는 점에서 고려의 재정부담도 적지 않았을 것이다. 그렇다고 해도 고려가 금보다 많은 지출을 했으리라 여겨지지 않는다. 양국간에 사행을 통해 많은 교역 기회가 있었으며, 조공과 회사품, 사행 무역 등 여러 형식을 통해 무역이 이루어졌다. 고려와 금과의 관계 속에서 사신 왕래 횟수가 증가하고, 왕래 사절단의 규모가 거란에 비해 커졌다는 것은 그에 비례해서 무역의 규모도 확대되었음을 의미한다.

양국간에 외교무역을 통해 오고간 물품 가운데 주목되는 것은 고려 국왕의 책봉에 따라 준 복식과 의물인데, 1142년에 구류관九旒冠(제후의 면류관)·구장복九章服(제후의 의복)·옥규玉珪·금인金印·옥책玉册·상로象輅(제후가 타는 수레)·말·의대衣襨·필단匹段·기용器用, 안비마鞍轡馬·산마散馬 등이 있었다. 1172년에는 구류관·구장복·옥규·옥책·금인·타뉴상로鼉紐象輅·말·의복·세의착細衣著·세궁細弓·조령대전鵰翎大箭(수리의 깃털로 만든 화살)·안비마·산마 등이었고, 책봉과 별도로 옥대를 준 경우도 있었다. 이 사례를 보건대 대체로 거란과 유사하였다. 거란에 이어 금도 고려 국왕을 책봉한 뒤에는 그 지위에 걸맞는 물품을 보내는 것을 상례로 삼았던 것 같다.

금의 회사품으로는 의대·서犀·견絹·필단 등이 있었고, 양 2,000두를 보낸 경우도 있었으며, 횡선사를 통해 전해지는 양은 거란의 영향을 받은 것이었다. 사절단이 고려에 오면서 함께 양 2,000두를 끌고 오는 것이 쉽지 않았던 만큼 그것은 아마 고려의 위상을 반영하는 것이며, 그 재화적 가치도 매우 컸으리라 생각된다.

이에 반해 고려가 금에 보낸 것으로는 1130년(인종 8)에 고주사의 예물이었던 어의·의대·은기·차

〈백지흑화모란당초문병白紙黑花牧丹唐草文瓶〉 국립중앙박물관 소장. 국립중앙박물관, 『고려시대를 가다』, 2009, 102쪽.
금 자주요에서 생산된 도자기이다. 금은 거란을 멸망시킨 뒤 더욱 남진하여 송의 동해안 지역에 있던 많은 도요지를 점령하고 도자문화를 발전시켰다. 자주요의 도자기도 외교 무역의 방식으로 고려에 유입되어 기형과 문양에 영향을 주었다.

등이 있고, 청자지靑磁紙의 사용도 확인된다. 구체적인 물품의 내용과 양은 기록이 남아있지 않다. 송 또는 거란과 유사했을 것이다.

2) 사신 일행의 무역

금과의 무역에서 주목되는 것이 사신들의 사적인 무역이며, 비교적 많은 사례가 있어서 거란 및 송의 사행 무역을 일부 포함하여 서술해보겠다. 사신은 국가의 명을 받아 외국에 파견된 자로서 자신들에게 주어진 임무를 완수할 수 있는 적임자를 선발하였다. 송에 파견된 사신들을 예로 들면,

학식과 인물, 청렴도 등의 기준에 맞는 인물들이 임명되었다.

사신으로 뽑혀 외국에 가는 것은 관인들에게 자랑스런 일이고 때로는 대국의 벼슬까지 받는 영예를 누리기도 했다. 그러나 사행이 쉬운 일만이 아니었다. 교통이 발달되지 않은 상태에서 개경을 출발하여 거란·송·금의 수도까지 왕복하는 것은 많은 시일이 소요되었을 뿐 아니라 기후에 따라 어려움이 가중되었다. 송의 사신이 이용했던 바닷길은 풍랑을 만나 좌초될 위험이 상존하였다. 게다가 고려의 사절이 외교관계의 악화로 인해 억류되는 경우도 있었다. 거란의 2차 침입이 있던 1010년에 거란에 갔던 진적陳頔·이예균李禮均·윤여尹餘·왕좌섬王佐暹 등은 끝내 귀국하지 못하였다.

이러한 여러 가지 위험을 안고서 국가를 위해 외국으로 가는 사신에게 국가에서 대가를 주어야만 했다. 그렇다고 해서 국가가 사행에 참여하는 정사·부사 등의 사신과 그 일행에 대한 공식적인 반대급부를 줄 수도 없었기 때문에 사절단이 물품을 가져가서 사행한 나라의 상인과 무역하는 것을 허용하는 방식으로 경제적 이득을 주었던 것 같다.

따라서 선종 때 중서시랑평장사 소태보邵台輔는 '거란에 들어가는 사신으로 하여금 (북방 변경의 성에서 고생하는 장사들 가운데) 장건壯健한 자를 가려 겸종傔從을 삼아 인하여 거란 강역의 사세를 정찰케 하는 한편 (그 대가로) 호시의 이익을 얻게 하면 사람마다 반드시 다투어 하고자 할 것입니다."라고 건의하였다. 이것은 사신뿐만 아니라 그들을 수행하고 호위하는 자들에게 일정한 정도의 물품을 가져가서 거란의 물품과 교역하는 것을 허락하자는 주장이다. 소태보는 군사들에게 정찰하도록 하고 무역의 이익을 얻게 하자는 것 역시 사신 및 수행원이 각자의 무역할 것을 가져가서 이익을 얻게 하는 것으로 보상하자고 주장한 것이다.

무신정권기에는 '사명使命을 받들고 금에 가는 자가 무역의 이익을 노려 토산물을 많이 가져가니, 운반하는 폐단으로 역리驛吏가 이를 괴로워하므로 개인적인 물품의 휴대에 일정한 액수를 정하고 그것을 위반하는 자의 관직을 빼앗도록 하자'고 재추가 건의하자 명종은 허락하였으나 곧 예전대로 되돌아갔다고 한다. 이 기사에서 언급된 폐단은 많이 가져가는 것이지 가져가는 것 그 자체가 아니었으며, 휴대품에 대한 일시적인 제한마저도 다시 폐지되고 있다.

중국과 고려를 오간 사신 사이에도 개인적인 물품의 하사 또는 사적인 교역이 있었다. 거란의 동경회례사東京回禮使 고수高遂가 개인적으로 능라陵羅와 채단彩緞을 매우 많이 바친 반면, 고려 국왕으로부터 술과 음식 및 의대를 하사받았다. 한편 거란 황제가 고려 사신에게 준 것이 『거란국지』에 자세하게 기록되었다. 사신에게 금도은대 2조, 의 2습, 금기錦綺 30필, 색견 100필, 산마 5필, 궁전기장 2부와 술·과일을 주었고, 고위 사절의 종인從人에게 백은대白銀帶 1조, 의 1습, 견 20필, 마 1필, 자릉대삼紫綾大衫 1령을, 하위 사절의 종인에게 의 1습, 견 10필, 자릉대삼 1령을 주었다고 한다.

고려의 사신이나 수행원이 외국에 가서 그들의 지위에 따라 황제로부터 적지 않은 하사품을 받은 것은 어려운 여정을 거쳐 온 것에 대한 위로와 치하의 의미이다. 이에 반해 사절단이 개인적으로 가져간 것들은 자신들의 이익을 얻기 위한 것이었다. 정사와 부사는 국가의 공물이나 납폐물 이외에 개인적으로 준비한 물품을 헌상하였다. 그것은 송과 거란의 사신 접견의례에 포함된 공식적인 행사의 하나로 1132년 송에 갔던 최유청은 국가에서 보낸 금 100냥, 은 1,000냥, 능라 200필, 인삼 500근 이외에 개인적으로 바친 것이 그 1/3이 될 정도였으며, 송 황제는 그에게 금대를 주었다고 한다. 송은 고려 국왕에게 주는 것 이외에도 고려의 사신을 접대하는데 수만냥이 든다고 하였다. 그 속에는 사신 및 그 일행에 대한 특사품이 포함되었을 것이다.

금에 파견된 사신도 유사했을 것이며, 그에 대해 보답을 해야하는 금에 적지 않은 부담을 주었기 때문에 1165년에 금의 세종世宗이 고려 사신이 개인적으로 예물을 바치는 것은 하夏의 사신들에게 없는 전례典禮라 하여 폐지하였던 것이다. 이것은 고려의 사신들이 송과 금의 황제에게 사적인 헌상을 하고 선물을 받았다는 것과 일치하며, 거란도 마찬가지였을 것이다.

금에 가는 사신이 적지 않은 이익을 얻었다는 것은 『고려사』 권128, 정중부전에 붙어있는 송유인宋有仁의 기록을 통해 확인된다.

> (송유인이) 참지정사로 승진하였다. 구례에 재상이 봉사奉使하여 금에 갈 때 그 겸종傔從(관인이나 사절을 시종하는 자)의 수가 정해져 있었으며, 무역의 이익을 바라는 자는 사신에게 은 여러 근을 뇌물로 준 뒤에 따라갈 수 있었다. 내시낭중內侍郎中 최정崔貞이 생일회사사生日回謝使가 되자 송유인이 자신의 종을 데리고 갈 것을 부탁하였으나 최정이 재화를 받고 넣어준 자의 수가 이미 찼으므로 들어주지 못하였다. 그 종이 주인의 세력을 믿고 갔지만 금나라 사람이 검열하고 돌려보냈다. 최정이 돌아온 뒤 연좌되어 면직되었다.

이 기사에서 사신의 겸종이 되기 위해 은 여러 근을 준 것은 사신을 따라가게 되면 그것을 준 것 이상의 이득을 얻을 수 있었기 때문이다. 겸종의 예를 보건대, 정식 사절은 그들보다 큰 이익을 얻었음이 분명하다. 또한 사신은 정해진 범위 내에서 겸종을 데려갈 권리가 있었으므로 선정하는 과정에서도 이득을 취할 수가 있었다.

반면에 의종 초에 이공승李公升은 전중시어사殿中侍御史로 재직시에 사명을 받들고 금에 갔는데, 당시에 금에 사신으로 가는 자는 관례처럼 관하의 군인에게 은을 한 사람에 한 근씩 받았지만, 이공승은 1전錢도 취하지 않아서 사람들이 그 청렴함을 탄복하였다고 한다. 이에 의종이 한밤에 청녕재清寧齋에 가서 이공승을 지목하여 말하기를, "가을달이 맑게 개어 한

점의 티끌도 없으니 정히 이공승의 가슴속과 같도다"라며 칭송하였다. 이 일화는 이공승이 1148년 11월에 방물을 바치러 금에 갔을 때의 일이다. 그는 정사正使로서 수행하는 군인을 뽑을 권한이 있었기 때문에 은 1근을 받을 수 있었으며, 그것에 대해 뇌물이라고 표현하지 않았다.

이공승은 사행의 기회를 이용하여 많은 이익을 얻을 수 있었는 데도 누구에게도 은을 받지 않아 특별히 기록되었을 것이며, 그 밖에 다른 사신들은 최정처럼 은을 당연하게 받았을 것이다. 외국에 사행하는 것은 고된 일이어서 그 대가로써 국가는 사신들의 개인적인 물품의 휴대와 교역을 허용하고 사신들이 사절단의 참여자들에게 일정 비용을 받은 것을 묵인하여 적지 않은 경제적 이익을 보장하였던 것이다.

왕실이나 관인층 모두에게 사신의 왕래는 이득을 주는 일이었다는데 공감하고 있었던 것 같다. 그 결과 거란과 책봉관계를 맺고서도 송과 다시 통교하고, 거란에 이어 금에 대해서도 여러 가지 명목의 사행을 하였다. 그러나 그로 인해 발생하는 재정의 소모와 백성들의 어려움 등을 지적하여 사신의 파견 횟수를 줄이자는 건의가 없었다. 그러한 상황이 수백년간 지속되었던 것은 외교와 그에 부수된 무역을 통해 국왕은 권위를 높이고 왕실의 재정 수입을 늘렸고, 사행에 참여하는 관인들은 무역의 이익을 보장받았기 때문이다. 국왕과 관인 간의 이해가 맞아떨어져 오랫동안 유지되었던 것이다.

2. 각장무역과 국경무역

거란이 여러 차례 국경에 각장을 설치하고 무역을 하려하려 했으나 고려측에서 응하지 않아 사실상 기능을 하지 못하였던 데 반해, 고려와 금의 국경에는 각장이 설치되고 실제 교역이 이루어졌다. 압록강변의 보주를 고려가 되찾으면서 고려와 금 간에 국경분쟁이 없었던 점이 양국의 각장 무역이 가능해진 가장 중요한 배경일 것이다. 고려의 변경 지역에서 무역이 이루어졌다는 것은 1185년에 서북면병마사 이지명李知命이 명종의 지시를 받고 용주龍州의 저포紵布를 거란사와 교역하여 바쳤다는 기록과 『동문선』 권6에 있는 김극기金克己의 〈각장〉이라는 시를 통해 확인된다.

(전략: 갑자기 금의 사신이 온다는 소식을 듣고 급히 마중 나감)
물결처럼 달려 비로소 침수관枕水館에 이르렀고,
휘당麾幢 앞에 몸을 굽혀 절하고 머리를 조아리다.
한 무리의 군사는 서쪽 강을 건너,
반 리의 규벽전圭璧田을 가로 질렀다.
문득보니 전려氈廬가 들 가운데 저자에 있는데,
높은 깃발이 펄럭이고 북소리가 울린다.
큰 상인의 돈피 갖옷은 손을 지질 것 같고.
거친 콧김은 바로 올라와 구름과 연기를 이룬다.
한 푼을 서로 다투면서 재물을 거두고,
수레에 실으니 굴대가 부러져 어깨에 멘다.
촌뜨기는 얼굴이 추하고 입이 어눌해,
달콤한 데에 속아 넘어 가는 것 참으로 가련하다.
연민燕珉(값싼 옥)을 형박荊璞(귀한 옥)으로 속아 사나니
어느새 주머니의 삼만 량이 모두 흩어졌다.
어진 이나 어리석은 이 모두 이익을 다투는데,
때에 나는 우두커니 멍청하게 앉아 있구나(후략)

이 시에 의하면 각장은 압록강변의 고려쪽 들판에 있었으며 상인들은 천막을 치고 물품을 팔았다. 큰 상인들은 매우 귀한 돈피 갓옷을 입고 장사했고, 매매한 후에는 산 물건을 수레나 어깨에 메어 날랐으며, 수레의 굴대가 부러질 만큼 큰 거래도 있었다. 그리고 세상 물정에 어두운 사람이 각장에서 물건을 사다가 속아서 손해를 보는 경우도 있었던 것 같다. 김극기 자신은 이익을 추구하는 상인들과 달리 초연해 있음을 강조하고 있지만 시가 주는 전체적인 느낌은 각장에서 활발한 상거래가 이루어지고 있다는 것이다. 각장이 국경지대에 있었으므로 금나라 사람의 출입이나 고려인의 무역은 모두 국가의 허가나 승인하에 진행되었을 것이다. 이 시는 고려영토 내의 각장을 표현한 것이며, 금의 영토에도 또 다른 각장이 있었는지는 알 수 없다.

양국의 각장 무역은 변화를 겪게 되는 것 같다. 12세기초 선무사宣撫使 포선만노蒲鮮萬奴가 요동에서 반란을 일으켜 대진大眞(東眞)을 건국하자 쌀이 부족해진 금은 고려에 두차례 첩을 보내 쌀을 팔아줄 것을 요청하였으나 고려는 변방의 관리로 하여금 거절하게 하였다. 이에 1215년(고종 3)부터 금나라 사람들이 병란과 물자 고갈로 인하여 다투어 진보珍寶를 가지고 의주·정주靜州의 관외關外에 와서 미곡을 매매하였다. 이 때 은 1정錠에 쌀 4~5석을 바꾸었으므로 상인들이 다투어 많은 이익을 얻고자 했다. 비록 국가―고려―가 엄한 형벌을 하고 물화를 몰수하였지만, 사람들이 탐욕을 부리고 부정하는 것을 꺼리지 않아 몰래 매매하는 것이 끊이지 않았다고 한다. 고려가 금의 미곡 매매 요청에 응하지 않아서 의주와 정주의 관밖에서 쌀의 교환이 이루어졌던 것 같다. 이러한 고려의 결정은 압록강 이북 지역이 포선만노의 반란으로 전란의 와중에 있었다는 점을 고려한 정치적인 판단이 들어있는 듯한데, 각장 무역이 중단되어 있었던 것만은 분명하다. 그 뒤 1218년에 금의 강력한 요구로 각장이 재개되었다.

1224년에 동진의 포선만노가 편지를 보내 본국―동진―은 청주靑州(함남 북청)에 귀국은 정주定州(함남)에 각각 각장을 두어 이전대로 매매할 것[依前賣買]을 요청하였다. 청주와 정주는 연안항로를 이용한 선상船商의 활동 지역이었다. 이전대로 매매하자는 것은 얼마 전까지 고려와 금에 설치했던 각장의 예에 준거하여 운영하자는 뜻이다. 각장의 교역이 일시 중단되었던 것인데, 이 제의로 다시 설치되었는지는 확실하지 않다.

상인들이 이익을 노려 몰래 금과의 무역을 하고 있다는 데서 볼 수 있듯이 국가의 허가를 받지 않은 국경무역도 있었다. 1101년(숙종 6)에 정주장定州長 금남今男이 관고官庫의 철갑鐵甲 4부部를 훔쳐서 동여진에게 팔았다가, 이 사실이 발각되어 처형되었다. 1185년 정월에 명종은 부임 인사를 하러온 서북면병마사 이지명에게 '비록 의주가 양국의 호시를 금하여도'라며, 용주 창고의 저포를 거란사와 교역하여 보낼 것을 지시하였고, 이지명은 그것을 수행하였다. 이처럼 국경 지역 가까운 곳에서 국가의 감시를 피해 주변 국가나 민족들과의 무역이 있었을 것이지만, 금남과 같이 관고의 물건을 훔친 경우가 아니라면 보고되지 않았을 것이므로 기록으로 남은 것은 매우 적었을 것이다. 고려와 금의 국경 무역 양상이 확인되기 어려운 이유이다.

제5장
원과의 무역

1. 외교무역

1) 고려의 공물

고려가 책봉국 원에 대하여 제후국의 의무인 조공을 바치는 것은 당연하였으므로 고려의 특산품인 방물이 몽골―원― 황제에게 헌상되었다. 하지만, 그 종류와 물품이 오대나 송·거란·금에 비해 많은 차이가 있었는데, 원의 정치적 영향력이 그 이전의 중국 왕조와는 비할 바 없이 컸기 때문이다. 또한 예전처럼 고려가 많은 정성을 들여 공물을 준비해 보내면 황제가 먼 곳에서 온 것을 칭찬하며 더 많은 양의 회사품을 주던 것과는 다른 양상이었다. 이와 같이 조공이 제후국으로서의 의무로 바뀌어 지게 됨에 따라 물품의 종류와 양이 모두 늘어나게 되었으며, 그 대표적인 것은 다음과 같다.

표지表紙·주지奏紙(이상 종이의 일종), 추주포麤紬布, 세포細布(이상 베의 일종), 금은金銀·질좋은 구슬[好珠子]·수달피水獺皮·아람鵝嵐 및 좋은 의복好衣服, 황금·백금·유의襦衣, 나견羅絹·능주綾紬(이상 비단의 일종)·금은주기金銀酒器·화첩畫鵖·화선畫扇, 금종金鍾·금우金盂(금대접)·백은종白銀鍾·은우銀盂(은대접)·진자라眞紫羅(비단), 황칠黃漆, 호랑이 가죽[虎皮], 화문대석花文大席, 인삼, 환도環刀, 제주산 목의木衣·포脯·오소리 가죽[獾皮]·살쾡이 가죽[野猫皮]·누런 고양이 가죽[黃猫皮]·노루 가죽[麂皮]·말안장[鞍轡], 피화皮貨·저포苧布, 금화옹기金畵甕器·탐라 쇠고기, 소유酥油(양과 소의 젖으로 만든 음료), 화불畵佛, 세저포細苧布(좋은 모시), ·직문저포織紋苧布(문양을 넣은 모시), 용석龍席(용무늬 자리)·죽점竹簟(대나무 자리), 웅고피熊羔皮(곰과 염소 가죽)

이들 가운데 종이, 인삼 등 고려의 전통적인 특산품이 포함되었으나 거란·송·금에 보낸 공물과 비교할 때 다른 것들도 적지 않았으며, 품목의 수가 훨씬 늘어났다는 특징이 있다. 이것들을 종류별로 분류하면 모시·비단 등의 옷감류, 금종·은우 등의 금속공예품, 금화옹기 등의 도자기류, 수달피 등의 동물 가죽류, 화문석 등의 가내수공예품 등과 더불어 쇠고기와 소유 등이 있었다. 옷감·금속공예품 등은 그 이전과 같지만, 육류 및 유제품과 동물 가죽 등이 몽골인들의 식성 및 옷입는 습성과 관련되어 추가되었다.

요鷂, 응鷹(이상 새매의 일종), 전견畋犬(사냥개), 꿩, 말 등도 있었다. 동물들은 거란·송·금 등에는 보내지 않았던 것으로 말은 몽골의 군사 전술상 필요한 것이었으며, 그 나머지는 그들 상류층의 사냥 풍습과 관련된 수요가 반영된 것이었다. 매 종류는 몽골인들이 선호하고 수요가 많아서 응방鷹坊을 설치하고 관원을 두어 업무를 관장하게 하는 한편 민호民戶 250호를 배정하여 매를 잡는 일을 맡도록 하였다.

고려가 원에 보낸 방물에는 원 또는 황제에게 바친 것 이외에 별도로 황족들에게 바친 것도 있었다. 황태후에게 해채海菜·말린 생선[乾魚]·말린 포[乾脯], 황태자에게 금선金鐥·주종酒鐘·선선(질좋은 쇠)·진자라眞紫羅·대모초자玳瑁鞘子 등이 전해졌다. 그리고 고려에 온 원의 사신에게 선물을 주었는데, 1353년(공민왕 2)에 원의 사신을 전송하면서 구례에 따라 재추宰樞가 백은白銀 2정, 저마포苧麻布 각 9필, 능綾 3필을 주었으나 받지 않았다고 한다. 원의 사신 일행이 귀국할 때는 관례적으로 전별의 뜻을 담아 물품을 주었음을 알려준다.

더욱 특징적인 양상은 고려를 침입한 몽골군의 지휘관들을 회유하기 위해 고려 국왕의 선물이 자주 전달되었다는 점이다. 그 물품으로는 만루봉개주자滿鏤鳳盖酒子(뚜껑있는 주전자)·대잔臺盞, 세저포細苧布·성마騂馬(붉은색 말)·은도금장안교자銀鍍金粧鞍橋子(은도금하고 금으로 장식한 마구)·만수첨滿繡韂(수를 장식한 마구), 황금·금주기金酒器·백은·은주식기銀酒食器·은병銀瓶·사라금수의紗羅錦繡衣·자사오자紫紗襖子(보라색 비단 옷옷)·은도금요대銀渡金腰帶·주포유의紬布襦衣(비단과 베로 만든 속옷)·수달피·금식안자구마金飾鞍子具馬·산마散馬·세저포細苧布·능사綾紗, 대소잔반大小盞盤(잔과 받침)·의주衣紬·저포紵布, 은·가포加布·추포麤布·마안馬鞍·마영馬纓(말의 가슴걸이 끈), 금은기명金銀器皿·필단匹段·화선畵扇·화첨畵韂(문양을 넣은 마구), 피폐皮幣, 나주羅紬(비단)·입대笠帶(갓과 띠), 은준銀樽·은항銀缸(은항아리)·주과酒果 등이 있었다.

이것들은 고려 국왕이 몽골의 장수들에게 공격을 중단하기 바라며 준 일종의 선물인데, 그 물품들이 황제에게 보낸 것과 크게 다르지 않았다. 본래 1219년에 몽골과 우호적인 형제 맹약을 맺고도 전쟁이 발발했던 것은 몽골 사신이 오만하게 행동하고 과다한 물자를 요구하자, 고려가 이를 참을 수 없는 굴욕과 고통으로 생각하여 반항의 태도를 버리지 않았기 때문이다. 고려는 몽골에 정식 세공을 바치고 장수들에게 여러 가지 공물을 주지 않을 수 없었으나 그 수량과 품질은 언제나 몽골의 요구대로 만족시키지 못했다. 이것은 40여년간 전쟁이 계속되었던 중요한 이유의 하나였다.

고려와 몽골의 외교가 상호주의적인 것이 아니고 일방적이며 지배성이 강한 관계였던 것과 같이, 무역도 형식적 의례에 불과했던 그 이전의 조공무역과 다르게 각종 규제가 많았고 그들의 요구를 채우는 일이 쉽지 않았다. 1259년에 고려 태자가 몽골에 입조하면서 300여필의 말에 국신國贐을 싣고 갔으며, 그 비용은 문무 4품 이상이 은을 각각 1근씩 내고 5품 이하는 포를 차등 있게 내어 충당하게 하였다. 고려가 몽골에 보내는 물품의 양이

〈칭기스칸과 쿠빌라이 초상화〉 대만고궁박물원 소장.
몽골제국을 건국한 칭기스칸과 국명을 원으로 고치고 송을 멸망시킨 쿠빌라이의 초상화이다. 칭기스칸은 건국후 금을 멸망시키고 동서양에 걸친 대제국을 건설하였는데, 그의 재위 기간에는 고려와 몽골이 연합하여 강동에서 거란적을 물리치는 등 우호적인 관계를 유지했다. 쿠빌라이는 1260년에 몽케에 이어 대칸에 올랐으며, 1271년에 국호를 원으로 고쳐 황제가 되었다. 고려와는 오랜 전쟁을 중단하고 정치적 독립을 유지하는 것을 전제로 한 강화를 맺었고, 원종의 태자를 자신의 딸과 혼인시켰다. 이후 태자가 고려국왕으로 즉위하면서 고려는 원 황제의 부마국이 되었다.

매우 많아서 국가재정으로 그 비용을 충당하지 못해 관인들에게 과렴科斂을 거두기까지 이르렀던 것이다.

요컨대, 고려와 중국왕조의 외교무역은 왕실과 국가 재정에 기여하는 바가 있었지만, 몽골―원―관계에서는 그 반대였다. 고려의 조공은 단지 몽골 황제에 대한 충성을 담아 성의껏 마련하여 바치면 되는 것이 아니었다. 언제나 만족할만한 품목과 분량을 보내야 했으며, 때로는 직접 원하는 것을 고려에 요구하기도 했다. 그 이전의 외교무역은 고려에 이익을 남겨주는 것이어서 능동적으로 운영되었다. 그에 반해 몽골―원―과의 그것은 이익이 거의 없었으므로 몽골에 대해 수동적으로 대처할 수 밖에 없게 되었다. 이것이 송과 거란 등의 외교무역과 비교할 때 가장 변화된 양상의 하나였다.

2) 원의 회사품

거란·송·금 등과의 외교를 통한 중국 물품의 유입은 비교적 단순하여 사신이 왕래하며 전하는 것이 거의 대부분이었지만, 원이 고려에 물품을 주는 방식은 여러 가지가 있었다. 물론 양국간의 외교 과정에서 황제가 고려의 국왕 및 왕비에게 하사하는 것은 전과 같아서 서금西錦(비단의 일종), 간금숙릉間金熟綾(금실을 넣은 비단), 양, 금선주사金線紬絲(금실을 넣은 명주실)·색견色絹(염색한 비단)·말·궁시弓矢, 중금重錦(비단의 일종), 저울과 저울추, 골鶻(매의 일종), 해동청海東靑(매의 일종), 약물藥物, 진주로 장식한 옷[眞珠衣], 왕의 옥대玉帶와 왕비의 금포金袍, 앵무, 송의 비각에 소장했던 서적, 화금자기畫金磁器, 왕의王衣, 칼[劍], 선온宣醞(술), 부거浮車(수레) 등을 찾을 수 있다.

이 가운데 복식류, 활과 화살, 수레 등은 책봉을 받은 고려 국왕의 권위를 높이는 것이었다. 양은 몽골의 유목 전통에서 비롯된 것이고, 금면주사·색견·중금 등의 옷감류는 고급스러운 것으로 재화의 성격이 있었다.

황제의 고려 왕실에 대한 하사품 이외에 원 황실의 딸들이 고려 국왕과 혼인하면서 가져왔던 것도 있었다. 1309년(충선왕 2) 충선왕비인 계국대장공주薊國大長公主는 은과 금기錦綺(비단)로 장식한 수레 2량에 50량의 수레가 뒤따라왔다. 그 전장氈帳(장막)은 크고 작은 것이 있었는데, 큰 것은 수레 14대에 실을 만하였다고 한다. 거기에 신고왔던 것은 금옹金瓮(금항아리) 1개, 종鍾 2개, 대종자大鍾子 6개, 지리마종자只里麻鍾子와 패란지종자孛欒只鍾子 및 잔아盞兒 각 10개, 은찰사마銀札思麻 14개, 번병番瓶 2개, 대종자大鍾子 지리마종자只里麻鍾子 각 10개, 패란지종자 14개, 찰라잔아察剌盞兒·찰혼잔아察渾盞兒 각 6개, 관자灌子 2개, 저취로자猪觜濾子 및 호로胡蘆 각 1총撬, 금 40정 29냥, 은 68정 34냥이었다.

이것들은 최고급 물건들로 매우 화려하였다. 이보다 앞서 충렬왕비가 되어 고려에 왔던 제국대장공주나 그 이후의 여러 원 황녀들이 가져왔던

〈금동관음보살좌상〉 국립중앙박물관 소장.
국립중앙박물관, 「고려·조선의 대외교류』
2002, 38쪽.
원 황실의 라마불교의 영향을 받은 밀교적 성
격을 잘 보여주는 불상이다.

것도 이에 못지 않은 귀한 것들이었다. 이들은 당시 최고 수준의 복식을 하고 수레를 탔으며, 사용했던 각종 기물器物도 당대 최고의 공예품이었다. 따라서 이들의 고려 생활은 고려의 왕실이나 상층 귀족들의 생활에 영향을 주었고, 수공업 발전에도 영향을 끼쳤을 것이다.

고려 국왕에 대한 원 황제의 하사품으로 현물이 아닌 화폐를 준 것도 주목된다. 황제는 고려에 파견되는 사신에게 은폐銀幣, 저폐楮幣, 초鈔(보초) 등을 보내 고려 국왕으로 하여금 필요한 물품을 직접 구매하게 하였다. 그에 따라 고려는 국내 거래에서 고려의 전통적인 화폐인 은병을 사용하면서 대원무역에서는 보초를 사용하게 되었다. 처음에 전함의 건조비 등으로 유입된 보초寶鈔(원대에 사용된 지폐)는 단순한 군표軍票에 불과했으나 점점 원 경제권에서 통용되는 공통 화폐적인 성격이 많아졌다. 고려에서는 여전히 은병이나 포 등 현물화폐가 주된 교환수단이었으나 고려가 원의 정치적 영향을 받고 동일 경제권 안에 들었던 데다가 은의 부족에 따라 은화의 주조가 어려워지면서 보초를 사용하였다.

황제가 국왕을 비롯한 고려사람들에게 보초를 준 것은 그 이전까지 없었던 일이었는데, 그 보초는 고려 국왕이 직접 원에 갈 때 사용할 수도 있었다. 그리고 고려 국왕이 고려를 찾는 원의 상인이나 원에 다니며 무역하던 고려 상인에게 물품의 대금으로 지급하고, 그것을 받은 상인은 원에서 다른 물건을 살 수도 있었다. 원은 여러 차례 많은 액수의 보초를 보냈으며

1301년에는 10,000정을 하사하기도 하였다.

고려의 사신이나 공훈을 세운 자들도 황제에게 다양한 하사품을 받았다. 1269년(원종 10) 7월에 일본에 갔다가 왜인과 함께 돌아와 황제를 알현한 신사전申思佺 등은 필백匹帛을 받았다. 1270년에 홍규洪奎는 임유무林惟茂 정권을 제거하는데 참여하고 이어 세자와 함께 몽골에 갔다가, 황제에게 금포錦袍·안마鞍馬를 하사받았다. 1273년에 황제의 즉위를 축하하러 원에 갔던 순안공順安公 종琮은 황제로부터 백금 500근과 저포 800필의 특별한 선물을 받았다.

1273년 7월에 김방경은 삼별초의 난을 평정하고 황제의 명령을 받아 입조하고 금안金鞍 및 채복綵服과 금·은을 받았다. 1280년에 원 황제는 일본 정벌에 참여하는 김방경에게 활·화살·검劍·백우갑白羽甲(갑옷), 장사들에게 활·갑주甲冑·반오絆襖(군복)를 각각 하사하였다. 또한 합단哈丹의 침입을 물리치는데 공을 세운 김흔金忻·한희유韓希愈 등에게 궁시弓矢·안鞍·옥대玉帶와 더불어 은 1정을 상으로 주었다.

황제가 고려 사람들에게 특별히 하사했던 이유는 무신정권을 붕괴시켜 개경환도를 실현시켰다든지, 삼별초의 난을 평정하거나 합단의 침입을 물리쳤다든지 하는 일이었다. 주로 고려와 원이 당면한 중요한 문제였는데, 원 황제가 그들을 치하하고 상을 주었던 것은 정치·군사적으로 밀접한 관련이 있었던 양국의 현실과 위상을 반증하고 있다.

세계 최강국의 지배자인 원 황제의 하사품은 그 자체로 당대 최고 수준의 기술이 고려에 전해진 것이었다. 그 가운데 일본 정벌에 참여한 지휘관과 군사들은 그 수가 매우 많았으므로 그 만큼 고려와 원 사이의 문물교류에 끼친 영향도 컸을 것이다.

3) 사신 일행의 무역

고려가 대몽항쟁을 마치고 개경으로 환도한 뒤, 원에 대한 정치적인 종속성이 강화되고 국가 차원에서 외교를 통해 얻어지는 수익이 감소되었지만, 사행 무역이 많은 이익을 보장해주었다는 것은 그 이전과 마찬가지였다. 그러한 실정은 원종대 몽골에 사신으로 갔던 주영량朱英亮의 뇌물 사건이 알려준다. 1263년(원종 4) 4월에 예빈경禮賓卿 주영량과 낭장 정경보鄭卿甫는 몽골에 가서 표와 방물을 바치고 8월에 귀국하였다. 그런데 그해 12월에 주영량과 정경보가 17명에게 뇌물을 받고 사절단으로 참여시켜 원에 가서 무역하도록 했던 일이 발각되었다. 이에 원종은 뇌물로 받은 은병 170구와 진사眞絲 7백근을 몰수하고 두 사람 모두 섬에 유배하였으며, 주영량에게 은 9근, 정경보에게 은 7근을 각각 추징하였다고 한다.

이 기사를 보건대 원에 가는 정사나 부사가 되면 사절에 참여할 자를 선발하는 권한이 있었던 것은 이전 금에 갈 때와 같았다. 그리고 17명이 준

〈장유사이호醬釉四耳壺〉 국립해양문화재연구소 소장. 문화재청·국립해양문화재연구소, 『태안마도해역 탐사보고서』, 2011, 142쪽.
이 유물은 바다속에서 출수된 것이다. 어깨부분에 귀 4개가 달렸으며 몸통이 좁은 항아리이다. 원대에 만들어져 몽골병이라고 불리며, 몽골 관련 유적에서 출토되고 있다. 원의 자기가 고려에 많이 수입되었음을 알려준다.

뇌물의 1인당 평균액수가 은병 10구와 진사 약 40근이었는데, 이것을 바쳐서라도 사절에 참여하는 것은 훨씬 큰 이득을 거둘 수 있었기 때문이다. 이 사건은 뇌물을 받은 사실이 뒤늦게 알려지면서 정사와 부사가 함께 처벌되고 부당한 이익에 대한 환수조치도 이루어졌으나, 대부분의 경우에는 세상에 드러나지 않고 지나가는 때가 더 많았을 것이다.

원간섭기 사신 일행의 활발한 무역은 충렬왕이 원에 갈 때 구성된 대규모 사절단이 증명한다. 1284년(충렬왕 10)에 왕과 왕비가 원에 갈 때는 1,200명의 사절과 은 630여근, 저포 2,440필, 저폐 1,800정을 가져갔다. 1296년에도 신하 233명과 겸종僕從(관인들을 시종하는 종자) 590명, 말 990마리를 동반하였다. 이 때 수행원들 사이에서는 개인적인 무역을 하거나 상인과 결탁하여 무역을 하였으며 원의 돈을 빌려서 무역을 하기도 했던 것 같다. 때문에 1295년 윤4월에 원의 사신이 와서 "(원의)태종대부터 매매하는 사람들이 관전官錢을 대출하여 이전利錢(매매하여 남은 돈)으로 원본을 갚지 않고 서로 은닉하는 자가 많으니, 내외 관원은 매매인을 찾아 잡아서 그 이전을 수취하여 수에 따라 천부사泉府司에 납부하게 하라. 만일 매매인이 은닉한 것을 보고 알리는 자가 있으면 상을 줄 것이다."라는 명령을 전달하였다.

이것은 원에 가서 돈을 빌려 상업을 하는 고려 사신들에 대한 조치였다. 사절단에 참여한 자들이 그 기회를 이용하여 가능한 많은 무역을 하기 위해 원의 관전까지 빌렸다가 갚지 않는 지경에 이르렀던 사정을 보여준다. 사신의 왕래에 부수되는 사행무역은 원에 가는 사신 일행에게도 매우 중요한 무역의 기회였음이 틀림없다. 그것이 일반 관인들로 하여금 여러 가지 어려움을 예상하고도 기꺼이 사행에 참여하게 하는 계기였을 것이다.

4) 외교무역의 특징

(1) 원의 공물 요구

고려와 원의 관계는 군사적인 침공과 뒤이은 지배·복속의 정치적인 예속을 주축으로 형성되었으므로 호혜적인 무역거래보다는 압제를 받은 고려의 희생을 바탕으로 전개되었다. 그 대표적인 사례가 원이 직접 공물의 품목과 양을 정하여 고려에게 요구하는 것이었다. 고려가 거란·금과의 외교에서 방물을 바칠 때는 정성이 중요할 뿐 구체적으로 그 물품의 종류나 품질은 그다지 중요하지 않았다. 그러나 몽골은 그들이 필요한 물품을 요구하고 그 품질을 문제 삼았다.

고려와 몽골이 외교를 시작한 직후인 1221년(고종 8) 8월에 몽골의 저고여 등은 수달피 10,000령·세주細紬 3,000필, 세저細苧 2,000필, 면자綿子 10,000근·용단묵龍團墨 1,000정丁·붓[筆] 200관管·종이 100,000장·자초紫草(보라색 안료) 5근觔, 홍화葒花(붉은 색 안료)·남순藍荀(남색 안료)·주홍朱紅(붉은색 안료) 각 50근, 자황雌黃(노란색 안료)·광칠光漆·동유桐油(오동열매로 짠 기름으로 종이에 발라 방수지로 사용함) 각 10근을 요구하였다. 그리고 예전에 고려가 보냈던 추주포麤紬布가 마음에 들지 않는다며 품안에서 꺼내어 고려국왕 앞에 내던졌다고 한다.

말은 송을 비롯하여 역대 중국과의 외교에서 자주 보내졌던 것이었으며, 몽골과의 관계에서도 마찬가지였다. 고려는 몽골에 보내는 공물에 자발적으로 말을 포함시켜서, 1230년대초에는 산마散馬, 사마駟馬, 대마大馬, 소마小馬 등을 몽골에 보냈다. 몽골은 전쟁에 필요한 마필의 징발과 마료馬料(말의 먹이)의 보급을 고려에 직접 요구하였다. 고려는 몽골과의 전쟁을 일찍 끝내기 위해서 그것을 거절하지 못하고 제왕諸王·재추宰樞 등의 신료에서 이하 군인이나 일반 백성들에 이르기까지 그 부담을 나누어지도록 하였다. 이 때 상대적으로 경제력이 약한 일반 백성들이 더 큰 피해를 입었다.

몽골은 특정 공물을 요구하고 품질을 문제 삼았다. 심지어 그 사신이 고려 국왕 앞에서 행패를 부리자, 고려 조정은 적지 않게 당황하여 그 대책을 논의했다. 그들의 요구를 들어주지 않았을 경우 침략이 있을 것이라고 하자 고종은 기뻐하지 않았다고 한다. 몽골의 요구는 군사적 침입을 배경으로 한 강제적인 것이기도 하지만, 이전까지 고려와 중국 간의 관계를 다시 정립하도록 하였다. 외교 형식상 군신 관계에 준하는 조공을 하는 관계가 아니라 사실상 정치·군사적으로 예속된 상태에서 이루어지는 실질적인 제후국으로서의 조공을 하라는 것이 몽골의 입장이었다. 몽골의 요구는 강제적인 것이었고 고려에게는 일방적인 의무가 되었다.

그러한 상황은 군사적 침입이 시작되면서 더욱 가중되었다. 1231년 12월에 몽골이 고려에 대해 100만 군인의 의복을 진상하고, 진보라색 비단[眞紫羅] 10,000 필, 수달피 20,000 령, 관용마官用馬 중에서 10,000 필의 대마大馬와 10,000 필의 소마 및 왕손과 대관인大官人들의 자식들을 포함한 사내아이 1,000명, 계집아이 1,000명 등을 보내 황제에게 인증을 받도록 하라고 하였다. 고려의 형편상 거의 실현 불가능한 것이었지만, 몽골은 고려의 사정을 봐주지 않았다.

몽골에게 그 요구를 철회해주도록 설득하는 것이 전쟁을 피하는 고려의 유일한 해결책이었다. 당시 실권을 잡고 있던 최우는 몽골의 막대한 공물 요구를 감당할 수 없다고 생각하여, 몽골과의 화의를 중단하고 단교하였다. 수도를 개경에서 강화도로 옮겨 본격적인 항전을 시작하였던 것이다.

몽골의 고려에 대한 공물 요구는 고려를 침략하는 중에도 끊이지 않았다. 1253년에 몽골이 금·은 및 수달피·저포 등을 요구하자, 고려는 사신을 보내 금과 은은 산출되지 않는 것이며, 수달피도 전쟁으로 구하기 어렵게 되었다는 사정을 설명하고 몽골의 양해를 구하였다. 비슷한 일은 고려가 몽골과 화의를 맺고 개경으로 환도한 이후인 1271년(원종 12) 6월에도

일어났다. 고려 사람 이추李樞 등이 원 황제에게 금칠金漆·청등靑藤·팔랑
충八郎虫·비목榧木·노태목奴台木·오매烏梅·화리華梨·등석藤席 등이 고
려에서 생산된다고 거짓말을 하였다. 황제가 이 말을 믿고 필도적必闍赤
흑구黑狗·이추 등 7인을 보내와 고려가 그 물품들을 구하여 보낼 것을 명
령하였다. 고려는 금칠을 구하기 어려우므로 있는 것만 보내고, 비목·청
등·팔랑충 등은 남해안에서 산출된다 하니 확인하겠으며, 노태목·해죽海
竹·동백冬栢·죽점竹簟은 있는 대로 바치겠고, 오매·화리·등석은 원래 산
출되는 것이 아니라 예전에 송상으로부터 산 것이 약간 있으므로 이것을
모두 진봉進奉하겠다고 하였다.

여러 진귀한 물품을 바치라는 황제에 명령에 대해 고려는 보내지 못하
는 사정을 말하고 노력을 다하여 요구하는 바를 보내겠다며 변명하고 있
다. 고려의 대처는 이유야 어떻든 황제의 명령을 어기면, 또다른 압력을 초
래하였기 때문이다. 황제 또는 몽골의 특정 공물 요구는 강제성이 있었던
것이다.

몽골이 직접 사신을 보내 특정 물품을 보내도록 요청하는 일은 원간섭
기에도 계속되었다. 해당되는 물품들은 대목大木, 궁실재목, 화웅피火熊皮
(불곰가죽), 어상재 향장목御床材香樟木, 금, 화살·활촉, 쇠[鐵], 진주, 환도環刀,
전함, 말, 탐라 향장목香樟木, 조골鵰鶻(매), 은, 청사靑砂로 된 옹甕·분盆·
병瓶, 불경지佛經紙, 피폐皮幣, 안장鞍裝, 문저포紋苧布, 웅고피熊羔皮, 창재槍
材, 모피毛皮 등이 있었다.

그 종류는 무기류, 귀금속, 가죽류, 목재, 고급 종이, 자기류 등 고려에서
생산되는 품질 좋은 것들이었으며, 원에서 귀한 것이어서 고려의 조공 품
목에 해당되는 것들도 많았다. 그 가운데 고려 모시는 원에서 명성이 있었
다. 원곡元曲의 하나로 현전하는 「초어기樵漁記」에서 고려 모시를 노래로
부를 만큼 인기가 있었다. 원 황제에게 모직물과 비단 뿐 아니라 모시를 많
이 바쳤고, 점차 기술이 발전하여 화려한 문양을 넣은 최고급 모시인 화문

저포花紋苧布를 만들어 보냈다.

그것이 고려 백성들을 행복하게 하지 않았다. 고려의 훌륭한 수공업 제품이나 산물은 원의 공물 요구를 초래하였고, 고려는 그것에 맞추기 위해 적지 않은 고통을 받아야 했다. 조윤통趙允通과 같은 부원배는 고려에 와서 더욱 가혹하게 수취하였다. 그는 황제의 명령을 받아 인삼을 채취하러 다니면서 조금 부패한 것, 혹은 산에서 나지 않은 것, 기한에 미치지 못한 것 등이 있으면, 그것 대신 은폐銀幣를 거두어서 개인적인 이익을 채웠다. 이에 충렬왕은 백성들의 어려움을 구제하고자 사신을 보내 폐해를 전하고 고려가 자진해서 보내게 하도록 호소한 바가 있다. 1285년 6월에 원이 "법물法物(불교 용구인 종경鐘磬과 동경銅鏡, 고동병古銅瓶, 솥[鼎], 숙동기물熟銅器物(충분히 단련한 구리로 만든 기물)을 제외한 그 남은 것으로 모든 동전과 생동기물生銅器物(처서 단련하지 않은 구리로 만든 기물)이 있을 것이니 황제의 명령이 도달한 날로부터 100일 내에 모두 지방관에 납입하라."고 명하였다가 곧 취소하기도 했다. 원은 고려의 사정을 고려하지 않고 일방적으로 요구했기 때문에 그것을 충족시키는 데 많은 어려움을 겪을 수 밖에 없었다.

물론 원이 일정한 대가를 치르고 구해간 것도 있었다. 본래 몽골의 정복지와 부마국에 요구하는 '6사' 가운데 군량을 보내는 일[輸糧]이 포함되어 있었다. 몽골은 고려에 사신을 보내 구매의 형식으로 그것을 확보하였다. 1274년 4월에 원의 여룡우사汝龍于思가 견絹 33,154필을 가지고 와서 일본 정벌을 위한 군량軍糧을 무역하고자 하였다. 이에 원종이 곧 관견도감官絹都監을 두어 경외京外의 백성들에게 분급分給하였는데 1필에 쌀 12두로 하였으며, 왕경王京에 4,054필, 충청도에 4,000필, 경상도에 20,000필, 전라도에 5,000필이었다. 각 지역별로 고려 백성들에게 원이 보낸 비단을 주고 대신에 군량으로 이용될 쌀을 사들였다는 것이다.

원의 사신이 오기 한 해 전에 고려에 기근이 들자 고려가 원에 도움을 청하여 해로를 통해 쌀 2만석을 받았던 점을 생각하면 고려의 어려운 경제

사정 때문에 평소와 같이 수탈할 수 없어서 그 대가로 비단을 가져왔다고 이해된다.

원이 교역할 것을 가져와 고려에서 교환한 사례는 몇 차례 더 있다. 1274년에 남송 양양부襄陽府에서 새롭게 편성한 군인의 배우자를 찾기 위해 원의 사신이 관견官絹 1,640단段을 가지고 왔다. 1280년(충렬왕 6)에는 원이 일본 정벌에 참여할 군사들에게 줄 병량兵糧을 견 2,000필과 바꾸어 갔다. 이러한 것들은 원의 일방적인 수취에 비교해서 매우 드문 일이었다.

직접적인 수탈이 다반사로 이루어지는 원과의 관계에서 조공은 황제에 대한 충성을 보이는 정성이며 자율적으로 정한다는 원칙이 적용될 수 없었다. 고려는 반강제적인 의무로써 원에 조공을 바쳤고, 그것도 모자라 원은 사신을 직접 보내 원하는 물품들을 수탈해갔다.

고려와 원 사이에는 다양한 명목의 사신이 왕래하는 과정에서 여러 가지 물품이 오고간 것이 분명하지만 원이 고려에 주는 것보다 가져가는 것이 더 많았다. 고려는 원이 필요로 하는 것을 일방적으로 들어줄 수 밖에 없었다. 고려의 공물에 대하여 원이 회사품을 주었지만, 그 조차도 형식적인 수준에 불과하였다.

요컨대 고려와 원의 조공책봉관계는 그 이전 중국 여러 왕조와 달리 일방적인 지배성이 강한 관계였다. 거란과 금을 상대할 때와 같이 외교를 통해 왕실이 경제적 이득을 얻기는 어려웠다. 고려 전기와 후기를 비교하건대 정치·사회적으로도 달라진 것이 많았지만, 외교와 무역에서도 양자 사이에는 매우 큰 차이가 있었다.

(2) 구휼곡救恤穀의 유출입

고려의 대원 무역의 특징을 가장 잘 보여주는 것은 양국간 쌀의 유출입이었다. 여원연합군의 일본 원정이 끝난 뒤, 전선戰船이 다니던 해도가 강남지역과 고려·일본을 연결하는 해상 무역로로 바뀌어 해박의 왕래가 원활하게 되었고, 기근구제를 위해 강남지역의 조운미가 고려 및 쌍성총관부 지역으로 운송되는 교통로로 이용되었다. 고려와 원 사이에는 흉년이 들었을 경우, 적지 않은 쌀이 원으로 유출되거나 고려로 유입되었다. 1273년에 큰 기근이 들자 고려는 원에 도움을 청하였고, 다음해 해도를 통해 쌀 20,000석을 받았다. 1280년 5월에 고려에 가뭄과 황재蝗災(메뚜기의 재해)가 들자 원 중서성이 쌀 10,000석을 보내주었다. 1289년 2월에 원은 요동의 곡식이 제대로 수확되지 못하여 인민들이 굶게 되자 고려의 양곡 100,000석을 가져다 구제하도록 하였다. 1291년 윤6월과 1292년 6월에는 각각 100,000석의 강남미를 가져다 굶주린 고려의 백성을 구휼하였다. 1294년 12월에는 일본을 정벌하기 위해 강화도에 옮겨놓았던 강남쌀 100,000석 가운데 50,000석을 요양과 심양 지역의 기아를 돕는데 사용하였다.

원에 기근이 들면 고려의 쌀을 공급하고, 반대로 고려의 흉년에는 원의 곡창지대인 강남의 쌀을 들여다 구제하였으며 100,000석이나 되는데도 그 대가에 관한 언급은 전혀 없었다. 무상으로 주고 받았으니 무역이 아니라 원조인 셈인데, 정복지 및 부마국에 대한 '6사'와 관련된 것이다. 고려와 원이 경제적으로 매우 긴밀했음을 알려준다.

1289년 요동에 흉작이 들었을 때 원이 그 대책을 의논하면서 '강남江南은 험하고 멀어서 배로 운반하는 양곡을 공급하여 널리 나누어주기 어렵지만 고려가 요동과 접해 있으니 바라건대 그곳에서 양곡 100,000석을 마련하여 가져다가 구제하게 하소서'라고 건의하였고, 이것이 받아들여졌다. 이 주장을 한 사람은 적어도 재정적으로 요동과 고려 사이에 국경을 인정하지 않고 지리적인 가까움만을 고려하였다. 고려를 사실상 원의 일부로 파악하고 있는 것이다. 그러한 인식으로 인해 고려와 원 사이에는 특별한 대가 없이도 100,000석이나 되는 엄청난 양의 곡식이 무역의 형태가 아닌 국내간의 진휼형태로 오갈 수 있었던 것이다.

고려와 요동 지역에 기근이 들었을 때 구휼미를 주고받는 것은 원 조정에서 고려가 비록 원의 내지행성은 아니지만 고려와 요동을 근접 재정권으로 파악하고 있었음을 알려준다. 따라서 고려의 구휼미가 유출입되는 것은 무역이 아니었으며, 적어도 구휼재정만을 보면 고려와 원은 하나의 경계 안에 있었다는 증거가 된다.

2. 대원 사무역의 양상과 특징

1) 대원 무역로와 해상무역

(1) 육로무역

일반 무역은 외교 과정에서 이루어지는 것을 제외하고 개인이 이익을 위해 다른 국가와 무역하는 것을 말한다. 고려와 원 사이의 무역이 비교적 활발하여 원의 상인이 고려에 와서 무역을 하는 것 뿐 아니라 고려인들이 원에 가서 무역하는 경우도 많았다. 원의 수도 대도大都의 조운 집결지인 통주通州 관내의 완평현宛平縣에는 고려인 집단 거주지인 고려장高麗莊이 있었다. 이곳은 신라방新羅坊과 유사한 것으로 원에서 상업을 하던 고려인의 집단 거주지로 여겨진다. 원은 세계 최대의 국가이며 동아시아 경제의 중심으로 세계 각 지역 물품의 무역이 이루어지는 곳이었으므로 지리적으로 가까운 고려는 무역상 유리한 조건을 갖고 있었다.

일찍이 1261년 7월에 파사탑아巴思搭兒의 요청으로 몽골이 압록강 서쪽에 호시를 설치하기로 결정하고 그해 10월에 초천익焦天翼 등을 보내 고려에 이 사실을 전달했다가 다음해 정월에 중지된 바 있었다. 고려와 몽골의 공인된 호시는 거의 행해지지 않았지만, 여러 통로를 이용하여 민간 무역이 진행되었던 것은 틀림없다.

대몽항쟁이 끝나고 삼별초의 반란이 진압된 뒤, 고려와 원의 무역은 활성화되었다. 고려는 북쪽 국경을 넘어 중국 및 유라시아와 땅이 연결되었을 뿐 아니라 화북·강남과는 각각 해도로 연결되어 있었다. 무역의 방식은 육로를 이용하는 것, 배를 타고 서해를 왕래하는 것, 갈 때는 육로로 갔다가 배를 타고 귀국하는 것 등이 있었다. 상인들은 세 가지 방식 가운데 가장 유리한 것을 골라 무역을 하였다. 그 이전에 고려와 송은 송상에 의한 해상무역, 고려와 금은 각장에서의 국경무역 등 특정 무역 방식이 제한적으로 이루어졌지만, 고려와 원의 무역은 매우 다양했다.

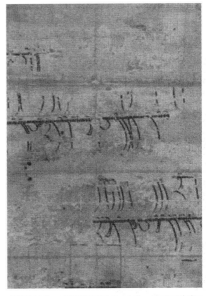

〈법지(法旨)〉 국립중앙박물관 소장. 국립중앙박물관, 『고려시대를 가다』, 2009, 169쪽.
원 불교계가 고려에 만들어 보낸 통행증이나 특별 문서로 추정되며, 원 공문서 양식에 따라 티베트어로 쓰여졌다.

육로는 개경에서 대도까지 약 한 달이 소요되었다. 원제국의 성립과 북방지역의 통일로 인해서 고려와 대도를 잇는 중간지대에 어떤 이민족이나 반대세력이 존재하지 않게 되었다. 그러므로 국왕은 물론, 사신이나 관리, 상인들이 자주 육로를 선택하여 원을 왕래하였다. 원의 정치적, 경제적 중심지인 대도가 제국 영토의 동북쪽에 치우쳐 있게 됨에 따라 고려와의 거리가 더욱 가까워졌다. 무역상 육로가 물품의 대량운반에 약간 불리한 점이 있으나 그 대신 수로보다 안전하여 유리해진 점도 있었다. 게다가 원은 넓은 제국을 효과적으로 통치하기 위한 방안으로 압록강에서 요양과 심양 지역에 이르기까지 교통로를 정비하였다. 양국의 사신 뿐 아니라 원에 가는 고려의 국왕과 신료, 양국을 왕래하던 상인들이 이 길을 이용하게 됨에 따라 무역이 매우 활발해졌다.

이 시기 고려와 대도 사이의 참치站赤(역) 루트는 압록강을 거처, 동경참, 심주참, 북경참 등을 거처 대도로 연결되었다. 조선시대 명과 청에 가는 사신이 거쳤던 발해만 연안의 루트보다 훨씬 내륙으로 구성되어 있었다. 1273년에 이승휴 등의 사절이 원에 가는 루트는 의주, 파사부婆娑府, 동경 東京, 심주瀋州, 애두참崖頭站, 대녕大寧, 신산神山, 대도를 거치는 것이었고, 참치 루트와 관련이 깊다. 고려말 이색은 5차례 원과 고려를 왕래했는데, 세 번은 참치와 유사한 내륙방면을, 두 번은 대도에서 산해관을 거처 해성 海城에 이르는 연해방면을 이용하였다. 두 개의 길 가운데 고려인들은 의 주 또는 용주로 압록강을 건넌 뒤 거리, 지형, 도하의 편의, 계절 등 자연 조건의 차이와 여행상의 목적, 동반물, 신체조건 등을 고려하여 길을 선 택하였다.

사행에 참여했던 인물들이 남긴 기록을 통해 고려와 원의 교통로를 복 원하고 있는데 이 길을 가장 많이 다닌 사람들은 역시 상인이었을 것이다. 1296년에 홍자번은 요즘 상고商賈(상인)들이 자주 우마를 거느리고 강역을 나가는 자가 있다고 지적하였다. 그러한 대원 무역의 실태를 가장 잘 보여 주는 것은 고려인들을 위한 몽골어 학습어인 『노걸대老乞大』이다. 이 책 속 의 고려 상인은 개경을 출발할 때 말 10여필에 모시 130필, 인삼 100근 등 을 싣고 요동을 거쳐 대도로 가서 물건을 팔고 보초로 바꾸었다. 그 다음 에 산동의 고당高唐에 가서 견직물 등 여러 가지 물화를 사고 직고直沽(현재 의 중국의 천진)에서 이들 화물을 배에 싣고 고려로 귀국하였다. 또 다른 통역 서인 『박통사朴通事』의 주요한 내용도 고려인이 원에서 여러 가지 물품을 주문하거나 양가죽·보석 등의 값을 흥정하는 등 교역에 관한 내용을 담고 있다.

『노걸대』의 상인은 국경인 압록강을 건너기 위해 문인文引을 가지고 갔 다는 점에서 고려의 허가를 받은 무역상인이었다. 1년 전에도 원과의 교역을 위하여 중국에 왔다고 한 것으로 보아 매년 정기적으로 원과 고려를 왕래하였다. 원에 가면서 종형제 2명을 동반하였고 대도에도 친척이 머물고 있었다고 하므로 일족이 제휴해서 교역에 종사하던 전문 상단으로 묘사되었다.

『노걸대』의 상인들은 원에서 인기있는 것들을 가져가서 팔고, 고려인들이 선호하는 책이나 사치품을 사서 되돌아 왔다. 말·인삼·모시 등은 고려의 특산품으로 원의 황제에게 바치는 공물로 자주 보내졌던 것이다. 모시와 말의 값이 중국보다 훨씬 낮았고, 중국산 견직물은 고려에서 두 배나 비싸서 양국을 왕래하며 지역간 가

〈노걸대〉 규장각 소장.
고려말 원의 수도인 대도에서 사용되던 북방 중국어를 배우고자 하는 사람들을 위해 편찬된 회화 학습서이다. 세 명의 고려 상인이 말에 인삼 등을 싣고 국경을 넘고 요동을 거쳐 대도에 이르러 가져간 것을 팔고, 다시 고려에서 장사할 것들을 사서 직고에서 배를 타고 귀환하는 과정에서 일어나는 여러 가지 일들을 예시하고 있기 때문에 당대 고려인의 무역 실상을 엿볼 수 있다.

격차를 이용하여 이익을 남길 수 있었다. 그 과정에서 시박사가 없는 항구인 직고로 귀국하였으므로 관세를 내지 않았다.

고려 상인들의 육로에 의한 대원 무역은 거란·금과 달리 특정한 장소에 한정하여 허용되지 않고 모든 곳에서 이루어질 수 있었으므로 '자유무역'이었다고 할 만한 상태였다는 견해도 있다. 고려와 원의 육로 무역은 『노걸대』의 상인과 같이 요동을 거쳐 대도까지 무역하는 것이 일반적이었다. 상인들의 국경 출입과 무역의 장소에 대한 제한을 받지 않아서 『노걸대』와 같은 상황 설정이 가능했던 것이다.

(2) 해도와 해상무역

『노걸대』는 고려 상인들의 육로무역 양상을 상세히 알려주는데, 운반을 말에 의존한 만큼 무역의 규모는 그리 크지 않았다. 이에 반해 배를 이용하는 해상무역은 그보다 훨씬 큰 규모로 이루어졌다. 고려와 원을 연결하는 해도는 순풍을 타면 편도로 2~3일에 도착할만큼 빠르고 많은 양을 실어나를 수 있었으나 조난의 위험이 있었다. 그러므로 간단한 화물이나 사람의 왕래는 육로를 택하였지만, 많은 양의 물품을 빨리 옮겨야 할 때는 해로를 이용하였다.

해도는 대체로 북선항로와 남선항로가 이용되었다. 북선항로는 『노걸대』에 기록된 직고에서 예성항을 왕래하는 해도 이외에 옹진반도에서 산동반도의 등주로 서진하는 해도와 예성항을 출발하여 서해안, 발해만, 중국 동북연안을 거쳐 등주에 도착하는 해도가 있었다. 남선항로는 예성항에서 출발하여 서해안을 따라 남하하다가 흑산도로 가서 남서진하여 강남의 경원慶元(영파)에 이르는 것이다.

고려와 원을 연결하는 해도가 송대와 달라진 것은 산동반도에서 요동과 고려를 왕래하는 해도가 있었다는 점이다. 원대의 산동반도는 남쪽에서 대도로 보내는 식량과 물산을 실은 배가 모이는 곳으로 등주·밀주密州·내주萊州 등의 항구가 상업도시로 발전하였다. 원의 요동과 고려의 국경이 완전 개방되었으나 고려에서 산동반도에 이르는 해도가 운수에 빠른 길이어서 육로 개방에 영향을 받지 않고 많은 배가 고려와 산동반도를 왕래하였다.

이 해도는 원이 이들 지역에 군량과 진휼곡을 공급하고 거꾸로 고려에서 식량공출을 받을 때에 이용하였다. 일시적이기는 했지만 13세기말 원은 고려에서 물자의 반출을 위해 고려 서해안 일대에 해상의 역전驛傳(水站)을 설치하였다. 고려와 원이 정치적으로 밀접한 관계였던 만큼 원은 공적인 해상물류와 인물 이동을 위하여 교통 체계 내에 고려의 연해를 포함시켰다. 이로 인해 양국 사이에 진휼곡이 해상으로 유출입되었다는 것은 이미 서술한 바 있다.

그런데 원 황제가 양국간 왕래의 편의를 위해 해운을 설치하고 고려가 운영하도록 제안하였다. 이에 정가신鄭可臣은 고려에 농사짓기 어려운 땅이 많아 농사와 길쌈에 힘을 다해도 겨우 먹고 살 형편이어서 쌀과 베를 나를 수 없고, 사람들이 바닷길에 익숙하지 못하다고 하면서 원의 조치가 고려 사람들을 불편하게 할 것이라며 반대하였다. 이 기사가 강남의 양곡을 운반하는 것과 관련된 것이기는 해도 고려가 해로의 이용을 좋아하지 않았다는 점은 분명하다.

원대에 명주 지역에서 고려를 왕래했다는 사실은 송상과 같이 내헌來獻

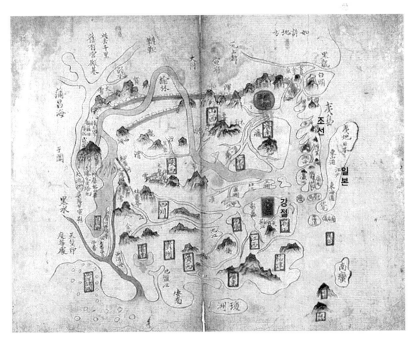

〈장운도掌運道〉　국립민속박물관 소장. 국립민속박물관·해상왕장보고기념사업회, 『한반도와 바다』 2004, 46쪽.
우리나라를 중심으로 천하의 해운로를 표시한 지도첩이다. 강절과 한반도를 연결하는 사이에 제주도가 있다. 육지는 크게 그리고 바다사이는 좁게 그려 중국, 조선, 일본이 매우 가깝게 있다. 바다는 배를 이용하여 빠르므로 시간적 거리가 육지보다 훨씬 짧았기 때문에 이처럼 가깝게 묘사해도 될 것 같다.

〈혜제사慧濟寺 경관구 안내도〉 고려대 고려시대사연구실 제공.

중국 영파시 보타산의 대표적인 사찰의 하나인 혜제사를 비롯한 사찰 및 경관에 대한 안내도이다. 이 섬에 는 법우사法雨寺, 보타강사普陀講寺 등 많은 관음을 모시는 사찰이 있다. 보타산 지역에 관음신앙이 번성한 것 은 이곳을 지나 고려와 일본을 다니던 해상들이 자신들의 안녕과 사업의 번창을 빌며 사원을 후원했기 때 문이다.

기사를 남기지 않아 『고려사』 등의 사서에 기록되지 않았지만, 문집 등에 는 자주 왕래했다고 추정할만한 내용들이 있다. 이색이 지은 「보법사기報 法寺記」에는 시중·칠원부원군漆原府院君 윤환尹桓과 법온화상法蘊和尙이 보 법사를 중창하면서 1348년에 강절에서 대장경大藏經을 가져왔으나, 1361 년에 홍건적의 침입으로 절과 경전이 유린되어 절을 중창하면서 1367년에 다시 강절에서 대장경을 가져왔다고 한다. 고려후기에는 국내의 관판인 고려대장경이 몇차례 인간되었지만 대장경 불사에는 막대한 경비가 소요 되었기 때문에 민간의 대장경은 희소하였다. 그러므로 개별적으로 해상들 에게 부탁하여 적은 비용으로 대장경 전장全藏을 사원에 안치하여 공덕을 쌓는 경향이 있었다.

조선초에 공안부윤恭安府尹을 지냈던 당성唐誠의 졸기卒記에 의하면 그 는 "강절江浙의 명주인明州人이었으며, 원말에 병란을 피하여 고려에 와서 정동행성征東行省의 연사椽史(서리)가 되었다가 행성이 혁파되자 중랑장中郎

〈보타산의 관음상觀音像과 낙산 또는 낙가산〉 고려대 고려시대사연구실 제공.
중국 영파시 진해구 보타산의 관음상이다. 강원도 양양의 낙산사 관음상과 같이 동쪽 바다를 바라다 보고 있다. 영파는 해상무역의 중심지로 송대의 명주明州, 원대에 경원慶元이었으며, 고려와 일본에 가는 해상들이 출발하는 곳이었다. 영파의 앞바다에 있는 작은 섬들인 주산군도의 하나가 보타산이다. 무역선이나 어선의 선원들이 먼 바다에서도 이 불상을 보고 해상안전을 기도하고, 되돌아오는 뱃사람들은 무사귀환에 감사할 수 있도록 매우 크게 만들어졌다. 낙산은 보타산 옆의 작은 섬으로 두 섬의 명칭이 합쳐져 관음의 주처住處인 보타낙가산이 된다.

將으로 사평순위부평사司平巡衛府評事로 옮겼다”고 한다. 강절지방에서 중국의 인물과 대장경이 고려에 왔다는 것은 원 말기까지 두 지역을 연결하는 배가 많았음을 알려준다. 대도와 항주에서 제작된 원대의 불상·경전·목판들도 고려에 전해져 고려후기 불교미술 형성과정에 큰 영향을 주었다. 고려와 원 사이에는 기록상 나타나는 것보다 그 이상으로 많은 인원들의 왕래가 있었다.

1352년 이색은 “북쪽에는 여진이 있고, 남쪽으로는 강절江浙의 배가 통하는데, 강절 지방의 도적이 만일 범선帆船을 타고 오거나, 여진인이 남쪽으로 그들의 기병騎兵을 몰아온다면 밭 갈던 백성이 그 어느 겨를에 간성干城의 병졸이 되겠습니까?”라며 무과를 설치해 숙위할 병사를 충원할 것을 건의하였다. 그는 고려의 남쪽 경계로 강절을 들면서 그 지역에서 배를 타고 도적이 쳐들어올 것에 대비하자고 하였다. 양 지역이 바다로 갈라져

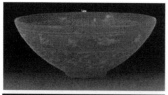

〈신안선에서 발견된 고려 청자〉 국립해양
유물전시관, 『물·바다·사람·배·꿈·삶·그자
국』, 1998, 48쪽.
소위 '신안침몰선'에서 발견된 청자상감운
학문대접과 청자상감국화문 베개이다. 신안
선은 1323년에 원의 경원항을 출발한 배인
데, 고려 자기는 12–13세기 강진 사당리요
와 부안 유천리요에서 만들어진 것으로 추
정되며, 모두 7점이 있었다. 자기의 제작 시
기와 배의 출발 침몰 시기가 100년 이상이
될 수 있다. 따라서 이들 자기는 생산된 후
송상을 거쳐 수출된 것을 원의 상인이 사들
여 적재했거나, 출발 전에 원의 상인이 고려
에서 수집하여 실었을 것이다.

있지만, 소통을 막는 큰 장애가 아니어
서 쉽게 통할 수 있는 곳이라고 인식하
였던 것이다.

고려와 원의 해상 무역도 송상이 활
약할 때 못지 않게 활발했다. 원은 고려
를 다니는 해상의 화물에 대해 1/10~
1/15의 추분抽分(市舶稅)과 함께 1/30의
상세를 거두었다. 1295·1296년 무렵에
충렬왕이 주시랑周侍郎을 보내 무역하
려 하자 시박사가 추분 3/10을 징수하
고자 하였다. 이에 강절행성우승江浙行
省右丞 사요史耀는 고려 화물에 대해 추
분은 면제하고 상세만을 받도록 청하였
다. 담당 관리가 우대하려고 한 것은 고
려를 왕래하는 해상이 많았을 뿐 아니
라 양국의 각별한 관계가 고려되었기

때문일 것이다. 원정부의 해상에 대한 감독 및 징세 체계를 보면, 고려의
물품을 가져온 것은 고려 상인이 아니라 고려를 다녀온 원 상인이었음을
알려준다.

양국 간의 해상 무역품은 1342년경 명주항에서 거래된 수입 물품을 기
록한『지정사명속지至正四明續志』를 통해 확인된다. 고려에서 들어온 것 가
운데 귀한 고급품에 해당되는 세색細色은 인삼·사향·홍화·송자·송화·
복령·잣·세신·신라칠新羅漆·고려동기高麗銅器·고려청기高麗靑器 등이
있었다. 일반 물품에 해당되는 추색麤色은 행인·무이인無荑仁·백출·나두
羅頭·나전·합심合蘂 등이 있었다. 이것을 1226년경에 같은 항구의 물품과
비교하면, 송자·송화·잣·세신·신라칠·고려청기가 추색에서 세색으로

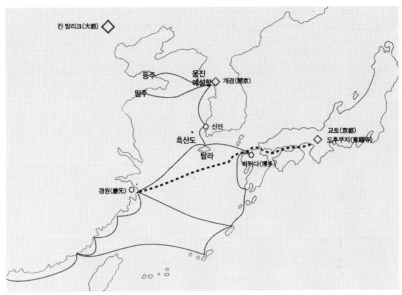

〈신안침몰선의 항로도〉 국립중앙박물관편, 『고려·조선의 대외교류』, 2002, 53쪽.
1323년 신안선은 원의 경원항을 출발하여 일본의 하카다를 항해가다가 표류하여 신안앞바다에 침몰하
였다. 중국에서 일본까지의 예상 항로는 제주의 북쪽을 거치는 안전한 해도와 남쪽을 지나는 빠른 길이
있었다. 송대 이후 나침반이 항해에 활용되면서 반드시 섬을 지표로 삼지 않아도 되었기 때문에 풍랑이
없었다면 후자를 택했을 것이다.

등급이 올라가고, 추색은 6종으로 감소되었다.

　고려에서 생산된 물품이 원을 통해 일본에 전해졌다는 것은 신안 해저
에서 발견된 원 무역선의 유물을 통해 고고학적으로 증명되었다. 원의 경
원항에서 출발하여 일본으로 향하던 이 배는 1323년에 침몰된 것으로 추
정된다. 이 시기에 원과 일본을 잇는 해도는 고려를 거치지 않았으므로 침
몰선도 직접 일본을 향하였던 것 같다. 이 배에서 7점의 고려 자기가 발굴
되었는데, 고려의 우수한 도자기들이 원 상인에 의해 수집되어 상대적으
로 기술이 낮았던 일본에 중계 무역의 형태로 전해졌던 것이었다. 그것은
반드시 자기류에만 한정되지 않았을 것이며, 일본 이외에 중국과 해상무
역을 하던 동남아 등지에도 같은 방식으로 고려의 특산물이 전해졌을 것
이다.

2) 사무역품

고려의 사무역이 활발했던 만큼 많은 고려의 특산물들이 원에 가는 고려 상인이나 고려에 왔던 원 상인과 교역되어 원에 전해졌을 것이다. 앞서 서술한 원 명주항의 세색과 추색은 고려의 대표적인 특산물이자 교역품이었다. 각종 기록에는 차·화문석·종이·그릇·모시·삼베·비단·송자·행인杏仁·말·인삼·복령茯苓·석유리石溜璃·웅장熊掌 등이 있었다. 소나무 잎을 태워만든 가산묵柯山墨, 등잔용 석유리 등도 원에서 인기가 있었다.

그 가운데 모시·인삼·말은 3대 품목이라고 할 만큼 비중이 컸고, 그것은 『노걸대』에서도 대표적인 고려의 교역품으로 묘사되었던 만큼 다시 한 번 설명하는 것도 좋을 것 같다. 고려의 모시는 훌륭한 실을 생산하고 짜는 기술 또한 뛰어났으므로 중국에서 이미 명성을 떨치고 있었다. 충렬왕대 한 여승이 만든 흰 모시는 '매우 가늘고 섬세하여 매미의 날개와 같았으며 꽃무늬가 수놓아져 있었다'고 표현될 정도였다. 모시의 품질이 원에 비해 손색이 없었을 뿐 아니라 모시에 무늬를 새긴 문저포紋苧布는 원에서 생산되지 않는 극상품이어서 주요한 수출품이 되었다. 인삼은 중요한 약재이고 중국인들의 수요가 많았지만 중국의 일부 지역에서만 생산되었으며, 만주산보다는 고려산이 훨씬 약효가 뛰어났다고 알려졌다. 그러므로 고려초부터 중국의 여러 왕조에 보내는 공물에 포함되었고, 이 시기 사무역에서도 빈번하게 거래되었

백지흑화운룡문병(白地黑花雲龍文瓶) 국립중앙박물관 소장. 국립중앙박물관, 『고려시대를 가다』, 2009, 170쪽.
원의 자주요에서 만들어진 것으로 개성에서 출토되었다. 흰바탕에 검은 꽃, 구름, 용등을 그려넣었다. 원간섭기에는 중국의 자기가 유입되어 사용되었다.

다. 말은 원간섭기를 거치면서 사육 기술이 발전하고 종자 개량이 진행되면서 좋은 말을 기르게 되어, 종전의 말 수입국에서 수출국으로 변화하였다.

원간섭기에 원 자기의 유입이 많지 않았던 것은 고려 자기의 품질이 우수해서 그다지 수요가 높지 않았기 때문이다. 그러나 원의 자기가 해상을 통해 고려에 유입되어 원대 청화자기의 문양이 고려 상감청자에도 영향을 주었다. 반면에 중국에서 출토되는 고려청자의 양이 많지 않은 것은 사절의 왕래시에 선물로 주었거나 그것을 좋아하는 사람을 위해 소규모로 원에 전해졌기 때문이다.

원대 재상 사천택史天澤의 묘에서 중국의 자기와 더불어 고려 상감청자가 발견된 것은 그것이 당시 중국 자기에 못지 않은 높은 평가를 받았음을 알려준다. 실제 고려 자기의 우수성과 화려함은 『고려사』 권105, 조인규전에서 조인규와 원 황제가 나눈 대화를 통해 알 수 있다.

> 일찍이 조인규가 금으로 그린 자기[畵金磁器]를 바치자, 원 세조世祖가 "금으로 그린 것은 그것을 단단하게 하고자 하는 것인가"라고 물었다. 조인규는 "다만 채색으로 하였을 뿐입니다."라고 답하자, 세조가 다시 "그 금은 다시 쓸 수 있는가."라고 물었다. 조인규는 "자기는 쉽게 파손되는 것이므로 금도 함께 훼손되는 것이니 어찌 다시 쓸 수 있겠습니까."라고 답변하였다. 이에 세조는 그 대답을 잘하였다고 하면서도 "이제부터는 금으로 그린 자기는 바치지 말라"고 명령했다.

이후 세조의 명령에 따라 사치스럽게 금을 사용하여 자기를 만든 것은 줄었겠지만, 세조가 관심을 갖고 물어볼 만큼 훌륭하였다는 점이 확인된다. 원과의 교역을 통해 고려에 전해진 것은 견직물 이외에 사주絲綢·서적·옥그릇·향료 등이 있었다. 향료는 아랍지역에서 수입된 것이 중계무역의 형식으로 고려에 전래되었던 것이다. 견직물은 고려가 많이 수출한

〈청자상감원숭이무늬금채편호靑磁象嵌猿文金彩扁壺〉
국립중앙박물관 소장. 국립중앙박물관, 『고려·조선의 대외교류』, 2002, 39쪽.
유약 위에 접착제를 바르고 무늬 주변 선을 위주로 금채를 입혔기 때문에 화금자기라고도 한다.

바 있으나 원의 것이 품질이 좋았기 때문에 고려에 더 많은 양이 유입되었다. 대부분은 국내에서 소비되었고 그 일부는 일본과의 교역에 이용되었다. 그리고 『노걸대』의 상인은 원에 가서 갓끈류, 바늘, 약재, 화장품과 화장용기, 빗과 장신구, 각종 칼과 생활용구, 놀이기구, 장식용구, 도량형기, 직물류, 서적 등을 구매하여 고려로 귀국하였다. 이들 물품은 고려보다 품질이 뛰어난 것이며, 실제 생활에 이용되는 실용품들이었다.

3) 사무역의 특징

(1) 보초의 통용

고려의 대원무역이 활발하게 이루어졌던 원인 가운데 하나는 고려의 상인들이 물품을 팔고 받은 보초를 고려에 온 원의 무역상들과 교환하거나 아니면 직접 원에 가서 사용할 수 있었다는 점에 있었다. 고려 상인들이 국내는 물론 원에서 중국 화폐인 보초를 사용하였다는 것은 그 이전 오대·송·거란·금과의 무역과 가장 구별되는 점이다. 고려와 원은 보초가 동시에 통용되는 동일한 화폐 사용권역이었던 셈인데, 고려가 원 경제의 직접적인 영향 아래에 있었다는 반증이기도 하다.

고려 사람이 보초를 사용했다는 가장 오랜 기록은 1276년(충렬왕 2)에 낭

〈씨앗들〉 국립중앙박물관 소장. 국립중앙박물관, 『고려·조선의 대외교류』, 2002, 63쪽.
신안선에서 발견된 향신료로, 계피·여주씨·후추이다. 동남아시아와 인도 등에 생산되었고, 중국 해상을 통해 고려와 일본 등지에 수출되었다.

장 이인李仁을 원에 보내 행궁行宮의 비용을 청구하고 가져간 은을 초鈔로 바꿨다는 것이다. 이미 보초를 알고 은으로써 바꾸려했다고 하니, 그보다 이른 시기부터 고려에서 유통되었을 것이다.

고려시대 사서에는 보초에 관한 적지 않은 기록이 있다. 1309년(충선왕 1) 10월에 원에서 지대은초를 사용하기 시작한 것을 고려에 반포하였다. 1311년 6월에 원이 사신을 보내 중통中統·지원至元의 초법鈔法을 복구하였다는 사실을 알렸다. 원이 보초 통용 방침을 바꿀 때마다 즉시 고려에 사신을 보내 알리는 것은 보초의 주요 사용 지역에 고려가 포함되었음을 알려준다.

보초는 다양한 이유와 방식으로 고려에 전해졌다. 1281년(충렬왕 7) 일본 정벌에 참여하는 선사군善射軍 및 고려 화장수군火長水軍들에게 보초 4,000정을 주었으며, 1283년 2월에 3,000정을 고려에 보내 전함을 수리하게 하였다. 1292년에는 원이 역우驛牛를 가져간 데 대한 보상으로 보초 1,000정을 주었다. 1354년 6월에는 장사성張士誠의 난을 진압하기 위해 출정하는 장졸들에게 나누어줄 보초 60,000정을 보내왔다.

원이 보낸 보초는 고려에서 구매한 물품에 대한 대가, 행사 비용, 고려 왕비에 대한 조위금, 장졸들에 대한 격려 등으로 사용되었다. 원은 운반의 편의를 염두에 두었겠지만, 중요한 것은 고려에서 보초가 교환수단으로서 기능을 하였다는 점이다. 고려에서 행사를 치를 경우 은이나 현물이 없어도 보초만으로 필요한 물품을 살 수 있었다는 뜻이다. 더욱이 금자로 장경을 쓰는 데 이바지한 자들에게 보초 5,800정, 장사성의 난을 진압하러 가는 군사들에게 보초 60,000정이 각각 하사되었다. 이 때 보초를 받는 사람들 상당수가 장인匠人이나 일반 병사였다는 점이 주목된다. 그들은 보초를 받아 생활에 필요한 물건과 교환하였을 것이므로 그 사용자 및 보초 유통의 확대에도 영향을 끼쳤다고 생각된다.

보초는 원이 발행한 화폐였기 때문에 주로 원과의 관계가 밀접한 세력들이 소지하고 있었다. 길창군 권준權準 등이 충혜왕에게 진상한 보초 1,000정은 그 동안 재화로서 저축해 놓은 것이며, 절에 시주한 경우도 역시 마찬가지였다. 이 시기 사람들이 보초를 가치저장 수단으로서 이용하였으며, 그것은 언제든지 현물과 교환 가능했음을 알려준다.

고려는 유통 경제가 발전되어 있지 않아 포 등의 현물 화폐가 주를 이루었지만, 보초 등도 교환수단으로 사용되었다. 다만 보초는 고액이어서 일반 백성의 거래보다는 대원무역에서 더욱 자주 이용되었다. 1314년 6월에 보초 250정을 주고 원의 경적 10,000권을 구입하였으며, 1342년에 충혜왕이 사람을 보내 원의 유주幽州·연주燕州에서 무역하게 할 때 금은과 더불어 보초를 가져가게 하였다. 참고로『노걸대』에서 고려 상인은 원을 왕래하며 중통초中統鈔 단위로 매매하였고, 보초를 받을 때마다 신용이 높은 새 것을 요구하였으며, 지원초至元鈔와 지대초至大鈔가 발행된 이후에도 모두 중통초 가격을 기준으로 거래하였다. 그러나 공민왕 중엽에 이르면 원이 쇠퇴하면서 보초가 공신력을 잃어 고려 상인들이 더 이상 대원무역의 교환수단이나 가치저장 수단으로 사용하기 어렵게 되었다.

(2) 원제국의 교역망과 고려

고려가 정치적으로는 자주성을 인정받았어도 경제적으로는 원 제국 안에 사실상 편입된 것과 같아서 간단한 문서만 있으면 국경을 넘어 교역에 참여할 수 있었다. 고려의 무역은 원 제국의 국내 교역에 준하는 대우를 받기도 하였던 것 같다. 앞서 서술했지만, 충렬왕이 주시랑周侍郎을 보내 복건행성에서 무역할 때 천·광주시박사泉·廣州市舶司가 외국의 사례에 준하여 시박세 3/10을 부과하려 했으나, 복건행성평장사가 고려와 원의 긴밀성을 강조하여 상세 1/30을 취하자고 주장하였다. 그 근거는 외국인은 3/10이며, 내지內地는 1/30이라는 것이다. 고려와의 거래를 내지거래와 같은 차원에서 다루었다. 이것은 양국간에 관세가 적용되지 않았다는 뜻이다.

고려와 원의 특별한 관계는 교역망에도 영향을 미쳤다. 1283년에 원제국은 관세율을 확정하고, 1293년에 세관 규정을 확정하는 등 공격적으로 해외상인을 유치하였으며, 고려 상인들도 그 대상이 되었다. 하지만, 1290년대 말과 1300년대 초에 원제국과 동남아시아 지역 사이의 교류가 활발해져 고려의 가치가 줄어들게 되자 강남상인들의 고려 방문이 감소되었으며, 그 대신에 회회인들의 방문이 이어졌다. 이를 계기로 고려국왕들이 대외교역을 하면서 고려가 무역상으로는 이란 등지와도 연결되었다. 동북아시아 교역권에 속했던 고려가 동-서 세계간 교역체계에 포함되었다. 1350년대에는 서해항로를 이용하여 한인 군웅과 중국상인의 방문이 잦아졌고, 고려인들이 원에 가서 무역하는 것보다 중국 상인들이 고려를 왕래하는 무역이 더 많았다. 대표적인 상인들로는 천주의 손천부孫天富·진보생陳寶生 등이 있었다. 중국 해상의 고려 무역은 원 제국의 유라시아 해상항로 및 교역망과 연계되는 것이었다. 원은 훌레구 울루스와 정치·경제적으로 연계하여 강남상인이 동남아·인도는 물론 서아시아까지 자유롭게 진출하여 교역하였다. 고려는 예성항에 오는 중국 해상을 통해 간접적으로 교역하

몽골에서 사용된 징키스칸 금폐와 지원통행보초(至元通行寶鈔) **이관문**(二貫文)　고려대 고려시대사연구
실 제공.
몽골의 얼굴이 새겨진 금 화폐와 원 세조 지원연간(1264~1294)에 발행된 보초이다. 보초는 정부가 지급
을 보증한 일종의 지폐인데, 위조가 많고 발행한지 오래되고 여러 차례 사용하는 과정에서 훼손되는 경
우가 많아 상인들은 거래시에 낡은 것보다는 새 보초를 요구하였다. 지원보초는 5문(文)에서 2관문까지
11종이 있었기 때문에 이 사진이 가장 고액의 화폐에 해당된다.

였다. 물론 제국대장공주가 강남에 사람을 보내 인삼 등을 교역하였던 것
과 같이 직접 무역할 기회도 있었다.

　육로 무역도 원 제국의 세계적인 교역망과 연결되어 있었다. 『노걸대』
의 상인들이 무역하러 간 목적지가 대도였다. 14세기에는 그곳을 중심으
로 유라시아 대륙 전역을 잇는 광대한 육로교통체계가 구축되었다. 당시
에 유라시아의 많은 상인들이 그 길을 이용하였으며, 강남에서 출항한 조
운선 뿐 아니라 남해제국과 서아시아에서 온 배들까지 직접 대도성 안으
로 진입할 수 있었다. 대도는 세계 각지의 수많은 사람, 물자, 문화, 지식이
교류하는 '세계제국 수도'의 면모를 갖추고 있었던 것이다. 따라서 『노걸
대』의 상인은 고려의 말과 인삼 등을 보초와 바꾸어 비단 등을 사온 것으
로 설정되어 있지만, 대도에서 중국의 물산 뿐 아니라 육로와 해로를 통해
들어온 중앙아시아와 서남아시아 지역의 상인과 교역이 가능했을 것이다.

　원 제국이 이루어놓은 유라시아 교역권의 동단에 있었던 고려의 상인들
은 북쪽 국경을 넘어 요동이나 원의 수도인 대도를 다니며 육로무역을 하

〈'항주'명동제방형경抗州銘銅製方形鏡〉
국립중앙박물관 소장. 국립중앙박물관.
『고려·조선의 대외교류』, 2002, 14쪽.
'항주'라는 지역명이 새겨진 네모난 구리
거울이다. 개성에서 발굴되었으며, 13세
기 중국 해상들이 고려에 가져온 무역품
이었을 것이다. 항주는 송·원대 대표적인
항구의 하나였으며, 고려를 왕래하는 해
상들의 출발지인 명주와 가까워서 고려와
교류가 많았다.

였다. 또한 수도 인근의 직고나 강남의 대표적인 항구인 경원에서 고려를
연결하는 해상무역도 진행하였다. 고려 상인들은 원에 가서 서역 상인과
직접 무역하기도 하고, 원의 상인들이 서역의 물산을 배로 싣고 와서 고려
인과 교역하는 간접 무역이 동시에 이루어졌다. 그 밖에 회회 상인들이 고
려에 와서 활발한 무역을 하는 등 그 전시기와 비교할 수 없을 만큼 다양
한 무역의 방식이 있었다.

(3) 교역 담당자와 왕실의 사무역 참여

이 시기의 무역을 주도한 자들은 정치권력과 부를 동시에 갖춘 왕실이
나 권문·세족이었고, 상인들이 그들과 결탁하여 이익을 나누어 가졌다. 고
려전기와 비교하여 한 가지 특이한 점은 상인 출신으로 정치적인 출세를
하는 자들이 나타났다는 점이다. 남궁신南宮信, 손기孫琦, 이인길李仁吉 등은
상업을 통해 많은 부를 얻고 마침내 신분적 한계를 극복하고 고위직에 올
랐다. 원간섭기에 고려 왕실이 재정의 확보를 위해 무역에 참여하면서 중
요한 역할을 수행한 자들을 관직으로 포상하였기 때문이다. 일반 상인들
의 성장도 주목된다. 『노걸대』에서는 네다섯 사람이 10여필의 말에 인삼

〈'고려국조'명동제원형경高麗國造銘銅製圓形鏡〉
국립중앙박물관 제공. 국립중앙박물관, 『고려·
조선의 대외교류』, 2002, 15쪽 하단.
둥근 구리 거울에 고려에서 만들었다[高麗國造]
는 명문을 새겼다. 개성에서 발굴되었지만 고
려에서 사용하기 위한 것이 아니라 외국인들과
교역하기 위한 목적에서 명문을 넣었을 것이다.
고려의 동경 제조의 기술도 훌륭했으며, '이국
산'이라는 것 자체가 중국인 호사가들에게는
구입의 동기가 되었을 것이다.

100근과 모시 130필을 싣고 중국에 가서 무역하였다. 이들은 대중국 무역
이 활발해진 틈을 타서 활약하던 소규모 무역상들로서 왕실이나 권세가와
결탁된 상인과는 구별되었다.

무엇보다도 국왕 및 왕실이 공무역의 범주를 벗어나 사무역에 참여하며
이익을 추구하기 시작한 것이 고려후기 무역에 나타난 가장 큰 특징 가운
데 하나였다. 원간섭기 고려의 국왕들은 외교무역을 통해 이익을 얻기 어
려워지자, 측근을 원에 보내 무역하기 시작했다. 1278년(충렬왕 4)에 전 대
장군 윤수尹秀가 왕의 명령을 받고 대도에서 말을 사왔고, 충렬왕은 익도
부益都府에서 마포 14,000필을 매매하였다. 응방鷹房이 축적한 재화를 활
용해 수익을 내고자 측근에게 응방을 직영하도록 하고, 회회인을 끌어들
여 투자를 시도했다. 그의 왕비인 제국대장공주는 강남에 사람을 보내 송
자松子·인삼 등을 매매하여 막대한 이익을 거두고 뒤에 환관을 각지에 보
내 더 구입하려다가 물의를 일으키기도 하였다.

충숙왕은 1321년에서 1325년까지, 1330년부터 1333년까지 두 차례 원
에 체류하는 동안 원 황실이 회회인 및 서역상인, 해외상인들과의 교역을
통해 재정 수입을 확보하는 것을 보고, 귀국한 뒤 상인을 등용하여 고려의

재정난을 해결하고자 했다. 충숙왕이 오랫동안 원에 머문 이유 가운데 하나는 무역과 관련되었으며 왕의 측근 인물인 손기孫琦 등이 교역에 참여하였다.

충혜왕은 개인적으로 재산을 모으는 일에 많은 힘을 기울였다. 1342년 (충혜왕 후3) 남궁신南宮信으로 하여금 포 2만필과 금·은·보초로써 중국의 유주幽州·연주燕州에서 무역하였다. 같은 해 8월에는 임회林會·윤장尹莊 등에게 내고內庫의 재화를 팔아오게 하였으며, 그 다음달에는 상인들을 원에 보내 내탕금內帑金으로 장사하게 하였다. 일찍이 충혜왕은 원에 체류하면서 원의 권신 및 서역·회회인들과 교류하는 등 선대 국왕에 비해 무역 정보에 대하여 많이 알고 있었는데, 국왕으로 즉위하자 재정을 확보하기 위한 수단의 하나로써 측근세력에게 무역을 하도록 했던 것이다. 이들은 육로무역을 선호하여 포와 같은 직물을 팔고 중국과 서역의 물품을 사들이고 국내에서 매매하여 이익을 남겼다. 이러한 충혜왕의 적극적인 무역 활동은 원 황실의 미움을 사서 왕위에서 물러나게 되는 한 원인이 되기도 하였다고 한다.

원간섭기의 고려 국왕들은 원에 입조하거나 장기간 체류할 때 국왕을 비롯한 호종신료들은 원의 상인들과 무역을 하였다. 1284년 4월에 충렬왕과 제국대장공주·세자가 동행한 행차에는 호종신료의 숫자가 1,200여명이었고 가지고 간 재화만도 은 630여근, 저포 2,440필, 저폐 1,800필에 이르렀다. 친조는 충렬왕대에만 11차례나 있었고, 충선왕·충숙왕·충혜왕 등의 경우에도 정도의 차이는 있을 뿐 거의 비슷한 상황이었다. 고려 국왕이 원에 갈 때 많은 비용이 소모되었기 때문에 잦은 입조로 인해 재정이 궁핍해졌다. 이에 고려 정부는 내방고를 설치하고, 영송도감·국신색·반전도감과 같은 재정기구를 두었으며, 상요·잡공 등 부가세를 징수하거나 과렴을 수시로 행하여 재정난에 대응하고자 했다.

요컨대 원간섭기 고려 국왕은 공식적인 외교 무역을 통해 경제적 이득을 얻어 왕실 재정을 충당하기 어렵게 되자 사무역에 관심을 갖게 되었다. 고려의 거란·송·금 왕조에 대한 조공과 회사는 외교의 한 과정으로써 자연스럽게 왕실의 재정을 채워나갈 수 있는 방법이었으나 원간섭기에는 그것이 불가능해졌으므로 왕실이 별도로 사무역을 영위했던 것이다. 그런데, 왕실은 교환수단인 금·은·저·마포 등과 더불어 고려의 대표적인 토산품인 인삼·송자 등을 구하기 위해 상거래가 아닌 권력을 이용하여 조달하였기 때문에 백성들이 어려움에 처하고 사회적인 문제가 발생할 수 밖에 없었다.

3. 원 말기 한인漢人 군웅群雄과의 외교와 무역

원 말기의 한인 봉기는 원의 민족차별정책과 세조 이후 황위 계승분쟁으로 인한 중앙통치력의 이완, 재정확보책의 실패 등이 원인이 되어 순제 재위 중에 전국적으로 일어났다. 봉기를 주도한 군웅 가운데 고려와 잦은 교류를 했던 세력은 강절 지역의 장사성·방국진 등이었다. 이들은 남방계 한인 군웅들로서 고려와 바다를 사이에 두고 지역적으로 인접하였을 뿐만 아니라 형식적이기는 하지만, 원의 관작을 받고 있었으므로 고려가 이들과 외교를 한다고 해도 대원관계에 큰 문제가 되지 않았다.

강절성승상江浙省丞相 장사성은 1357년(공민왕 6) 7월에 이문理問 실라불화實剌不花를 보내와 토물土物을 바친 것을 비롯하여, 1366년 무렵까지 모두 17차례의 사신을 파견하였다. 이 때 양국 간에 교환된 문서의 내용을 보면 형식상 고려가 장사성 정권보다는 우위에 있었음을 알려준다. 장사성이 보낸 사절은 고려에 많은 예물을 가져왔는데, 침향산沉香山·수정산水精山·화목병畫木屛·옥대玉帶·철장鐵杖·채단彩段, 금대金帶·미주美酒, 옥가玉斝·침향沉香·활·화살, 침향불沈香佛·옥향로玉香爐·옥향합玉香合·서축書軸, 양·공작, 옥영玉纓·옥정자玉頂子 등이 있었다.

이것들은 거란·송·금·원 등이 보내왔던 회사품과는 다소 차이가 있다. 고려의 환심을 사기 위해 남방산의 진귀한 약재가 있었으며, 옥대·금대·옥영·옥정자 등 고려 국왕의 관복 장식과 더불어 침향불·옥향로·옥향합 등 불교 의식 용구가 많이 포함되었다. 이에 대해 고려는 백저포白苧布·흑마포黑麻布·호피虎皮·문표피文豹皮 등을 보냈으며, 사신에게도 별도의 하사품을 주었다.

고려와 장사성의 교류에서 주목되는 점은 1358년에 7월에 강절해도방어만호江浙海島防禦萬戶 정문빈丁文彬이 와서 '만약 상고商賈가 왕래하여 매매를 통하면 또한 인민을 은혜롭게 하는 한가지 일이다'라며 양국간의 무역을 제안했다는 것이다. 하지만 고려가 구체적인 답변을 하지 않아서 성사되지 않았다. 장사성이 고려와 외교하고자 했던 목적은 고려와 군사적 유대를 갖는 것과 더불어 경제적 교류를 통해 이익을 추구하였던 것이다.

장사성이 활약했던 시기에 태주台州(강절 지역) 방국진과 동남연해 지역 군웅이 고려에 사절을 보냈다. 방국진은 1358년 5월에 사신을 보내 토산물을 바쳤고, 1364년 6월에는 조마照磨 호약해胡若海를 전녹생田祿生과 함께 보내와 침향沈香·궁시弓矢 및 『옥해玉海』·『통지通志』 등의 책을 바쳤다. 1361년 3월에는 회남성우승淮南省右丞 왕성王晟이 사신을 보내 채백綵帛과 침향을 바쳤다. 이후 주원장이 황제로 즉위하기 전인 1364년부터 중원의 평정을 앞두고 고려 측의 동향을 살피기 위해 방국진이 사절을 보내기도 하였다. 그러나 공민왕대에 활기있게 진행되는 고려와 강남 지역 군웅 세력과의 교류는 1367년에 방국진이 주원장에게 투항하고 강남 지역이 주원장에 의해 평정되면서 중단되었다.

장사성과 방국진 등 한인 군웅이 여러 차례 사신을 보내왔지만, 고려는 장사성에게 단 한차례 사신을 보냈을 뿐, 방국진에게는 답례 사절을 보내지 않았다. 비록 원 제국이 약화되기는 했으나 여전히 고려가 책봉국이었기 때문에 별도의 사신을 보내지 않았을 것이다. 그리고 장사성과 방국진 등이 독자적인 정치세력을 이루고 고려와 외교를 하고자 했는데, 외교형식이나 의례를 보면, 공민왕은 그 사신들을 예전에 고려를 찾아와 헌상을 하고 무역을 했던 송상과 유사한 존재로 인식했던 것 같다.

고려와 강남 지역 군웅의 활발한 교류는 원의 세력이 약화된 점도 있었지만, 무엇보다 공민왕이 자주적인 외교를 펼쳤기에 가능했다. 이들이 고려를 찾아와 방물을 바치면서 외교와 무역을 하였던 것은 그 만큼 고려의 국제적 권위가 높았을 뿐 아니라 매력적인 무역 상대였기 때문이다. 송상이 고려를 왕래하며 번영하던 여운이 강남 지역에 여전히 큰 영향력을 끼치고 있었던 데서 비롯한 것이었다.

제6장
중국 이외
여러 나라·민족과의 무역

1. 여진과의 무역

　고려와 여진의 외교는 기본적으로 대등한 관계가 아니었다. 이러한 고려의 인식을 보여주는 것이 동번·서번의 '번蕃'이라는 표현이었다. 고려는 여진이 미개한 생활을 하고 있었으므로 동여진은 동쪽 변방의 오랑캐, 서여진은 서쪽 변방의 오랑캐에 불과하다고 인식하였다. 그 배경에는 이들에 대한 고려인들의 문화적인 우월감이 있었고, 그것은 중국이 한족漢族 이외에 다른 민족을 오랑캐로 인식하는 것과 유사하였다.

　고려는 거란과 금에 대하여 자신을 번국藩國이라고 칭하였지만, 중국 이외에 고려의 정치적 영향권 안에 있는 주변의 나라와 민족을 변방으로 여겼다. 이러한 의식을 바탕으로 만들어진 의례가 팔관회였다. 이처럼 원간섭기 이전 고려는 자국을 천하의 중심으로 이해하였기 때문에, 고려의 국왕을 '해동천자'로 인식하였고, 제왕諸王과 같은 황제국에 준하는 용어를 사용하였다. 이와 같은 사고체계를 '고려의 독자적 천하관'이라고 한다.

　제후국이 중국의 황제에게 조공하는 것과 같이 여진의 여러 부족들은 개별적으로 고려 국왕을 만나 예물을 바쳤다. 『고려사』와 『고려사절요』에 여진의 내헌來獻에 관한 기록이 많고 내용도 자세한 것은 그들이 고려 국왕을 직접 만나서 방물을 바쳤음을 알려준다. 그리고 그것이 팔관회 의례의 일부분으로 정해졌다. 1034년(정종 즉위년) 11월에 신봉루神鳳樓에서 사면을 발표하고 여러 신하들의 하례를 받은 뒤 송상, 동·서여진[東西蕃], 탐

〈경원여진자비|慶源女眞字碑〉 국립중앙박물관 소장. 국립중앙박물관, 『고려시대를 가다』 2009, 105쪽.
1156년경에 함경도 경원 지방에 금나라 사람들이 오롱초사라는 절을 건립하는 과정을 기록한 것이며, 여진어를 연구하는데 중요한 자료이다.

라에서 방물을 바쳤다. 국가의 중요한 의례와 하례행사가 진행되는 과정에서 동·서여진이 방물을 바치는 것으로써 그 자리를 더욱 빛내는 역할을 하였다. 비슷한 내용이 『고려사』 「예지」에도 있다. 1034년 10월에 정종이 보신輔臣(재상)을 보내 서경팔관회西京八關會를 열고 2일 동안 잔치를 베풀었고, 그 이후 관례적으로 10월에 팔관회를 개최하도록 하였다. 이어 11월에 팔관회를 열어 신봉루에서 백관에게 연회를 베풀고 다음날 대회大會 때에 서경·동경과 동북양로병마사東北兩路兵馬使 ·4도호都護·8목牧은 각각 표를 올려 하례하였다. 또한 송상과 동·서여진[東西蕃]·탐라국이 방물을 바치자 자리를 주어 음악을 함께 보게 하였다.

이해 덕종이 9월에 승하하고, 정종이 즉위하면서 팔관회를 새로이 개편했던 것이다. 중요한 변화는 공식 의례의 하나로서 송상과 동·서여진이 방물을 바치는 의식을 포함시키고 상례화한 것이었다. 그 동안 고려국왕이 동·서여진 추장의 조공을 받고 면대面對하던 것을 팔관회의 고정된 의식의 하나로 바꾼 셈이다. '고려의 독자적 천하관'에 입각한 팔관회 의례는 고려 국왕의 권위를 높이는 것이었다. 여진의 추장이나 사신이 고려 국왕에게 토산물을 바치는 것을 백성들은 여진이 고려 국왕을 흠모하여 조공하러 온 것처럼 생각했을 것이다. 새로 즉위한 정종은 백성들이 참여하고 관람하는 팔관회에서 고려 국왕에 대한 여진과 송상의 헌상을 공식화하고 상례화하여 정치적 효과를 극대화하고자 했던 것이다.

사서에 '여진이 방물을 바쳤다[獻方物]'고 기록한 것은 고려가 송·거란·금 등에 방물을 바친 것과 같은 조공의 형식이었다. 이에 대해 고려 국왕은 마치 중국의 황제들이 고려에 그러했던 것처럼 여진 사람들에게 물품을 하사하였다. 1033년(덕종 2)에 '철리국이 사신을 보내 좋은 말과 초서피貂鼠皮(담비 가죽)를 바치자 덕종이 가상히 여겨 매우 후하게 회사품回賜品을 주었

〈왕건동상〉 정학수 제공.

개성 고려박물관에 있는 왕건동상이다. 실제로는 나신에 옷을 입혀서 모셨다. 왕건의 사후에 전국 각지의 사찰에 진영—초상화—을 모신 진전眞殿을 두어 숭배하였고, 동상을 만들어 모시며 정기적으로 의식을 치렀다. 주목할 점은 왕건이 머리에 통천관通天冠을 쓰고 있다는 것이다. 고려 국왕이 천자였다는 상징이다. 고려가 시기에 따라 후당·후진·후주·송·거란 등의 나라에 사대를 하고 책봉을 받았지만, 한편으로 고려는 동·서여진·흑수말갈·일본·탐라 등의 조공을 받는 나라이고 고려 국왕은 그러한 주변민족과 국가를 포함하는 작은 천하의 천자였다. 이러한 천하관에 따라 정기적이고 공식적으로 치러지는 국가적 행사가 팔관회였다. 매년 11월 보름에 열리는 팔관회에서 송상·동서여진의 추장 등이 여러 백성들이 보는 앞에서 천자인 고려 국왕에게 헌상하는 의례를 행하였다. 이를 통해 고려 국왕의 정치적 권위를 높이는 효과를 얻었던 반면에 송상은 무역상의 편의를 보장받았고, 여진의 추장들은 무산계와 하사품을 받았다. 팔관회 의식은 고려 국왕과 송상 및 여진의 추장이 서로 이익을 얻는 호혜적 측면이 있었기 때문에 오랫동안 지속되었다.

다'는 기록에서 '바쳤다'거나 '회사했다'는 표현은 양자가 군신관계였음을 나타내는 말이다.

여진이 고려에 사대하는 형식으로 자신들의 특산물 등을 바치면, 고려는 그에 대한 장려의 뜻으로 그들에게 필요한 물품을 하사하였다. 여진이 방물을 바쳤다는 기록 없이 단지 '내조來朝'하였다는 사례도 있는데 그 뜻이 고려 국왕을 알현하러 왔다는 것이어서 전통적인 관례상 방물을 가져왔을 것이며, 이들이 회사품을 받아갔다는 점에서 내헌과 같다.

여진이 고려에 바쳤던 것은 방물이나 토물이었다고 한 기록이 대부분이며, 고려에서 구하기 어려운 여진의 특산물이었다. 구체적으로는 말·갑옷·기치旗幟·초서피·청서피靑鼠皮(몸은 잿빛에 배는 하얀색을 띠고 털이 긴 쥐의 일종이며 그 가죽은 최고급에 해당함), 짐승가죽·철갑鐵甲, 병기·의장, 번미蕃米, 사람[生口], 궁노弓弩, 과선戈船(작은 배)·고시楛矢(화살), 황모黃毛(쇠털) 등이 있었다. 진헌進獻 사례를 보면 말이 가장 많았고, 철갑·궁노·화살·과선 등의 병장기가 있었으며, 초서피·청서피 등의 동물의 가죽도 주요한 방물이었다. 여진이 바친 사람은 노비로 사역되었는지 일반 백성에 편입되었는지 알 수 없다.

고려가 원하는 물품을 가져와야 더 많은 회사를 받을 수 있어서 여진은 태조 이후 고려와 거란의 군사적 긴장 관계가 고조됨에 따라 군사적으로 이용되는 물품들을 많이 진헌하였다. 특히 고려와 거란과의 전쟁 시기인 현종대에 여진은 주로 고려의 전력을 높이는 것들을 많이 가져왔다. 그 가운데 고려의 군사력 강화에 도움이 되는 말의 무역은 태조대부터 시작된 것 같다. 936년에 후백제를 공격하기 위해 편성된 군인 가운데 여진과 관련된 흑수경기黑水勁騎가 9,500명이 있으며, 이들은 말을 직접 타고 온 것으로 추정된다. 이러한 유대 관계 속에서 말 무역은 자연스럽게 시작되었으며 이후에도 계속되었다. 고려와 거란이 대립하던 시기인 현종 때, 여진인들이 가져왔던 각종 병기류들도 여진이 고려를 돕기 위해 가져왔다기보다는, 양국간 전쟁의 틈을 타서 여진인들이 고려에서 가장 필요한 물품인 병장기를 만들어 조공의 형식으로 무역하였던 것이다.

고려가 여진에게 주는 하사품도 마찬가지여서 여진이 원하는 것들을 많이 주었으며, 필단匹段, 의복·물품, 포물布物, 기명器皿 등이 가장 많았다. 고려가 여진에게 회사하는 것을 '예에 따라 물품을 하사하였다'[賜例物]고 하였으며, 가장 많았던 것은 옷감과 의류였다. 고려의 회사품은 여진이 가져온 물품에 따라 그 양과 종류가 달라졌는데, 『고려사』 권2, 「세가」 정종定宗 3년 추9월의 기록은 그러한 사실을 알려준다.

> 동여진의 대광大匡 소무개蘇無蓋 등이 와서 말 700필과 방물을 바치거늘[獻] 왕이 천덕전天德殿에 납시어 말을 검열하여 3등급으로 나누고 그 값을 평정評定하였다. 1등급은 은주자銀注子 하나와 금錦·견絹 각 1필, 2등급은 은발銀鉢 하나와 금·견 각 1필, 3등급은 금·견 각 1필로 하였다. 갑자기 우레와 함께 비가 내려 물건을 다루는 사람에게 벼락이 치고 궁궐의 서쪽 모퉁이에도 벼락이 쳐서 왕이 크게 놀랐으므로 근신들이 부축하여 중광전重光殿에 들게 하였다. 드디어 병환이 나니 사면령을 내렸다.

이 기사에서는 동여진에서 가져온 말에 대해 왕이 하나하나 검사하여 등급을 매기고 1등급에서 3등급에 이르기까지 서로 다른 보상을 하고 있다. 여진이 가져온 말이 700필이므로 모두 3등급을 받았다고 가정해도 여진에서는 적어도 금·견 각 700필을 가져갈 수 있었으며, 은주전자나 은사발도 많이 가져갔을 것이다. 여진이 고려에 와서 방물과 말을 바쳤다고 하지만, 실제 목적은 고려에 말을 팔기 위해 온 것이고, 고려는 국왕이 직접 말의 등급을 매기어 사들이고 있는 것이다. 이것은 중국이 주변 민족이 조공하러 왔을 때 가치를 따져 계산해주던 방식과 같은 것이다. 고려에 대한 여진의 조공은 사실상 양국간의 무역이었던 것이다. 여진이 가져온 말에 대해 똑같이 값을 치르지 않았다는 것은 준마駿馬, 명마名馬, 양마良馬와 같이 말의 품질 또는 등급을 나타내는 표현을 사용하였던 데서도 확인된다. 그러므로 고려에 오는 여진으로서는 더 많은 대가를 받기 위해 가능하면 우수한 말을 가져왔던 것이다.

여진과의 무역 기사 뒤에 벼락이 치고 왕이 놀라 병이 든 것까지 기록한 것은 행위가 옳지 않으므로 경계해야 한다는 『고려사』 찬자의 견해를 보여준다. 고려는 여진이 가져온 물품을 오랑캐가 바치는 조공이라고 정치적인 의미를 부여했으나 실상은 고려와 여진이 경제적인 거래를 하였던 것이다. 따라서 여진이 고려에 방물을 바친 것은 외교적 수사에 불과할 뿐이며, 그것은 고려와 여진의 공식적인 무역이었다. 그 후에도 여진이 고려에 방물을 헌납한 기사는 계속된다. 다만 국왕이 직접 방물에 대한 품질을 따지는 사례는 더 이상 없다. 대부분 고려의 담당 관인과 이속吏屬들이 그 일을 담당했을 것이다.

고려와 여진 사이에는 조공-회사 이외에 사행 무역 형식도 있었던 것 같다. 고려에 온 여진의 사절단이 적게는 수십명에서 많게는 100여명에 이르렀는데, 그 수가 너무 많다. 고려 국왕을 알현하고 방물을 바치는 몇 명의 대표를 제외하고 대부분 고려의 수도인 개경에서 무역을 하러 왔을 것이다. 여진이 머무는 객관과 가까운 곳에 송상의 객관이 있어서 언제나 송상과 교역할 수 있었다. 여진과 송 사이에 거란이 있어 여진이 송에 가는 것이 어려워지자, 고려에 와서 국왕에게 헌상하여 회사를 받고 개경에 있는 동안 송상을 만나 필요한 물건을 구매하였던 것이다. 이것이 고려 국왕에게 내헌하러 온 여진의 중요한 목적 가운데 하나였으며, 대규모 사절단을 구성하게 된 원인이었을 것이다.

그런데 많은 여진의 사절들이 너무 오래 머물면서 문제가 발생하자 고려는 이에 대한 대책을 마련하였다. 1081년(문종 35) 5월에 동여진 추장 진순陳順 등 23인이 와서 말을 바치자, '무릇 번인蕃人으로 내조來朝한 자는 서울에 체류하는 것이 15일을 넘지 않도록 하고 아울러 관사에서 떠나도록 함을 항식恒式으로 삼으라.'고 하였다. 그것은 고려에 오는 여진인들이 동해에서 개경으로 왕래하고 체류하는 비용을 부담해야 했기 때문에, 너무 많은 수의 여진인들이 지나치게 오래 머물러서 생기는 비용의 지출을 줄이고자 하는 조치였다. 그만큼 여진인들은 고려에 장기간 체류하면서 고려 상인 및 송상과 교역을 하는 것을 바라고 있었고, 그러한 일이 벌어지고 있었다.

고려와 여진의 외교와 무역은 양자의 이해가 서로 부합해서 이루어진 것이었다. 고려의 국왕은 여진의 추장들이 자신들을 알현하고 토산물을

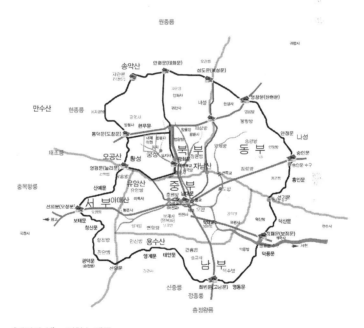

〈개경의 성〉 정학수 제공.
고려는 외적의 침입과 반란군의 공격에 대비하기 위해 수도인 개경에 궁성·황성·나성 등을 겹겹이 쌓았다. 궁성은 국왕과 왕후 및 왕족의 거주 공간이자 국정이 행해지는 곳이었다. 황성에는 중서문하성과 중추원 등 고려의 주요 관서가 있었고, 관인·서리·군인 등은 황성 밖 도성에서 살았다. 나성은 거란과의 전쟁을 마치고 개경 성밖에 다시 쌓은 외적들에 대한 1차 방어선이다. 송상과 여진인들이 국왕에게 조회하고 개경에 머물며 무역하였는데, 여진인들은 도성의 거류기간을 15일 이내로 제한받기도 하였다.

바치는 의례를 통해 고려적 질서체계의 중심국가였던 고려국왕의 권위를 과시할 수 있었다. 여진의 추장은 고려의 무산계나 향직을 받아 주변 종족 사이에서 대외적인 위상을 높일 수 있었다. 정치적 목적 외에 여진이 방물을 바치고 고려가 회사품을 주는 과정을 통해 상호간 경제적 이익을 얻었다. 고려와 여진 사이에 누가 더 큰 이익을 얻었는지 선뜻 판단하기는 어렵지만, 양자의 관계는 서로 상대국을 방문하는 것이 아니라 여진이 고려를 일방적으로 찾아왔다는 점에서 여진이 더 적극적이었으며, 그만큼 그들에게 유리하게 진행되었을 것이다. 특히 고려와 여진간의 경제교류는 거란이나 송과는 비교할 수 없을 정도로 적었다. 고려는 성공적인 기미정책으로 변방의 안정을 확보하였다. 여진은 고려를 통해 문명을 접하고 후에 금 제국으로 성장하는 발판을 마련할 수 있었다는 점에 주목해야할 것이다.

원간섭기에 고려 상인들은 원과의 국경을 비교적 자유롭게 넘어다니며 무역을 할 수 있었으므로 상대적으로 물산이 부족한 여진과의 무역에 관심을 보이지 않았다. 그러나 고려가 여진에게 부족한 쌀을 주고 그들의 특산물을 받는 무역은 계속되고 있었다. 1292년(충렬왕 18) 7월에 동계안집사東界安集使는 진변만호鎭邊萬戶 송분宋玢이 백성들을 수탈하고 여러 가지 공역을 일으켰으며, 변방의 군사를 시켜 쌀을 운반하여 여진에 갖다 팔게 해서 백성들이 매우 고통스러워 한다며 탄핵하였다.

1383년(우왕 9) 8월에 이성계가 변방을 편안히 하는 계책을 올렸는데, "북계北界는 여진·달달達達·요동·심양의 지역과 서로 연하였으니, 실로 국가의 중요한 땅입니다. 비록 일이 없는 때라도 반드시 양식을 저축하고 군사를 길러 의외의 사태에 대비하여야 하지만, 이제 그 곳 주민들이 매양 저 사람들과 서로 물자를 교역하여 날마다 서로 친하게 지내며 혼인을 맺기까지 하여 저쪽에 있는 족속이 유인하여 가고, 또 앞잡이가 되어 들어와 약탈하기를 그치지 않으니, 입술이 없어지면 이가 시리다는 말과 같이, 이것은 동북 한 방면의 걱정일 뿐만이 아닙니다."라고 하였다.

고려말에 압록강과 두만강 이북 지역은 명의 지배력이 미치지 못하고 납합출 등 여러 지방 세력들이 혼재하고 있어서 명나라 조차도 통제하기 어려운 상태였다. 오랜 동안 원의 지배를 받으면서 국가나 민족의식도 약해져, 고려 사람들과 여진을 비롯한 국경지역 사람들이 무역을 하고 심지어 혼인하며 어울려 살았던 당시의 상황을 알려준다. 두 기록을 보건대 고려와 여진 사이에 필요한 물자를 교환하는 방식의 무역이 있었음은 틀림없다. 그와 더불어 고려 초와 같이 여진인들이 고려의 개경을 찾아와 국왕에게 헌상하고 하사품을 받고, 무역을 해서 되돌아가는 방식도 이루어지고 있었다.

2. 일본과의 무역

1) 일본의 무역 주체와 양상

일본과의 공식적인 외교는 없었으나 일본인들은 표류민의 송환과 같은 외교적 사안이 있거나 무역을 위해 여러 차례 고려를 왕래하였다. 고려에 온 일본 사람들은 국가를 대표해서 온 것이 아니라 개별적으로 고려와의 교역을 위해 입국한 것이었다. 고려에 온 사람들의 명칭을 들면, 일기도 구당관壹岐島勾當官, 일본국 선두船頭, 일본 상인, 일본의 승속僧俗, 살마주薩摩州의 사인使人, 대마도對馬島의 사인, 축전주筑前州의 상객商客, 대재부大宰府의 상객, 일본국, 일본의 도강都綱, 일본 관서구주절도사關西九州節度使의 사인 등이 있었다. 지역별로는 일본이라고 표현된 것과 구체적으로 일기도·대마도·축전주·구주 등 지역의 명칭이 있는 것이 있었다. 대재부와

〈박다만〉 하라 토모히로 제공.
일본 규슈의 후쿠오카에 있는 해안 전경과 몽골군의 침입에 대비해 설치한 방루에 대한 안내도이다. 이 지역은 해도로 한반도에 가기가 편해서 고대부터 한반도와 중국에 출입하는 항구로서 역할을 하였고, 고려시대에는 송상이 무역하러 많이 왔다.

같은 일본 정부의 대표 외교기관도 있었고, 대마도 등 지방 세력이 보낸 자들도 있었다. 가장 많은 것은 지리적 여건상 가장 가까우며 식량 문제가 절실했던 대마도였다.

고려와 일본의 교역 참여자로서 주목되는 것이 송과 일본의 무역을 주도하던 중국계 해상들이 있었다는 점이다. 1147년에 고려를 찾은 일본도강 황중문黃仲文이 해당되는데, 일본에서 무역하러 왔던 것은 분명하지만 그들이 고려와 일본 무역을 전담했던 것인지, 고려와 일본, 일본과 송과의 무역을 병행했는지는 확실하지 않다.

그리고 사인·구당관 등 관인이나 사절의 뜻을 담은 명칭과 선두·상객·상인·도강 등 상인이었음을 알려주는 명칭으로 구분된다. 전자의 경우도 특정 물품이나 방물을 바쳤다고 하는 것으로 보아 사실상 무역을 하러 왔던 것이었다. 결국 특별한 정치적·외교적 사유없이 고려를 왕래한 일본인들의 목적은 무역에 있었던 것이다. 또한 일본에서 고려에 파견되

〈경상도 지도〉 「신증동국여지승람」

경상도의 각 군현이 표시된 지도이다. 한반도의 동남쪽인 경상도 지역에는 일본의 침입에 대비해 수군관서인 도부서가 있었다. 처음에는 경주에 설치되었고, 뒤에 금주(金州: 김해)로 옮겼는데, 입조와 무역을 위해 고려에 오는 일본인들의 관문이 되었다. 아울러 고려와 일본이 외교관계가 없었으므로 금주가 표류민의 송환과 같은 외교적 사안에 대해 문서를 주고받는 외교 창구의 역할을 하였다. 이러한 사정을 반영하여 지도에서는 대마도對馬島를 김해부 남쪽에 마치 경상도의 관내처럼 그려 넣었다. 한편 13세기 후반 원나라가 일본 원정을 준비할 때 창원의 합포合浦에서 고려와 원의 연합군이 모여 일본으로 출발하였다. 1,2차 원정이 끝난 뒤 일본의 침입에 대비해 금주와 합포 등에 진변만호부를 설치하게 되자 경상도는 일본을 막는 최전선이 되었다. 이러한 긴장관계가 지속되고, 원과 일본의 무역이 활성화되면서 고려와 일본의 무역은 사실상 중단되었다.

는 배를 진봉선進奉船 또는 공선貢船이라고 하였다. 12세기 후반부터 13세기 후반까지 약 1세기에 걸쳐 고려는 대재부와 그 관할하에 있었던 대마도와 진봉 형식의 무역을 하였다. 그들이 고려에 보내는 배는 1년에 1회에 한하여 배 2·3척을 한도로 하는 규정을 제정하기도 하였고, 금주에 일본인들을 위한 객관을 설치하기도 하였다.

진봉선의 명칭이 마치 상국에 조공을 바치러 가는 외교 임무를 수행하는 것과 같지만, 사실 고려와의 외교에는 그다지 관심이 없었고 순수한 무역선으로 이해된다. 일본의 여러 곳에서 고려를 찾아왔고, 단순히 일본이 아니라 구체적인 지역 명칭까지 상세하게 기록되었다는 것은 고려가 그들을 구체적으로 파악하고 있었음을 알려준다. 고려는 보낸 곳이나 외교 사절인지의 여부를 크게 구별하지 않고 유사한 대우를 했을 것이다. 왜냐하면 이들이 사절이라고 하며 고려에 왔다고 해도, 그들의 진정한 목적은 고려와의 외교가 아니라 무역이었기 때문이다.

이 시기의 고려와 일본의 무역은 주로 일본의 여러 곳에서 고려를 찾아와 물품을 교환하는 방식이었다. 그 이유에 대해 일본 중세 무역사의 전문가는 첫째, 고려는 중앙집권적 국가로 부력富力도 중앙에 집중하므로 인해 지방관이나 자립한 지방정권이 독자적으로 해외에 선박을 파견하여 무역활동을 할 여지가 없었다는 점, 둘째 일본은 사회경제가 화폐부활의 단계였으나 고려는 아직도 자연경제에 있었다는 점, 셋째 이 시기 무역을 송과 일본의 상인이 주도하였으므로 고려의 상인이 파고들 여지가 없었다는 점 등을 들고 있다.

이 견해는 고려의 경제 발전 단계가 일본보다 낮았다는 잘못된 역사관에 근거한 것으로 문제가 있다. 당시 고려는 발해의 유민 문제, 거란의 침입 등 북방민족과의 관계가 더욱 중요했을 뿐 아니라 장보고가 해상무역으로 정치세력화하여 신라왕실에 도전을 하였고, 왕건의 조상이 해상무역을 통해 부를 쌓고 호족으로 성장하고 마침내 나라를 세운 것을 잘 알고 있었으므로 고려인들의 대외 교역을 통제하고 있었다. 반면에 고려는 여진 및 송상과 일본 상인을 팔관회에 참여시켜 고려를 중심으로 한 하나의 세계관을 형성하면서 교역을 시도했던 것이다.

한편 일본인의 고려 왕래가 문종대부터 갑자기 많아졌는데 그에 대한 몇가지 견해가 있다. 첫째, 일본의 조선 및 항해술과의 관계이다. 일본이 견당사 파견을 중단한 이후 항해술과 조선술이 전대에 비해 많이 퇴보했기 때문에 동지나해를 횡단하는 중국과의 무역이 불가능해졌고 다만 황해

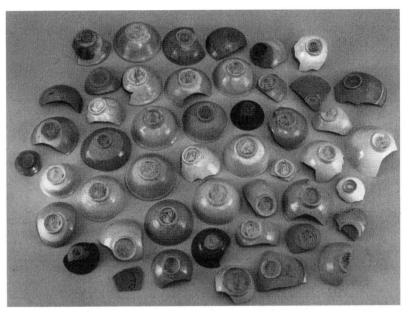

〈묵서명 도자기〉 국립해양문화재연구소 소장. 문화재청·국립해양문화재연구소, 『태안 마도 출수 중국 도자기』, 2013, 7쪽.

송상의 배에는 여러 상단이 타는 경우도 있었기 때문에 각각 자기의 아랫부분에 먹으로 화물의 주인인 도강都綱의 성 등을 적어 화물의 주인을 구별하였다. 이러한 조질 자기는 국내에서 발견되지 않는 대신에 일본 구주 박다에서는 많이 발견된다. 송상이 싣고 온 자기는 고려에서 판매하는 것이 아니라 고려를 찾아오는 일본 해상들과 무역하기 위한 것이었다고 추정된다.

의 연안을 따라 올라가는 수 밖에 없었다. 이 때 고려의 문종이 일본에 호의를 보이자, 일본 해상들은 이를 고려 방면의 진출의 호기로 여겨, 1073년 7월 일본 상인 왕칙정王則貞, 송영년松永年 등 42인이 예성항에 들어온 것을 시작으로 일본 상인의 왕래가 매우 활발해졌다. 기술 조건상 일본이 해외에서 교역할 수 있는 거의 유일한 국가는 고려였으며, 그것이 고려와의 무역에 적극적으로 나섰던 이유였다.

둘째, 송상의 배가 고려에 많이 도항한 시기에는 일본에서도 비례하여 많이 출입하고 있는 점이 주목된다. 고려의 문물이 갖추어졌을 뿐 아니라 송상의 내항도 빈번하여 국제무역이 성행했으며, 이것이 일본상인들에게 자극을 주었던 것 같다. 고려·송·일본의 동북아 세나라는 우호적인 외교

관계에 기반하여 고려를 중계지로 하여 일본과 송 간에 상품을 교류하는 연쇄적 관계를 이루고 있었던 것이다.

셋째, 고려와의 외교적 긴장이 완화되고, 원정院政 시기 무역품 수요가 높아졌다. 대재부에서 발흥한 상인군과 자신의 장원으로 송상인을 불러들이고 밀무역에 의해 이익을 얻으려는 장원 영주는 종래의 수동적 무역과 송상인의 독점적 이익에 대해 불만을 갖게 되었다. 이러한 정부의 대외방침 전환과 무역관리체제의 이완 등을 계기로 상인들이 능동적으로 활동하기 시작하였던 것이다.

고려와 일본의 무역양상을 시기별로 보면, 고려전기에는 일본 상인이나 사절들이 고려에 와서 무역을 하는 사례가 많았으나 고려말 왜구가 창궐할 때는 왜구의 금지와 포로의 송환을 요청하기 위해 고려에서 많은 사신들이 일본에 갔다. 그에 따라 적지 않은 사례품謝禮品을 동반하고 갔을 것이며, 포로 송환을 위해 적지 않은 대가를 치르기도 하였다. 고려전기와 후기가 정반대의 양상을 띠고 있었다.

2) 일본과의 무역품

고려와 일본의 무역 형식은 고려와 송상 및 고려와 여진 관계에 준해서 시행되었다고 생각된다. 따라서 일본의 상인 또는 사절이 고려에 와서 일정한 물품을 바치면 고려 국왕이 그에 대해 하사품을 주었고, 나머지 물품에 대한 교역을 허락받고 일반 상인과 거래하는 방식이었다. 이처럼 고려와 일본의 무역은 진헌進獻과 하사下賜라는 형식 속에서 진행되었다. 고려는 일본과의 외교에 적극적이었던 반면 일본은 외교보다 무역에 관심이 많아서, 외교와 무역이 균형이 맞지 않는 특이한 통상체제를 만들어냈다.

고려와 일본 간 무역품의 구체적인 내용은 일본인이 고려 국왕에게 바친 것과 고려 국왕이 일본인에게 회사한 것을 통해 확인할 수밖에 없다. 가장 흔한 표현은 여진과 같이 토물과 방물이었으며, 고려에서 거의 산출되지 않는 일본의 특산물을 포괄하는 표현이었다. 일본이 고려의 국왕에게 바쳤던 것은 나전안교螺鈿鞍橋·칼[刀]·경갑鏡匣·연상硯箱·빗[櫛]·서안書案·화병畵屛(꽃그림병풍)·향로香爐·궁전弓箭·나갑螺甲·수은, 불상, 법라法螺·해조海藻, 진주·보도寶刀·우마牛馬, 도검刀劍, 감자柑子(감귤), 채단彩段·화병畵屛·장검長劍·누금용두주기鏤金龍頭酒器, 창검槍劍·말 등이 있었다.

이 물품들은 나전안교·벼루·서안·향로·누금용두주기 등 수공업 제품, 법라·해조 등 해산물, 감귤 등 과일류, 진주·수은 등 보물류, 채단 등 옷감류, 장검·궁전·나갑 등 병장구류, 우마 등 가축류, 불상 등으로 나뉜다. 그리고 단목丹木·침향沈香·서각犀角 등 남방의 산물도 일본 상인을 거쳐 고려에 전해졌다.

일본인들이 고려에 와서 헌상을 하면 고려는 회사의 형식으로 금은주기金銀酒器·인삼·석자席子·호피·표피 등을 주었다. 또한 사향麝香·홍화紅花 등의 약재와 면주綿紬·면포綿布·마포麻布·화면華綿·대릉大綾·중릉中綾 등의 옷감과 더불어 쌀과 콩 등도 회사품에 포함되었다. 그 가운데 화면·대릉·중릉은 송상이 가져온 것을 일본에 준 것이었다. 일본이 고려에 와서 가장 원했던 것의 하나가 불경이었으므로 사절이 와서 직접 불법佛法(경전), 장경藏經 등을 청하기도 하였다.

3. 대식국大食國 상인의 고려 왕래와 무역

대식국大食國은 아랍 지역의 국가를 뜻하는 것으로 일찍이 통일 신라 시기에도 교류한 바가 있었다. 송의 건국 이후 대식과 고려는 976년, 977년, 984년 등 여러 번에 걸쳐 5·6개월 간격을 두고 송에 조공한 바가 있어서 서로의 존재를 알고 있었을 것이다. 대식 상인들은 육로와 해도를 통해 송에 와서 무역을 하였으나 1023년부터는 해도로 단일화되었으며 남중국 광주廣州를 주요한 교역항으로 삼아 활약하였다.

이들은 광주에 왔다가 현지 송상들로부터 고려에 관한 정보를 듣고 송상들의 해도에 대한 안내를 받고 서해를 건너 고려를 찾아왔던 것 같다. 대식 상인에 관한 최초의 기록은 1024년 9월에 '대식국의 열라자悅羅慈 등 1백 명이 와서 토산물을 바쳤다'는 것이며, 다음해 9월에도 '하선夏詵·라자羅慈 등 100명이 와서 토산물을 바쳤다'고 한다. 이어 1040년 6월에 '대식국의 상객 보나개保那盖 등이 와서 수은水銀·용치龍齒·점성향占城香·몰약沒藥·대소목大蘇木 등을 바쳤다. 왕이 해당 관원에게 명령을 내려 그들을 객관客館에서 후하게 접대하도록 하였으며 돌아갈 때에는 금과 비단을 후히 주라'고 하였다.

기사의 내용을 볼 때, 아랍 상인들도 송상·여진인·일본인 등이 고려에 와서 토산물을 바쳤던 것과 똑같이 했다. 아랍 상인들은 다른 외국 상인들과 같이 고려 국왕에게 예물을 바치고 그에 대한 대가를 받았으며 고려에 일정기간 머물면서 일반 무역을 하였을 것이다. 상단의 규모가 100인이었다는 것으로 보아 직접 배를 운항하지 않고 송상의 배를 빌려 왔을 가능성도 있다.

대식 상인이 고려에 온 시기는 1024년에서 1040년까지이고, 그 횟수도 3차례에 그치고 있다. 특정 시기에 단기간으로 교역을 하고 중단된 원인은 첫째, 고려와 송의 무역이 활발하고 아랍과 동남아 물품이 고려에 유입되어 대식과 직접 교역할 경제적 이유가 없었던 점, 둘째, 시박사를 통해 무역을 통제하려 했던 송의 정책, 셋째, 동아시아의 불안한 국제정세 등을 들수 있다. 세 차례 고려에 와서 직접 교역을 했던 대식 상인들이 중국 동남

〈태안부근도〉「청구도」

조선시대 충청도 서산·태안 지역의 지도이다. 청구도의 찬자인 김정호는 태안 옆의 굴포堀浦 아래에 '고려와 조선시대에 굴착했으나 이루어지지 못했다[高麗本朝慶鑿未成]'고 기록하였고, 안흥의 옆에는 '물밑에 돌이 많아 뱃길이 위험하다[水路多石 船路危險]'라고 적어두었다. 고려시대 안흥을 지나는 서해의 물길이 위험하여 배가 자주 난파되었으므로 '난행량難行梁'이라고 불렸다. 이 문제를 해결하기 위해 전수만쪽에서 운하—굴포—를 파서 조운선 등을 지나게 하려고 하였으나 고려·조선 두 왕조 모두 성공하지 못했다. 이처럼 물길이 복잡하고 해로가 위험하였기 때문에 외국 상선은 고려의 연안을 항해할 때는 물길에 익숙한 사공의 도움을 받았다고 한다. 실제로 최근 안흥 마도 앞 바다속에서 송상의 배, 고려화물선 등 난파선이 발견되고 있다. 그런 점에서 11세기 전반에 왔던 아랍 상인들도 자신들의 배가 아니라 송상의 배를 이용했으며, 군산도부터는 예성항을 오갈 때 고려 초공의 도움을 받았을 것이다.

해 지역에서 동지나해와 서해를 건너 고려에 오는 것은 위험에 비해 큰 실익이 없다고 판단했을 것이다. 1040년 이후에 아랍 상인들이 더 이상 고려에 오지 않게 되었으나, 그들이 가져오던 아랍과 동남아 지역 물품은 송상을 통해 계속 유입되었다. 고려는 송상을 매개로 하여 아랍과 간접 교역을 하였던 셈이다.

고려와 매우 멀리 떨어져 있던 아랍 지역 배가 고려의 예성항까지 찾아왔다는 점은 다른 시기와 비교해 특이한 것이었다. 고려 정부는 무역 상인들의 입국에 대해 국적에 그다지 제한을 두지 않아서 송상이든, 일본 상인이든, 심지어 아랍 상인이든 고려의 방식대로 왕에게 헌상하는 의례를 행하고 무역하도록 허락하였다. 고려 왕실은 여러 국가에서 다양한 물품을 가져올수록 왕족과 귀족들에게는 이국산 물품을 갖게 될 기회가 많아졌다. 아울러 교역을 통한 이득도 얻게 되기 때문에 낯선 외국인들의 방문도 차별하지 않고 예성항을 개방하여 받아들였던 것이다.

4. 유구琉球 및 남양南洋 여러 나라와의 교류

유구는 현재 일본의 영토인 오키나와 군도에 있었다. 본토와 격리되어 독자적인 역사 발전을 하였으며, 14세기 후반부터 유구라는 국명이 등장하였다. 유구지역은 8~9세기에 농업이 발달하면서 계급 사회가 형성되었고, 11~12세기 안사按司라고 불리운 호족들이 패권을 다투다가, 14세기 초에 이르러 중산국中山國·산남국山南國·산북국山北國의 세 나라가 정립하게 되었다. 유구의 세 왕조는 명에 조공하고 각각 중산·산남·산북왕으로 책봉받았으며, 그 가운데 중산국이 가장 부강하고 대외활동이 활발하였다.

고려와 유구와의 관계는 1270년대 여몽연합군에 패배한 삼별초군의 일부가 유구로 피난하면서 시작되었다. 그것은 오키나와 우라조에성 요오토레 출토 기와와 용장성 출토의 와당 사이에 상당한 유사성이 있다는 사실이 증명하고 있다. 그후 100여년이 지나 중산국의 국왕 찰도察度는 1389년(창왕 1)에 고려가 대마도를 정벌한다는 소식을 듣고 사신 옥지玉之를 보냈

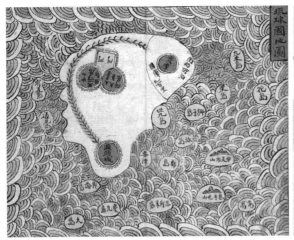

〈유구국 지도와 유구 진공선〉
1872년 이전까지 오키나와 제도에 있던 유구국의 고지도와 유구가 조공무역을 위해 보낸 진공선이다. 유구는 일본 규슈 남서쪽과 중국 복건성의 동쪽 해상에 위치한 곳으로 14세기에 3왕조가 건국되고 고려에 사신을 보냈으며, 이후 통일왕조가 성립된 뒤에도 조선과의 외교를 지속하였다. 유구왕국은 동아시아 해상 요충에 있던 지리적 위치를 활용하여 각국과 외교 및 무역하며 크게 번성하였다.

고, 그 일행이 순천부順天府에 도착하였다. 그들이 가져온 표문에는 고려 국왕에게 유구왕을 신臣이라 칭하며 왜적에게 잡혀간 우리 나라 사람들을 돌려보내고 방물인 유황硫黃 300근, 소목蘇木 600근, 후추[胡椒] 300근, 갑甲 20부部를 바쳤다. 이에 고려의 도당都堂은 그 전례가 없어 받아들이기 어렵다고 하였다. 그러나 왕이 먼 곳에서 조공하였다며 개경으로 들어오게 하여 전 판사判事 진의귀陳義貴에게 영접하도록 하였다.

이어 전객령典客令 김윤후金允厚와 부령副令 김인용金仁用을 보내 포로를 풀어준 것에 감사하며, 다른 포로들도 송환해줄 것을 요청하였다. 고려는 유구의 사절에게 예물禮物로 안자鞍子·은사발[銀鉢]·시저匙箸 등은 각 두 개씩, 은잔과 은배는 각 한 개를 주고 흑마포黑麻布 20필匹, 호피虎皮 2 령領, 표피豹皮 1령, 만화석滿花席(꽃무늬를 넣은 자리) 4장張, 화살 100매枚, 화병畵屛 1폭幅, 화족畵簇(그림 족자) 1쌍雙 등을 보내주었다. 다음해 8월에 중산왕이 다시 옥지 등을 보내 방물을 바치고 고려의 포로 37명을 되돌려

보냈다.

　고려와 유구와의 관계는 외교적 의례상 유구가 자신을 고려의 신하라고 하며 사대하였으나 특별한 강요나 복속 관계가 있었던 것이 아니라 자발적인 것이었다. 유구는 고려를 자신들보다 훨씬 강하고 발전된 국가라고 생각했던 것 같다. 유구는 고려에 사신을 보내며 그 지역 특산물인 유황·소목蘇木·호초胡椒(후추) 등을 바쳤고, 고려는 안자·은사발·시저·은잔·은배·화병·화족·호피·표피·만화석 등 고려의 특산물을 하사하였다.

　유구가 고려에 통교를 요청한 목적은 무역상의 이익을 얻으려는 것이었다. 유구는 동남아시아의 물산을 구입해 중국에 팔고 중국 물산을 일본에 파는 중개무역을 하였다. 그들이 고려를 찾은 것은 무역상대를 북방으로 확대하기 위한 것이었으며, 고려에서 구하기 힘든 남방산 약재나 향료를 많이 가져왔다. 고려와 유구의 관계 및 대우는 기본적으로 금 건국 이전의 여진이나 창왕 때의 일본에 준하는 것이었다.

　고려시대에 그 수는 적지만, 동남아 및 인도 지역과의 교류도 있었다. 1298년(충렬왕 24) 6월에 마팔아국馬八兒國(Mobar) 왕자인 발합리孛合里가 사자를 보내어 침향 5근 15량을 진헌하였다. 이 나라는 인도반도 동해의 크로만델(Coromandel) 해안에 있는 작은 나라로 면포의 산지로 유명하다. 채인규蔡仁揆의 딸이 일찍이 원의 승상 상가桑哥에게 시집갔다가 마팔아국 왕자에게 개가하였는데, 친가의 국왕에게 예물을 바친 것이다.

　또한 1391년(공양왕 3) 섬라곡국暹羅斛國의 나공奈工 등 8인이 와서 토물을 바치고 글을 올렸다. 섬라곡국은 태국의 옛 명칭인 시암(Siam)국이며 14세기에는 아유타야 왕조 시대였다. 이 왕조는 초기에 활발한 대외무역을 추진하였으며 담당자는 중국 무역상이었다. 섬라곡국이 고려에 사신을 보낸 것은 해외무역 시장을 확대하기 위한 것이었다.

　그들은 1388년에 왕명을 받고 출발하여 일본에서 1년간 머물다가 고려에 왔으며, 공양왕이 항로에 대해 묻자 북풍 40일이면 도착한다고 답하였

다. 고려는 그들이 가져온 글의 양식에 성명과 봉인封印이 없고 작은 원인
圓印만이 있으므로 사신의 진위 여부에 대해 가릴 수 없어서 국서는 접수
하지 않았다. 단지 사신을 만나 위로하였으며, 통역을 세 번 통해야 뜻을
알 수 있었다. 그들의 풍속은 옷을 걸메고 맨발이었으며, 존자尊者는 백포
白布로써 머리를 싸고 종복從僕은 존장을 보면 옷을 벗어 드러내기도 했다
고 한다.

한편 고려에는 중국상인을 통해 남양 지역의 물품이 전해졌다. 그 대표
적인 것으로는 인도산 목면, 사탕, 서각, 상아와 더불어 침향·소목·후추
등이 있었다.

제7장
결: 명과의 무역
-새로운 외교와 무역 방식을 둘러싼 갈등과 화해-

1. 명과의 외교와 조공 문제

1) 공민왕대 명과의 외교와 문물제도의 도입

원 제국은 14세기 중엽부터 동요의 조짐이 나타났다. 황제위를 둘러싼 분쟁과 귀족 간의 알력이 심하였던 데다가 순제順帝의 실정으로 재정이 고갈되고 백성들의 생활이 도탄에 빠지자 전국적인 봉기가 잇달았다. 이 때 가장 강대한 세력 가운데 하나인 호주濠州 곽자흥郭子興의 휘하에 있던 주원장朱元璋은 1355년(공민왕 4)에 주군의 죽음을 계기로 오국공吳國公으로 독립하였다. 1364년에 남경에서 오왕吳王으로 즉위하였고, 장사성과 방국진 등 경쟁 세력을 차례로 평정하였다. 1368년에 명을 건국하여 황제가 되었고, 북쪽으로 원 정벌을 개시하여 대도를 함락하고 원을 북쪽으로 몰아냈다.

명이 건국하고 파죽지세로 중국을 점령해나가자 고려는 명과의 외교를 신속하게 추진하였다. 1369년 4월에 명의 부보랑符寶郎 설사偰斯가 와서 고려국왕에게 새서璽書 및 사라紗羅와 단필段匹 등 40필을 하사하였다. 고려는 그에 화답하여 한 달 후에 예부상서 홍상재洪尚載를 보내 신황제의 등극登極을 하례하고 하사품에 대한 사은謝恩을 겸하게 하였다. 1370년 5월에 설사가 다시 와서 공민왕을 고려 국왕으로 봉하고 「대통력大統曆」과 금수융단錦繡絨段 10필을, 대비와 왕비에게 금단金段·색단色段·선라線羅·사紗 각 4필을 주었다. 이 무렵 명의 지배 영역이 압록강에 미치지 못해서 고려와 북원은 육로로 통교가 가능했지만, 명에 가는 고려의 사신은 서해를 건너 산동반도의 등주에 상륙하고 육로로 남하하여 남경에 이르렀다.

고려와 명의 국교가 급속하게 이루어졌던 이유는 명이 여전히 위협적인 존재였던 북원을 제압하기 위해서 고려의 협조가 필요했으며, 고려는 원의 압력에서 벗어나고자 했기 때문이다. 하지만 1371년에 명이 요동지역으로 진출하면서 고려에 대해 강압적인 자세로 돌변하여, 내정간섭을 본격화하기 시작하였다. 1373년 7월에 찬성사 강인유姜仁裕 일행이 돌아올 때 가져온 명 황제의 유시에서 '고려가 상인을 가탁하여 정찰한 혐의가 있다는 것, 고려의 사신이 요동의 오왕吳王과 교빙하였다는 것, 제주의 말을 요구대로 바치지 않았다는 것, 납합출과 교통하여 우가장牛家莊 등을 침범한 것' 등을 들면서 고려가 북원과 통하고 있다는 의구심을 나타냈다. 이어 1374년 6월에 명에서 돌아온 정비鄭庇의 편에 전해진 명 황제의 조서와 중서성의 자문에는 고려가 명에 조공하는 것은 1년에 여러 차례[一年數聘] 하던 것을 3년에 1차례[三年一聘]로 하며 해로를 이용하도록 하였다. 이것은 사행로는 안전한 요동을 경유하는 길로 하고 사신의 횟수도 정조사·성절사·천추사 등 1년에 여러 차례 보내는 소위 '1년 수빙數聘'을 하게 해달라는 고려의 요청을 완전히 무시한 것이었다. 그와 더불어 공물을 많이 가져오는 것 보다 고려의 지극한 정성이 중요하다고 하며 포 6대만 수령하였으며, 그 나머지 금·은·기명器皿·채석彩席·저마포苧麻布·표피豹皮·달피獺皮·백저포白苧布 등은 되돌려 보냈다. 아울러 고려가 왜구를 격퇴하는데 필요한 배를 제조할 기계와 화약·유황·염초 등을 요청한 것에 대해서도 거절하였다.

고려에 대한 명의 강경 조치는 북원의 잔존세력이 고려와 결탁하여 요동 지역을 경영하려는 것을 사전에 차단하고, 고려의 불성실과 반항적 태도를 강경하게 비난하며 궁지에 몰아넣어 고려에 대한 효과적인 지배를 강구하려는 의도가 담겨 있었다. 게다가 명이 고려에게 '3년 1공'으로 조

〈공민왕과 노국대장공주 영정〉
경기도박물관 소장.
공민왕은 명이 새롭게 재편한 의례와
아악을 받아들이고 시행하기 위해 명
황제에게 그것을 요청하도록 하였고,
명은 고려가 건국 직후 자발적으로 사
대하러 온 것에 대해 고마워하고 있었
으므로 그것을 허락하였다. 이처럼 사
대외교는 사무역으로는 불가능한 국
가적인 차원의 선진 문물을 받아들이
는 데 유용하게 활용되었다.

공 횟수를 제한한 것은 고려와 사행에 참여하는 고려의 지배층을 압박하
기 위한 것이었다. 왜냐하면 고려는 명과의 외교를 선진문물의 수입 또는
무역의 일환으로 여겼으며, 지배계층은 사행의 기회를 이용하여 무역의
이익을 얻고자 했기 때문이다. 또한 명은 중화주의의 입장에서 빈번한 사
신의 내왕을 원하지 않았을 뿐 아니라 각국의 사신 왕래에 따르는 막대한
접대비용을 절감하고자 하는 목적에서 조공의 횟수를 줄이도록 하였다.
이 규정은 고려 이외에 안남安南·섬라暹羅·자바爪哇·발리孛里·삼불제三
佛齊 등 해외 여러 나라에도 적용되었다.

　공민왕대의 대명외교는 친선관계로 시작했다. 조공횟수와 조공로 문제
로 약간의 갈등을 겪기도 했지만, 고려는 한족의 국가인 명의 제도와 문물
을 본격적으로 받아들여 복식·음악·의식 등에서 원의 영향에서 벗어나고
국왕의 권위를 높이고자 하였다. 1370년 5월에는 법복을 제정하여 종묘를

〈고려 성균관의 대성전〉 정학수 제공.
공민왕은 반원정치와 더불어 고려에 광범위하게 퍼져있는 원의 습속을 개혁하고자 하였다. 성균관을 중영한 것, 과거제도를 개혁한 것, 명의 건국 직후 신속하게 책봉받고 의례와 음악 등을 받아들인 것도 그것과 연계된 것이었다.

봉사하겠다는 공민왕의 요청에 따라 명의 황제가 고려에 가는 사신 편에 관복官服, 악기, 배신陪臣의 관복冠服 및 홍무洪武 3년 「대통력大統曆」과 더불어 『육경六經』, 『사서四書』, 『통감通鑑』, 『한서漢書』를 보내주었다. 같은 해 6월에 명에 갔던 장자온張子溫이 황제가 준 『본국조하의주本國朝賀儀注』 1책 및 금룡저사金龍紵絲, 홍숙리견紅熟裏絹 각 2필匹을 가지고 왔다. 이것을 바탕으로 1372년 동지에 대명요배의례大明遙拜儀禮가 만들어졌으며, 공양왕대에는 고려 국왕에 의한 정례적인 국사행위로서 정착되었다.

명이 각종 서적을 비롯한 유교 제도와 관련된 음악과 의례 및 명을 중심으로 한 시간체계를 담은 역법을 보내준 것은 성균관을 중건하고 성리학에 기반을 둔 과거제도를 실시한 것과 같이 명의 선진문물을 수용하여 고려를 개혁하고 원의 영향에서 벗어나 왕권을 강화하려는 공민왕의 의도에 호응한 것이었다. 이러한 점이 명이 건국되자 고려가 오랫동안 사대하던 원을 대신하여 명에 대해 적극적인 외교를 펼쳤던 중요한 이유 가운데 하나였다.

2) 우왕대 명과의 외교와 공물·공마 문제

1374년에 공민왕이 갑자기 시해되고 우왕이 즉위하면서 고려의 대중국 외교 기조가 크게 변화하였다. 우왕의 옹립에 큰 공을 세워 정권을 잡은 이인임李仁任은 그 동안의 대명 일변도의 외교에서 원·명 양국과 동시에 외교관계를 맺는 양단외교로 전환하였다. 그 배경에는 친명정책을 이끌던 공민왕이 시해되었고, 명의 강경책이 고려 신료들의 반감을 불러 일으켜 친원파의 입지를 넓혀주었으며, 세공마를 요구하러 왔던 명 사신 채빈蔡斌이 친원파인 찬성사 안사기安師琦의 사주를 받은 호송관 김의金義에 의해 살해되는 사건이 발생하여 고려의 입장이 난처해진 것 등을 들 수 있다.

반면에 정몽주·박상충朴尙衷·정도전 등 신진사류들은 공민왕의 정책을 계승한다는 의미에서 명과의 외교가 지속되어야 한다며 대원외교의 재개에 반대하였다. 이들은 '천하의 의로운 주인[天下之義主]'이며 '천하의 병사'를 거느린 명이야말로 명분과 실질의 모든 면에서 대외 관계를 지속할 수 밖에 없는 정당성과 군사력을 겸비하였다고 인식하였다. 결국 점차 중국을 장악해가는 명과의 외교를 완전히 포기하기 어려워지자 이인임도 자신의 외교방침을 바꾸어 명에 사신을 보내 전왕의 시호를 청하였고, 전왕의 시해와 명사의 살해 경위 등을 설명하였다. 그러나 명의 오해는 쉽게 풀리지 않아서 고려의 사신 최원崔源 등을 감금하기도 하였다. 이후 1378년 6월에 명이 구금되었던 최원 등을 석방하면서 양국 간의 경색이 풀릴 조짐이 보이기 시작하였고, 9월부터 고려도 홍무 연호를 다시 사용하면서 화해의 분위기가 이루어졌다.

그런데 명은 공민왕의 사후에 신왕에 대한 책봉을 하지 않고 많은 공마를 요구하며 고려를 더욱 곤경에 빠트렸다. 우왕은 즉위 후에 정통성 시비가 일어났을 뿐 아니라 명과의 외교가 악화되면서 전왕의 시호와 신왕의 책봉을 받지 못하였기 때문에 명에 대해 능동적이고 주체적인 외교를 할 수 없었다. 명은 고려의 정치적 상황이 명의 책봉을 절실하게 바라고 있다는 것을 알고서 더 많은 공마를 요구하였다. 1379년 3월에 명은 사신을 보내 전왕이 약속했던 공마 1,000필을 보내되 사신의 절반을 집정배신執政陪臣으로 구성하여 황제에게 조회를 하고 다음해부터 금 100근, 은 10,000냥, 좋은 말 100필, 세포細布 10,000필을 바치는 것을 상례로 삼겠으며, 고려가 잡아간 요동의 백성을 모두 귀환시킬 것을 명령하였다. 1380년 8월에는 전에 요구했던 말 1,000필 가운데 이미 약간을 바쳤으니 이제 다시 합쳐 1,000필을 만들고 내년에는 금 100근·은 5,000냥·포 5,000필·말 100필을 상공常貢의 예로 삼으면 그 동안에 명 사신을 죽인 죄를 사면하겠다는 소식을 전해왔다.

왜구의 침략을 받고, 홍건적의 난을 겪으면서 전국이 황폐해졌으므로 명의 세공 요구에 응하기 힘든 상황이었지만, 고려는 명의 책봉을 받는 것이 왕권을 안정시키고 평화를 유지하는 방책이라 여기고 세공을 준비하였다. 1380년 12월에 문하찬성사 권중화權仲和 등을 명에 보내 금 300냥과 은 1,000냥, 말 450필, 포 4,500필을 바치고 공민왕의 시호 하사와 왕위계승의 승인을 요청하였다. 1382년 4월에 문하찬성사 김유金庾 등이 세공인 금 100근, 은 10,000냥, 포 10,000필, 말 1,000필을 바쳤다.

고려는 어려운 사정임에도 많은 공물을 준비하였는데, 명은 만족하지 않고 더욱 강압적인 태도를 보였다. 1383년 11월에 명은 고려의 진하사進賀使 김유金庾와 이자용李子庸 등을 도착 날짜를 어겼다는 이유로 구금하였다. 그리고 지난 5년 간에 바치지 못한 세공마歲貢馬 5,000필과 금 500근, 은 50,000냥, 포 50,000필을 한꺼번에 가져와야 비로소 성의를 다했다고 인정하여 명의 군사가 고려를 토벌하는 일이 없을 것이라며 위협하였다.

1383년 12월에 우왕은 양부대신兩府大臣을 비롯한 백관들에게 이 문제를 논의하게 했는데, 한결같이 명의 요구에 따라야 한다고 대답하였기 때문에 세공을 준비하기 위해 진헌반전색進獻盤纏色을 설치하였다. 1384년 6월에 전 판종부시사判宗簿寺事 장방평張方平을 명에 보내 세공마 2,000필을 바치자 7월에 명은 고려가 보낸 공마의 양이 충족되었다며 고려 사신의 입조를 허락하였다. 고려가 바치는 금은의 수가 부족하다는 호소에 대하여는 은 300냥 또는 금 50냥을 말 1필로 환산하여 대신 낼 수 있도록 해주었다.

고려는 심한 재정난 속에서도 명이 새로이 정한 기준에 따라 세공을 마련하였다. 1384년 윤10월에 본래 바쳐야할 5년 세공의 금 500근 가운데 96근 14냥을 보내면서, 부족한 403근 2냥은 말 129필로 대신하였으며, 은 50,000냥 가운데 19,000냥을 보내고 부족한 31,000냥은 말 104필로 대신하였다. 그 밖에 포 50,000필 가운데 백저포白苧布 4,300필, 흑마포黑麻布 24,100필, 백마관포白麻官布 21,300필과 명이 요구한 말 5,000필 가운데 이미 보낸 4,000필에 1,000필을 더 보내었다. 고려는 불과 3개월만에 명이 제시한 금 100근, 은 10,000냥, 포 10,000필, 말 1,000필을 환산 기준에 맞추어 정확하게 세공을 보냈다.

그 결과 세공의 요구를 충족시킨 고려의 성의를 인정하여 1385년에 명이 우왕을 책봉하고 공민왕의 시호를 내리는 사신을 보냈다. 우왕은 기뻐하며 그 소식을 전한 곽해룡郭海龍에게 은대銀帶 1요와 구마廐馬 1필을 하사하였다. 우왕의 책봉을 계기로 양국 간에 우호적인 분위기가 만들어졌다고 생각한 고려는 1386년 2월에 사신을 명에 보내 왕의 편복便服 및 군신群臣의 조복朝服과 편복을 요청하였다. 또한 그 동안 명의 요구에 따라 정성껏 세공을 바쳤으나 금과 은은 고려의 토산이 아니며, 말과 포도 장차 채우기 어려울 것 같으므로 황제의 지극한 은혜로 세공의 양을 줄여줄 것

〈탐라순력도 공마봉진耽羅巡歷圖 貢馬奉進〉 국립제주박물관 소장.
조선 숙종 때 제주목사가 관덕정觀德亭에서 한양으로 보낼 말들을 점검하는 일을
그린 기록화이다. 전통시대에 말은 민간에서는 교통수단으로 이용하였으며, 군
사적으로 장수나 마군—기마병—의 탈 것이 되었다. 마군의 수와 말의 능력이 군
사력 증강에 끼치는 영향이 매우 컸기 때문에 고려와 거란 전쟁 중에 여진이 고
려에 말을 가져와 팔았고, 명은 몽골족 등과의 전투를 위해 고려의 말을 지속적
으로 요구하였다. 제주—탐라—는 원이 말 목장을 설치한 이후 대표적인 말의 산
지가 되어 원과 명에 보낼 말을 바쳤고, 조선시대에도 말의 공급처로서의 역할은
계속되었다.

을 건의하였다.

명은 세공을 줄여달라는 고려의 간청을 들어주어 세공을 없애고 3년에
한 번 조회할 것이며 좋은 말 50필만을 바치도록 하였다. 그러나 그것은

고려를 배려해서 결정한 것이 아니었다. 오히려 고려의 요청을 불손하게 여겨 새로운 트집을 잡기 시작하였다. 명은 '고구려 사람들이 예전 한·당 시절에는 중국으로 와서 매매를 빙자해서 정탐을 하였고 좋은 공장工匠들을 돈을 주고 데리간 바 있으며, 근년에 고려 사람들이 남몰래 무역을 하고 있는데 앞으로는 잡아 가두고 용서치 않을 것'이라는 조서를 보냈다. 이후 명은 포필·비단·주단 등의 물건을 가지고 탐라 지방으로 가서 말을 구매할 것이니 고려가 이를 막지 말고, 고려인들이 명에 올 때 분명한 증명서를 가지고 와서 무역한다면 육로와 해도를 막론하고 마음대로 무역을 허락할 것이며 요양·산동·금성金城·태창太倉 등에서 곧바로 섬서陝西·사천四川에 가서 무역을 하더라도 금지하지 않겠다'고 하였다.

이 내용은 명이 말 등의 세공을 요구하는 대신 고려에 와서 직접 원하는 물건을 사겠으며, 상호주의 원칙에 따라 고려도 증빙을 갖추어 명에 와서 무역을 하라는 것이었다. 이것은 표면적으로 명이 고려의 요구를 받아들여 세공을 대폭 감액하고 직접 구매하겠다고 했으므로 큰 아량을 베푼 것 같지만 사실은 고려에 대한 커다란 불만을 표시한 것이며, 고려 사람들의 무역을 제한하겠다는 뜻이었다. 고려의 공물을 줄여달라는 요청을 불손하게 여긴 명이 외교적으로 보복한 것이었다.

명은 고려를 더욱 압박하기 위해 앞선 조치를 실행하기 시작하였다. 그해 11월에 명은 말 5,000필을 교역하겠으니, 고려가 가부를 알려주고, 그 비용으로 10,000필의 주단과 40,000필의 면포를 준비했으니, 재상의 말 1필에는 주단 2필과 면포 4필로, 관마官馬와 백성의 말 1필에 주단 1필과 면포 2필의 값을 쳐주겠다고 알려왔다. 고려에 와서 말을 직접 구매해 가겠다는 명의 태도에 당황한 고려는 말의 수도 많지 않고 크기도 왜소하기 때문에 대가를 받을 수 없으며, 명이 원하는 수의 말을 준비하겠다는 의사를 전하였다. 고려의 대응은 명의 강경책에 굴복하여 세공 삭감 요청을 철회한 것이나 다름 없었다. 고려는 원·명 교체기 중국의 불안정한 정세를 활용하지 못하고 더 많은 공물 부담을 지면서 명에 대해 수세적으로 대응하였다. 이러한 점은 거란과 송, 금과 남송의 대립을 이용하여 외교적 실리를 취했던 것과 다르다.

이에 명은 '고려가 만족할 만큼 세공에 성의를 보이지 않은 채, 나라가 미약하고 물산이 적어서 물物을 감히 바칠 수도 없고 재財도 감히 받을 수도 없다고 한다. 고려가 말 5,000필만 바치는 것을 자신들을 핍박하는 것이라고 하므로 처음 명령한대로 말 1필에 포 8필, 주단 2필로 하여 고려의 백성들과 교역하겠다'고 하였다.

명은 대가를 치르고 말을 사겠다는 것이었으나 고려에 대한 위협이었다. 고려는 어려운 여건에도 말 5,000필을 준비하여 1387년에 5차례로 나누어 요동에 보내는 성의를 보였다. 명은 고려의 첫 번째 말이 요동에 도착하자 말을 검사하여 노약·왜소한 말을 돌려보내고, 다섯 번째 말의 운반에서는 1,000필을 전부 되돌려 보냈다. 이 때 말은 세 등급으로 상등은 단자 2필·포 8필, 중등은 단자 1필·포 6필, 하등은 단자 1필·포 4필로 환산하여 단자 2,670필과 포 30,186필에 교환되었다.

더욱이 명은 양국간의 국교 단절을 의미하는 고려의 조공을 거부하겠다는 뜻을 보였고, 명은 계속해서 공마를 문제삼아 고려를 압박하였다. 1387년 윤6월에 관복을 고치도록 허락해준 것을 하례하러 갔던 문하찬성사 장자온張子溫을 고려가 보낸 말이 시원치 않다는 구실로 감금하였다. 1388년 2월에 명은 사신을 보내 '고려가 보낸 종마는 쓸 만한 것이 없고, 고려가 사온 말도 작고 약하여 값이 나가지 않는 것이며, 명이 의관을 보내준 것을 사례해서 보낸 말도 좋지 않았다'고 하였다. 그리고 '고려에 통상하는 것을 허락하였으나 고려인은 도리어 분명히 명에 알리고 와서 무역하는 것을 즐겨하지 않고 몰래 사람들로 하여금 태창太倉에 와서 명 군사의 동태와 배를 만드는 것을 엿보는 등 불법한 일을 하였으므로 사신의 입조를 금지하고, 철령鐵嶺 이북은 본래 원에 속한 땅이었으니, 요동에 속하게 한다'

고 하였다.

이는 고려가 보낸 말의 품질이 떨어질 뿐 아니라 고려의 사신이 군사적 정탐을 일삼는다며 사신의 입국을 금지하고, 고려의 영토였다가 일시적으로 원에 귀속되었던 철령 이북의 땅까지 명이 차지하겠다는 것이었다. 그동안 고려와 명의 외교 현안은 세공이 주요한 문제였으나 사신의 입국 금지로 비화되고 더 나아가 철령위 설치로 영토 분쟁으로 확대되어, 복잡한 양상으로 발전하였다.

명의 요동 폐쇄는 납합출의 정벌을 위한 사전 조치였고, 말의 품질과 관련하여 사신들이 운송 도중에 다른 저급한 말과 바꾸는 협잡이 있었다. 그러나 명이 요동의 폐쇄와 함께 고려의 영토를 달라고 하는 터무니없는 요구는 우왕 및 집권세력의 저자세 외교에서 비롯되었다. 이것은 고려 집권층의 부패를 이용하여 공세를 강화해온 명의 외교정책이 주효하고 있음을 알려준다.

어쨌든 명의 철령 이북의 반환 요구는 명에 대한 고려인들의 감정을 악화시켰다. 최영 등이 요동 정벌을 추진하고 실행에 옮겼으나 친명적인 이성계 일파가 위화도 회군으로 정권을 잡았다. 이어 박의중朴宜中을 보내 철령위 설치의 중지를 청하고 그간의 사정을 설명하여, 철령위에 대한 양보 의사를 받아냈다. 이후 양국의 관계는 급격히 회복되어 창왕대에 1년 3공의 정기 사절인 하정사賀正使(李穡), 성절사聖節使(安宗源), 천추사千秋使(皇甫琳) 등이 정상적으로 명에 갔다가 되돌아왔다.

창왕이 폐위되고 공양왕의 즉위한 뒤 윤이尹彝·이초李初의 사건이 일어났지만, 명의 태도는 여전히 고려에 대해 우호적이었다. 1391년에 명이 말 10,000필과 엄인閹人(宦者)을 요구하였을 때 고려가 말 1,500필을 보내면서 최선을 다한 결과임을 설명하자 이를 받아들였다. 고려의 공마는 멸망 전까지 계속되어 1391년 8월에 다시 말 2,500필을 더 보냈고, 1392년 5월에 말 2,000필을 바쳤다.

이상에서 서술한 바와 같이 1370년에 시작된 양국간의 공마 문제는 고려가 멸망하는 1392년까지 핵심적인 외교 사안이었다. 고려는 명의 끝없는 조공─특히 말─요구에 시달렸으며, 이의 극복과정은 대명외교의 변화와 흐름을 같이 한다. 따라서 이 사이에 일어났던 최영의 탐라정벌·명 사신 살해 사건·철령위 문제·위화도 회군 등과 같은 사건이 일어난 원인이나 해결수단이 모두 말이었다. 그런데 고려는 명의 억지 요구에 대해 적절한 대응을 하지 못하고 시종일관 굴종하는 태도를 보였고, 그것이 더 많은 요구를 초래했다.

이 시기 공마 문제를 제외한 다른 조공 물품을 이전의 왕조와 비교해 보면, 명이 요구한 공물은 금·은·포와 말 등으로 단순하였으며, 고려의 방물을 주로 보냈던 것과 차이가 있었다. 금·은·포와 같은 재화류와 전쟁에 필요한 말은 재정에 바로 도움이 되는 물품이었으며, 그 이전에 황제가 희귀한 물품을 소지함으로써 넓은 영역을 지배하고 있다는 것을 과시하는 의식과 다소 차이가 있다.

그와 더불어 명에 가는 사신의 임무와 칭호가 고정화되었다. 원대와 같은 강제적인 징발은 없었으나 여전히 거란·금보다는 많았고, 사행의 회수가 명의 뜻에 따라 3년 1공으로 줄어들기도 하였다. 연호와 역曆을 채용하는 것은 원대와 같았으나, 명은 자신들에게 직접 영향이 없는 일에 대해서는 고려 내정에 간섭하려 하지 않았다.

요컨대, 말을 둘러싼 조공 문제를 중심으로 한 고려와 명 관계는 비교적 정치적으로 내정간섭이 적었다는 점에서 송·거란·금과의 관계와 유사했지만, 조공을 단순한 외교상 필요한 의식으로 여겨 성의를 중시하는 것이 아니라 필요한 액수를 구체적으로 요구하였다는 점에서 원의 그것과 비슷하였다. 그러므로 고려가 송·거란·금을 상대로 외교를 전개하면서 상당한 무역상의 이익을 얻었던 관계로의 복귀는 더 이상 어려웠다. 명과의 조공문제는 고려가 멸망할 때까지 완전히 해결된 것은 아니었으며, 새로운 조공 관계와 무역의 형식을 만드는 과제는 조선시대로 넘어가게 되었다.

2. 사무역과 사행무역

1) 명의 해금정책과 육로 무역의 확대

원 간섭기에 고려의 상인들은 일종의 증명서인 문인文引만 있으면 국경을 넘어 원에 가서 무역할 수 있었다. 그러나 공민왕 즉위 이후 30여년간 중국의 요동과 고려의 서북면 지역은 군사적 충돌이 계속되는 전시 또는 준전시의 상황이었기 때문에 고려의 상인들이 원 제국 시기처럼 자유롭게 국경을 넘어 무역할 수 없었다. 명의 공마 및 말 무역 요구로 고려 상인의 주요한 운반수단이자 무역품이었던 말이 고려와 명의 국가간 무역의 교역품으로 바뀌게 되면서 고려 상인들은 더욱 어려움을 겪게 되었다.

한편 명태조는 즉위 이후 1348년에 발생한 방국진의 난에서 비롯되어 1350~60년대 확대된 원말 내란 과정에서 중국의 해역질서가 혼란해지고 국가의 통제력을 벗어나게 되자 국가적 강제력으로 바로잡고자 하였다. 백성들과 상인이 금지된 물건을 가지고 해외에 나가지 못하게 하는 정책을 더욱 강화하고, 조공선을 제외한 모든 배의 입항과 자국 배의 출항을 엄격하게 금지하였다. 이로 인해 해상들의 합법적인 해외 무역은 불가능해졌다.

해금정책은 이 시기 고려 사신들이 명에 가는 해도를 변화시켰다. 1371년에 고려의 배가 소주蘇州 태창太倉에 갔던 기록이 있으며, 명의 건국 초기부터 1374년 경까지 고려의 사신들은 예성항에서 출발하여 흑산도와 장강 유역을 거쳐 남경에 도착하였다. 명이 해도로 오는 것을 금지함에 따라

〈주원장〉 대만고궁박물원 소장.
명을 건국한 태조 주원장의 초상이다.
중국 동남해안을 자주 노략질하던 왜구
를 막고, 해상 무역으로 성장한 방국
진·장사성의 잔당과 그들을 따르는 민
중이 연해지역에서 횡행하는 것을 방지
하고자 해금정책을 실시하였다. 이후
명은 조공하기를 바라는 주변 민족과
국가에게 일종의 증서인 감합勘合을 발
급하고, 그것을 소지한 배에 대해서만
무역을 허락하는 감합제도를 실시하여
국내외 배의 출입을 엄격하게 제한하기
시작했다. 이러한 명의 해금정책은 중
국 해상海商이 주도하던 동남아지역 해
상무역海上貿易 체제를 획기적으로 변
화시킨 계기가 되었다.

1383년 경에는 압록강을 거쳐 요동에 가고, 일정을 줄이기 위해 여순반도
끝에서 산동반도의 등주로 직항한 뒤 계속 남하하여 남경에 도착하는 여정
으로 바뀌었다. 이러한 변화로 인해 고려의 사신은 위험하지만 빠른 해도
를 대신하여 대부분을 육로로 가는 고된 사행길을 가야만 했다.

명의 해금 정책은 고려의 무역 중심이 예성항에서 서북면 변경 지역으
로 옮겨지는 계기를 제공하였다. 그 동안 양국 무역에 큰 비중을 차지하던
중국 해상의 왕래가 어려워지면서 자연스럽게 명과의 국경지대인 서북면
지역의 무역 비중이 더 커지게 되었다. 1384년에 만주에 설치된 정요위定
遼衛가 명의 칙명을 받아 압록강을 건너와 무역하기를 청하자 고려는 의주
에 한해서만 호시하는 것을 허락하되, 금·은·소·말의 교역은 금하였다.

이것은 명의 요청에 의해 이루어진 무역이었는데, 고려의 무역도 예성

〈의주부근도〉「대동여지도」
의주에서 국경 넘어 중국 북경으로 이어지는 길이 표시되어 있다. 고려말 명의 해금정
책으로 인해 중국의 해상이 고려를 왕래할 수 없게 되자, 중국과의 무역 중심지로 의주
를 비롯한 서북면 국경지역이 부각되었고, 토호들이 수령들의 묵인 하에 무역을 하면서
여러 가지 문제를 야기하였다.

항을 대신하여 서북면이 무역의 중심지가 되면서 적지 않은 문제가 발생

하였다. 1388년 8월에 조준趙浚은 국경지대인 서북면에 무관직인 원수·

만호·천호가 남설되어 부적절한 인사가 행해질 뿐 아니라, 권문에 들어간

상고商賈가 천호에 임명되었으며, 권세들이 초피貂皮·인삼·벌꿀·쌀·

콩 등을 호시하고 있지만, 그 물건들을 징렴徵斂(백성들에게 정당한 이유없이 거두

어들이는 것)하거나 억매抑買(정당한 가격을 주지 않은 거래)하여서 백성들이 그 수

탈을 피하기 위해 압록강을 건너 도망하는 자가 많았다고 하였다. 그의 지

적은 의주 호시와 월경교역을 위하여 권문들이 상고들에게 군직을 제수하

고, 서북면에서 다양한 물품을 조달하면서 교역의 이익을 얻고 있음을 알

려준다. 고려말 해도를 통한 대명무역이 어렵게 되자, 국가가 관리할 수 있는 예성항이 아니라 통제가 어려운 국경 무역이 번성하게 되었고, 그 이익을 얻기 위해 중앙의 권세가들과 지역의 토호들이 대거 참여하고 있었던 것이다.

공양왕대에 명이 요동지역을 폐쇄함에 따라 국경 무역을 주도하던 상인과 그 후원자인 서북면 지역 토호세력은 일시적으로 타격을 받았다. 그러나 고려인들의 사치품 수요는 여전하였으므로 중원의 혼란과 고려의 통제력 약화를 틈타 밀무역은 계속되었다. 당시 소와 말에 금은·저포·마포를 신고 몰래 요동과 심양에 가서 매매하는 상인들이 많았고, 국가는 비록 그것을 금하였지만 구체적인 명령이 없고 변방의 관리들 역시 엄금하지 않아서 국경을 왕래하며 무역하는 자가 줄을 이었다고 한다.

이에 고려 사람이 중국에 가서 무역하는 것을 금지하자는 건의가 잇따라 나왔다. 1391년에 방사량房土良은 고려 상인들이 무역하는 것을 방지하기 위해서는 백성들이 고려에서 생산된 옷감과 그릇을 사용하고, 신분에 맞는 복식을 하며 검소하게 생활하도록 하고, 몰래 압록강을 건너 무역하는 자들을 처벌하라고 건의하였다. 허응許應은 임금이 솔선하여 검약하면 백성들이 따라 사치하지 않을 것이라고 하면서, 몰래 무역하는 자들을 죄주고 신고한 자에게는 상을 줄 것을 요청하였다.

두 사람의 건의가 매우 다른 듯하지만, 백성들에게 검소한 생활을 권장하여 고려에서 생산되지 않는 고급 비단과 같은 외국산 물품을 사용하지 않도록 하는 한편, 국가의 명령을 어기고 무역하는 자를 처벌하자고 하는 것은 공통된다. 그것은 성종대 최승로가 고려 상인들이 마음대로 해외에 나가 무역하는 것을 금하고, 오직 사신이 외국에 가는 경우에만 무역하도록 한정할 것을 건의하면서 백성들에게 사치를 버리고 검약한 생활을 하도록 강조한 것과 논지전개가 거의 일치한다. 양자의 사이에 400여년의 차이가 있었지만 무역을 금하면서 그 원인이 되는 백성들의 사치품 수요를 줄여야 한다는 점은 같았던 것이다.

방사량과 허응의 건의는 바로 실행되었던 것 같다. 1391년 5월에 군자소윤軍資少尹 안노생安魯生을 서북면찰방별감西北面察訪別監으로 삼아 명과 호시하는 것을 금하도록 명하였다. 임지에 도착한 안노생은 그 우두머리 10여인을 참수斬首하고 나머지는 장형杖刑을 한 뒤 수군에 배속하고 화물을 몰수하였다. 호시를 막지 못한 주군 관리에게 장형을 가하자 기강이 바로 잡히고 변경이 조용해져 다시 금제를 범하는 자가 없었다고 한다. 고려의 대명 사무역을 금지하는 정책은 강력하게 실행되면서 일정한 효과를 거두었고, 그후 사무역 정책과 양상은 큰 변화없이 조선왕조로 이어지게 되었다.

2) 사행무역

고려는 명의 건국 이후 많은 사신을 보냈다. 그들은 외교활동 이외에 사행무역을 하였으며, 이러한 일은 대명외교에 국한되는 일은 아니었다. 주목되는 것은 고려말 명과의 외교관계가 24년에 불과한 데도 사행무역에 관련된 일들이 그 이전 시기에 있었던 모든 관련 기사를 합친 것보다 많이 기록되었을 뿐 아니라 사신들의 무역이 정치적 사건으로 확대되었으며 그에 대한 구체적인 법적 규정이 마련되기 시작하였다는 점이다. 명에 갔던 사신들이 유달리 무역에 관심을 많이 가졌고 다른 시기에 비해 큰 사건으로 비화되었던 데는 다른 왕조와는 구별되는 외교와 무역상에 몇가지 특수한 상황이 있었기 때문이다.

첫째, 고려의 대명외교는 처음에 순조로웠지만, 우왕 즉위 이후 위화도 회군 이전까지 양국이 여러 차례 외교적 갈등과 위기를 겪었으며, 그 시작은 명의 공마 요구로 인한 탐라 목호의 반란이었다. 1372년에 예부상서 오계남吳季南 등은 명에 바칠 말을 고르기 위해 탐라에 갔는데, 말을 사육하던 목호牧胡들이 목사를 살해하고 반란을 일으켰다. 오계남이 돌아와 명에 알리자 명은 원의 잔여 세력을 평정하는데 말이 필요하였기 때문에 1374년에 명 사신 임밀林密 등이 고려에 와서 탐라의 말 2,000필을 요구하였고, 목호들이 300필만을 내놓겠다고 제안하자 명의 사신이 거절하였다. 이에 최영 등이 대규모 군사를 이끌고 목호를 정벌하고, 탐라는 고려와 원의 정치적 영향력을 동시에 받는 처지에서 고려로 확실히 귀속하게 되었다. 이때 고려에 왔다가 귀국하던 명의 사신들이 국경에서 살해되는 사건이 일어나자 고려와 명의 관계가 급속하게 악화되었다.

둘째, 고려와 명의 외교적 갈등이 고조되면서 적지 않은 사신이 명에 사신으로 갔다가 희생되었다는 점이다. 서해를 건너 명에 가다가 난파를 당해 사신이 죽은 것은 어쩔 수 없는 것이므로 제외하더라도, 1372년 11월에 대호군 김갑우金甲雨는 탐라耽羅의 말을 바치러 명에 갔다 말을 횡령했다는 혐의를 받고 귀국 후 사형에 처해졌다. 김구용은 왕명을 받고 명의 관리에게 사적인 외교를 하려했다는 혐의로 잡혀 대리大理로 유배되었고 결국 타국에서 운명하였다. 왕의 명령을 받고 사신이 되어 명에 가는 것은 매우 영예로운 일이지만 위험하였기 때문에 그에 대한 보상으로 사행무역에 대해 관대할 수 있었다.

셋째, 오대·송·거란·금·원 등의 왕조에 비하여 사신의 파견횟수가 크게 줄었다는 점이다. 고려는 명이 건국하자 사신을 보내 외교관계를 맺었는데, 명 태조는 그 이전부터 장사성·방국진 등과 교류하고 있던 고려에 대한 의구심을 갖고 있었다. 뒤에 명이 요동 경략을 하게 되자 고려가 강남 군웅 세력과 연결되는 것을 막기 위해 고려의 바다를 통한 입공을 금지하고 육로를 통한 조공도 3년에 한 번만 사신을 보내도록 명령하였으나, 고려가 반발하여 사행의 횟수가 1년에 세차례로 조정되었다. 고려 관인과 수행원이 명에 가는 것이 쉽지 않았기 때문에 그들이 주어진 기회를 최대한 활용하려고 노력하고 있었던 것을 명이 알고서 고려를 외교적으로 압박하기 위해 고려 사신의 횟수를 줄이라고 명령한 것이었다.

넷째, 고려의 대명 사무역이 동북아시아의 정세 불안정과 전쟁으로 인해 어려움을 겪었다. 명의 해금정책은 민간의 자의적인 교역을 막기 위한 것으로 중앙정부가 관장하는 해외 교역은 계속되었으며, 그 주요한 목적의 하나는 고려에 대한 견제였다. 명이 해상무역을 제한하고, 요동 지역의 왕래를 막았기 때문에 고려의 사무역은 서북면 지역의 권세가가 행하던 밀무역으로 한정되었다. 사무역의 조건이 악화되어 비단 등 명의 사치품 유입이 급격히 줄어들자 합법적으로 이루어지던 대명 사행 무역이 주목받게 되었다.

여러 가지 사정으로 인해 명에 갔던 고려 사신들이 무역에 매우 적극적일 수 밖에 없었다. 공민왕대에 명에 가는 고려의 사신이 금·은과 토산물을 가지고 가서 채백彩帛(비단 옷감)과 경화輕貨를 사가지고 왔으며, 비록 양식있는 자라도 권귀權貴의 부탁을 받은 개인물품이 공헌貢獻에 10분의 9나 되어서 중국 사람들이 "고려 사람은 사대를 구실로 하여 무역을 하러 왔을 따름이다"라고 할 정도였다.

이에 대해 중국 사서에는 공민왕이 명에 표를 올려 사례하고 방물과 원에서 받은 금인金印을 바치자, 명의 중서성이 황제에게 '고려의 공사貢使들이 개인적인 물품을 많이 지니고 들어오니 당연히 세금을 거두어야 합니다. 또 중국 물건을 많이 가지고 국경을 나서므로 이를 금하는 것이 옳습니다'라고 건의하였다고 기록되어 있다. 우왕대인 1386년에 성절사聖節使로 명에 다녀온 문하평리 안익安翊은 당시 집정 관인들이 사신들을 교사하여 벌이는 무역 활동을 지탄하면서, "내 일찍이 재상을 보내 조빙하는 것이 국가를 위한 것으로 알았는데, 이제야 그것이 권문의 재산을 늘리기 위한 것임을 알았다"라고 하였다. 당시 권세가들은 본인은 물론 가신이나 노비 또는 대리 상인들을 사행에 참여하게 하여 무역의 이익을 얻었다.

모든 사신들이 탐욕스러웠던 것은 아니었다. 1388년 2월에 철령위鐵嶺衛 설치의 철회를 요청하러 갔던 밀직제학密直提學 박의중朴宜中은 무역을 하기 위한 물건을 한가지도 가져가지 않았다. 명에 들어간 뒤 고려 사신의 호송을 맡았던 요동호송진무遼東護送鎭撫인 서현徐顯이 베를 요구하자 자신의 전대를 털어 보이고 입었던 저의紵衣를 벗어주었다. 서현이 그 청백함에 탄복해서 예부관禮部官에 고하였으므로 명 황제가 불러보고 후한 대우를 하였다고 한다.

물론 박의중의 사례는 특별한 일이었고, 위험을 감수하고 사행을 하는 것을 고려해서 사신들이 사행무역으로 여러 차례 물의를 일으켜도 도덕적으로 비난받는 것에 그쳤다. 그런데, 1388년에 명에 갔었던 이숭인李崇仁이 사신으로서 무역을 했다는 이유로 정치적 반대 세력의 탄핵을 받아 처벌되기에 이르렀다. 1388년 10월에 시중 이색과 첨서밀직사사 이숭인은 신정을 하례하러 갔으며 다음해 4월 귀국하였다. 그런데 1389년 10월에 간관 오사충吳思忠 등이 이숭인이 정사 이색과 명에 갔을 때 저자에서 직접 매매하여 사신으로서의 절조를 잃었다며 탄핵하였고, 이숭인은 조사를 받던 중 도망하였다가 잡혀서 경산부로 유배되었다.

공양왕대에도 사신과 그 일행이 중국에 가서 무역을 하는 것은 공공연한 일이었다. 1391년 9월에 공양왕은 경연에서 명 황제를 알현하러 가는 세자의 서장관이 된 문하사인門下舍人 안로생安魯生에게 "너는 낭사郎舍이므로 검찰檢察을 시키고자 한다. 법령이 비록 엄하지만 같이 가는 사람의 수가 이미 많으므로 반드시 이익을 탐하고 무역을 하여 중국의 웃음거리가 되는 자가 있을 것이다. 마땅히 엄격히 금지하도록 하라"고 부탁하였다. 공양왕은 명에 가는 사신 일행이 무역에 참여하여 많은 이득을 얻었고, 그것이 지나쳐 명나라 사람들의 비난을 받고 있었다는 점을 알고 시정하려 했던 것이다.

하지만, 정작 공양왕 자신도 김인용金仁用 등 상인들을 보내 북평北平에 나아가 양羊을 무역하려 하였다. 간관諫官 허응은 그 일이 임금의 절검節儉을 숭상하는 아름다운 뜻이 아니며, 중국 사람들이 장차 세자의 행차를 장사길로 생각할 것이므로 양을 무역하러 가는 김인용 등을 일행에서 제외시키라고 건의하였다. 다른 일행의 무역을 감찰하라고 하면서 공양왕은 세자가 명에 가는 편에 무역하려고 하였다. 이후 1391년 12월에 한양부윤 유원정이 사행 때 벌인 매매활동 때문에 헌부에 탄핵을 받아 유배되었다.

사신으로 명에 가는 것은 합법적인 무역의 기회였기 때문에 여론의 물의를 감수하면서까지 국왕을 비롯한 권력 계층이 사행무역에 적극 참여하였다. 박의중의 사례는 특이한 것으로 미담이 될 수 밖에 없었다. 명나라 사람들이 비난했던 것은 송에 왕래하던 고려의 사신들에 대해 무역의 이익을 바라고 온다고 했던 소식의 비난과 유사하다. 사행무역에는 사적인 이익을 노리고 참여한 경우도 많아서 사서에는 권귀들의 탐욕이라고 비판했다. 그러나 국가 간의 왕래가 자유롭지 못한 여건 속에서 고려 사람들이 사행 무역에 적극적이었던 것은 오히려 당연한 일이었다. 고려의 사신들은 중국의 우수한 문물을 교환할 절호의 기회를 버리는 것을 더 어리석은 일로 판단하였다. 이에 중국인들의 비아냥이나 탐욕스럽다는 평가에 아랑곳하지 않고 가능하면 많은 교역을 하려고 하였다. 이성계 일파는 그것을 간파하고 사신의 윤리에 어긋난 것이라고 비판하며 정치적 사건으로 만들어 반대파를 제거하는데 활용하였던 것이다.

요컨대 요동정세가 불안정하고 명의 해금정책으로 해상무역이 중단되었으며, 사무역의 기회와 규모가 급격히 위축되었다. 고려와 명의 외교적 갈등으로 인해 사신의 파견횟수도 크게 줄었다. 따라서 무역에서 차지하는 사행무역의 비중이 매우 높아졌고, 사행에 참여하는 사람들은 그 기회를 활용하여 더 많은 무역의 이익을 얻고자 하였으므로 적지 않은 사건이 발생하게 된 것이다. 고려말 대명 사행무역과 관련하여 일어났던 여러 사건들은 이 시기 변화된 대외무역의 여건을 반영하는 것이었다.

〈참고문헌〉

1. 사료

〈국내〉

『高麗史』,『高麗史節要』,『大覺國師文集』,『大覺國師外集』,『東國李相國集』,『東國李相國後集』,『東文選』,『補閑集』,『三國史記』,『三國遺事』,『新增東國輿地勝覽』,『曹溪山松廣寺史庫』,『朝鮮王朝實錄』,『中京誌』,『增補文獻備考』,『破閑集』,『湖山錄』,『海東繹史』.

〈국외〉

『柯山集』,『嘉定赤城志』,『開慶四明續志』,『契丹國志』,『建道四明圖經』,『建炎以來繫年要錄』,『鷄林志』,『高麗圖經』,『舊五代史』,『郡齋讀書志』,『謹齋集』,『金史』,『南村輟耕錄』,『陵陽集』,『圖畵見聞誌』,『東觀餘論』,『洞天淸錄』,『明史』,『牧庵集』,『文獻通考』,『寶慶四明志』,『本草衍義』,『負暄野錄』,『佛祖歷代通載』,『佛祖統紀』,『誠齋集』,『蘇軾文集』,『續資治通鑑長編』,『宋大詔令集』,『宋史』,『松隱集』,『帥記』,『兩朝綱目備要』,『硯史』,『豫章黃先生文集』,『五代會要』,『五燈會元』,『玉岑山慧因高麗華嚴敎寺志』,『玉海』,『遼史』,『雲溪居士集』,『元史』,『緯略』,『猗覺寮雜記』,『日本紀略』,『資治通鑑』,『貞信公記抄』,『朝野群載』,『竹友集』,『中堂事記』,『曾鞏集』,『至正四明續志』,『參天台五臺山記』,『冊府元龜』,『淸江三孔集』,『淸異錄』,『萍州可談』,『許國公奏議』,『絜齋集』

2. 자료집 · 역주집 · 해설집(연도순 가나다순, 이하 같음)

〈국내〉

許興植,『韓國金石全文』(전3권), 亞細亞文化社, 1984.

金龍善 편,『高麗墓誌銘集成』, 翰林大 아시아文化硏究所, 1993; (제5판), 한림대 출판부, 2012.

張東翼,『元代麗史資料集錄』, 서울대출판부, 1997.

張東翼,『宋代麗史資料集錄』, 서울대출판부, 2000.

金龍善,『역주 고려묘지명집성(상, 하)』한림대아시아문화연구소, 2001.

노명호 외,『韓國古代中世古文書硏究(上)』, 서울대출판부, 2000.

張東翼,『日本古中世高麗資料硏究』, 서울대출판부, 2004.

정광 역주 해제,『原本 노걸대』, 김영사, 2004.

박원호 외,『명사 식화지 역주』, 소명출판, 2008.

여원관계사연구팀,『譯註 元高麗紀事』, 선인, 2008.

장동익,『高麗時代 對外關係史 綜合年表』, 동북아역사재단, 2009.

국립해양문화재연구소,『800년 전의 타임캡슐』, 2010.

이근명 외 엮음,『송원시대의 고려사 사료』1, 2, 신서원 2010,

이진한 외,『『破閑集』역주』, 경인문화사, 2013.

〈국외〉

譚其驤 主編,『簡明中國歷史地圖集』, 中國地圖出版社, 1991.

楊渭生等編著,『十至十四世紀中韓關係史料匯編』, 學苑出版社, 2002.

3. 저서

〈국내〉

李能和,『朝鮮佛敎通史』, 新文館, 1918.

白南雲,『朝鮮封建社會經濟史』, 改造社, 1937.

金庠基,『東方文化交流史論攷』, 乙酉文化社, 1948.

高裕燮,『高麗靑瓷』, 乙酉文化社, 1954.

海軍本部 戰史編纂官室,『韓國海洋史』, 1955.

金庠基,『新編 高麗時代史』, 동국문화사, 1961; 서울大出版部, 1985(재간행).

李丙燾, 『韓國史』(中世編), 震檀學會, 乙酉文化社, 1961.

李惠求, 『韓國音樂序說』, 서울大出版部, 1967.

高麗大 民族文化研究所 編, 『韓國文化史大系 Ⅲ(科學·技術史)』, 1968.

李基白, 『高麗兵制史研究』, 一潮閣, 1968.

高麗大 民族文化研究所 編, 『韓國文化史大系 Ⅳ(風俗·藝術史)』, 1970.

高柄翊, 『東亞交涉史의 研究』, 서울大出版部, 1970.

全海宗, 『韓中關係史研究』, 一潮閣, 1970.

高麗大 民族文化研究所 編, 『韓國文化史大系 Ⅶ(增補·索引編)』, 1972.

金庠基, 『東方史論叢』, 서울大出版部, 1974.

崔淳雨, 『韓國美術全集』 9, 同和出版公社, 1975.

全海宗, 『韓國과 中國—東洋史 論集—』, 知識産業社, 1979.

姜晋哲, 『高麗土地制度史研究』, 高大出版部, 1980.

李基白, 『高麗光宗研究』, 一潮閣, 1981.

金在瑾, 『韓國船舶史研究』, 서울大出版部, 1984.

金渭顯, 『遼金史研究』, 裕豊出版社, 1985.

朴龍雲, 『高麗時代史』(上), 一志社, 1985.

許興植, 『高麗佛教史研究』, 一潮閣, 1986.

朴龍雲, 『高麗時代史』(下), 一志社, 1987.

尹武炳, 『新安海底遺物(종합편)』, 文化公報部 文化財管理局, 1988.

姜晋哲, 『韓國中世土地所有研究』, 一潮閣, 1989.

李龍範, 『韓滿交流史 研究』, 同和出版公社, 1989.

尹龍爀, 『高麗對蒙抗爭史研究』, 一志社, 1991.

朴漢男, 『高麗의 對金外交政策 研究』, 成均館大 史學科 博士學位 論文, 1993.

李基白 外, 『崔承老上書文研究』, 一潮閣, 1993.

金在瑾, 『續韓國船舶史研究』, 서울大出版部, 1994.

張東翼, 『高麗後期外交史研究』, 一潮閣, 1994.

張學根, 『韓國 海洋活動史』, 海軍士官學校, 1994.

許興植, 『眞靜國師와 湖山錄』, 民族社, 1995.

羅鐘宇, 『韓國中世對日交涉史研究』, 圓光大出版局, 1996.

남도영, 『한국마정사』, 한국마사회 마사박물관, 1996.

朴玉杰, 『高麗時代의 歸化人 研究』, 國學資料院, 1996.

徐聖鎬, 『高麗前期 手工業 研究』, 서울大 國史學科 博士學位論文, 1997.

申採湜, 『中國과 東아시아 世界』, 國學資料院, 1997.

조영록 편, 『한중문화교류와 남방해로』, 국학자료원, 1997.

金在滿, 『契丹·高麗關係史研究』, 國學資料院, 1999.

김한규, 『한중관계사 Ⅰ』, 아르케, 1999.

朴平植, 『朝鮮前期商業史研究』, 지식산업사, 1999.

金蘭玉, 『高麗時代 賤事·賤役 良人 研究』, 신서원, 2000.

金日宇, 『高麗時代 耽羅史 研究』, 신서원, 2000.

윤용혁, 『고려 삼별초의 대몽항쟁』, 일지사, 2000.

이정희, 『고려시대 세제의 연구』, 국학자료원, 2000.

李宗峯, 『韓國中世度量衡制度研究』, 혜안, 2001.

韓國中世史研究會 편, 『韓國中世社會의 諸問題』, 2001.

南權熙, 『高麗時代 記錄文化 研究』, 淸州古印刷博物館, 2002.

朴龍雲, 『高麗社會의 여러 歷史像』, 신서원, 2002.

沈載錫, 『高麗國王 册封 研究』, 혜안, 2002.

안주섭, 『고려거란전쟁』, 경인문화사, 2003.

케네스 포메란츠·스티븐 토픽(박광식 譯), 『설탕, 커피, 그리고 폭력』, 심산, 2003.

고바야시 다카시(이진복 옮김), 『상업의 세계사―바닷길로 본 세계 경제의 역사―』, 황금가지, 2004.

국방부, 『고려의 북진정책사』, 국방부 군사편찬연구소, 2004.

박은순 외, 『高麗美術의 對外交涉』, 예경, 2004.

이정신, 『고려시대의 정치변동과 대외정책』, 景仁文化社, 2004.

임용한, 『전쟁과 역사 2―거란·여진과의 전쟁―』, 혜안, 2004.

趙明濟, 『高麗後期 看話禪 研究』, 혜안, 2004.

최광식 외, 『한국무역의 역사』, 청아, 2004.

金日宇, 『高麗時代 濟州社會의 變化』, 西歸浦文化院, 2005.

방향숙 외, 『한중외교관계와 조공책봉』, 고구려연구재단, 2005.

안지원, 『고려의 국가 불교의례와 문화』, 서울대출판부, 2005.

朴胤珍, 『高麗時代 王師·國師 硏究』, 景仁文化社, 2006.

역사학회 편, 『전쟁과 동북아의 국제질서』, 일조각, 2006.

최덕수 외, 『장보고와 한국 해양네트워크의 역사』, (재)해상왕장보고기념사업회, 2006.

김순자, 『韓國 中世 韓中關係史』, 혜안, 2007.

김호동, 『몽골제국과 고려』, 서울대출판부, 2007.

李康漢, 『13·14세기 高麗−元 交易의 展開와 性格』, 서울大 國史學科 博士學位論文, 2007.

이문기 외, 『한중일의 해양인식과 해금』, 동북아역사재단, 2007.

鄭恩雨, 『高麗後期 佛敎彫刻 硏究』, 文藝出版社, 2007.

윤영인 외, 『중국학계의 북방민족·국가 연구』, 동북아역사재단, 2008.

村井章介(손승철·김강일 편역), 『동아시아속의 중세 한국과 일본』, 景仁文化社, 2008.

윤영인 외, 『10−18세기 북방민족과 정복왕조 연구』, 동북아역사재단, 2009.

정진술, 『한국의 고대 해상교통로』, 한국해양전략연구소, 2009.

한일문화교류기금·동북아역사재단 편, 『몽골의 고려·일본 침공과 한일관계』, 景仁文化社, 2009.

한지선, 『明代 해금정책 연구』全南大 史學科 博士學位論文, 2009.

한흥섭, 『고려시대 음악사상』, 소명출판, 2009.

고려대 일본사연구회 편, 『동아시아 속의 한일관계사(상,하)』, 제이앤씨, 2010.

高明秀, 『쿠빌라이 정부의 交通·通商 진흥 정책에 관한 연구—소위 '팍스 몽골리카'(Pax Mongolica)의 성립조건 형성과 관련하여—』, 高麗大 史學科 博士學位論文, 2010.

국립해양문화재연구소, 『800년 전의 타임캡슐』, 2010.

金昌賢, 『고려 개경의 편제와 궁궐』, 景仁文化社, 2011.

동북아역사재단·경북대 한중교류연구원, 『13·14세기 고려−몽골관계 탐구』, 2011.

윤용혁, 『여몽전쟁과 강화도성 연구』, 혜안, 2011.

윤재운 외,『한중관계사상의 교통로와 거점』, 동북아역사재단, 2011.

이영,『왜구와 고려·일본 관계사』, 혜안, 2011.

李鎭漢,『高麗時代 宋商往來 硏究』, 景仁文化社, 2011.

장남원 외,『고려와 북방문화』, 養士齋, 2011.

조영록,『동아시아 불교교류사 연구』, 동국대출판부, 2011.

모모키 시로(桃木至郎) 엮음, 최연식 옮김,『해역아시아사연구입문』(2008), 민속원, 2012.

방병선,『중국도자사 연구』, 경인문화사, 2012.

연민수 외,『전통시대 동아시아의 외교와 변경기구』, 동북아역사재단, 2013.

李命美,『고려-몽골 관계와 고려국왕 위상의 변화』, 서울人 國史學科 博士學位論文, 2012.

李美智,『고려시기 對거란 외교의 전개와 특징』, 高麗大 韓國史學科 博士學位論文, 2012.

육군군사연구소 편,『한국군사사 3―고려시대 Ⅰ―』, 육군본부, 2012.

육군군사연구소 편,『한국군사사 4―고려시대 Ⅱ―』, 육군본부, 2012.

許仁旭,『高麗·契丹의 압록강 지역 영토분쟁 연구』, 高麗大 韓國史學科 博士學位論文, 2012.

문화재청·국립해양문화재연구소,『태안 마도 출수 중국도자기』, 2013.

이강한,『고려와 원제국의 교역의 역사』, 창비, 2013.

이개석,『고려-대원 관계 연구』, 지식산업사, 2013.

이정신,『고려시대의 특수행정구역 所 연구』, 혜안, 2013.

한정훈,『고려시대 교통운수사 연구』, 혜안, 2013.

김명진,『고려 태조 왕건의 통일전쟁 연구』, 혜안, 2014.

문경호,『고려시대 조운제도 연구』, 혜안, 2014.

서동인·김병근,『신안보물선의 마지막대항해』, 주류성, 2014.

〈국외〉

池內宏,『滿鮮史硏究(中世編)』, 吉川弘文館, 1917.

William E Henthorn,『Korea―The Mongol Invasion―』, Netherland,

1963.

末松保和, 『靑丘史草』 1, 笠井出版社, 1965.

中村榮孝, 『日鮮關係史の硏究(上)』, 吉川弘文館, 1965.

田村洋幸, 『中世日朝貿易の硏究』, 三和書房. 1967.

斯波義信, 『宋代商業史硏究』, 風間書房, 1968.

森克己, 『日宋貿易の硏究』, 國書刊行會, 1975.

森克己, 『續日宋貿易の硏究』, 國書刊行會, 1975.

陳高華·吳泰, 『宋元時期的海外貿易』, 天津人民出版社, 1981.

陶晉生, 『宋遼關係史硏究』, 聯經出版事業公司, 1983.

日野開三郎, 『日野開三郎 東洋史學論集─北東アジア國際交流史の硏究
        (上)─』, 三一書房, 1984.

西嶋定生, 『日本歷史の國際環境』, 東京大學出版會, 1985.

周一郞, 『中外文化交流史』, 河南省新華書店, 1987.

홍희유, 『조선상업사(고대·중세)』, 과학백과사전출판사, 1989.

陳希育, 『中國帆船與海外貿易』, 廈門大學出版社, 1991.

楊昭全·韓俊光, 『中朝關係簡史』, 遼寧民族出版社, 1992.

黃有福·陳景富, 『中朝佛敎文化交流史』, 中國社會科學出版社, 1993.

과학백과사전종합출판사편, 『조선기술발전사(고려편)』 3, 조선기술발전사편
        찬위원회, 1994.

檀上寬 外, 『明淸時代史の基本問題』, 汲古書院. 1997.

楊渭生, 『宋麗關係史硏究』, 杭州大學出版社, 1997.

高榮盛, 『元代海外貿易硏究』, 四川人民出版社, 1998.

Peter Yun, 『Rethinking the Tribute System : Korean States and
        Northeast Asian Interstate Relations』, 600—1600, Ph.D. diss.,
        UCLA, 1998.

蔣非非·王小甫 等著, 『中韓關係史(古代卷)』, 社會科學文獻出版社, 1998.

Jarques Gernet, 『A History of Chinese Civilization』, Second Edition,
        Cambridge University Press, 1999.

關周一, 『中世日朝海域史の硏究』, 吉川弘文館. 2002.

西嶋定生, 『西嶋定生古代東アジア論集 3─東アジア世界と册封體制─』, 岩

波書店, 2002.

池田溫, 『東アジアの文化交流史』, 吉川弘文館, 2002.

山内晋次, 『奈良平安期日本とアジア』, 吉川弘文館, 2003.

陳高華, 『元史研究新論』, 上海社會科學院出版社, 2005.

魏志江, 『中韓關係史研究』, 中山大學出版社, 2006.

榎本涉, 『東アジア海域と日中交流—九～一四世紀—』, 吉川弘文館, 2007.

夫馬進 編, 『中國東アジア外交交流史の研究』, 京都大學學術出版會, 2007.

大庭康時 外 編, 『中世都市 博多を掘る』, 海鳥社, 2008.

劉恒武, 『寧波古代對外文化交流—以歷史文化遺存爲中心—』, 海洋出版社, 2009.

森平雅彦 外, 『東アジア世界の交流と變容』, 九州大學出版會, 2011.

近藤剛, 『日本高麗關係史の研究』, 中央大 文學研究科日本史專攻 博士學位論文, 2012.

陳得芝, 『蒙元史研究導論』, 南京大學出版社, 2012.

森平雅彦 編, 『中近世の朝鮮半島と海域交流』, 汲古書院, 2013.

森平雅彦, 『モンゴル覇權下の高麗』, 名古屋大學出版會, 2013.

羽田正 編, 『東アジア海域に漕ぎだす, 海から見た歷史』, 東京大學出版會, 2013.

4. 논문(연도순)

〈국내〉

金庠基, 「古代의 貿易形態와 羅末의 海上發展에 對하여」 『震檀學報』 1, 2, 1934, 1935; 『東方文化交流史論攷』, 乙酉文化社, 1948.

金庠基, 「麗宋貿易小考」 『震檀學報』 7, 1937; 『東方文化交流史論攷』, 乙酉文化社, 1948.

姜大良, 「高麗初期의 對契丹關係」 『史海』 1, 1948.

李能植, 「麗末鮮初의 貨幣制度」 『震檀學報』 16, 1949.

李龍範, 「麗丹貿易考」『東國史學』3, 1955.

尹武炳, 「吉州城과 公險鎭─公險鎭 立碑問題의 再檢討─」『歷史學報』10, 1958.

金庠基, 「고려 광종의 치세」『국사상의 제문제』2, 국편위, 1959 ; 『東方史論叢』, 서울大出版部, 1974.

金庠基, 「대각국사의천(大覺國師義天)에 대하여」『국사상의 제문제』3, 국편위, 1959 ; 『東方史論叢』, 서울大出版部, 1975.

金庠基, 「여진 관계의 시말과 윤관(尹瓘)의 북정」『국사상의 제문제』4, 국편위, 1959 ; 『東方史論叢』, 서울大出版部, 1974.

金庠基, 「고려(高麗)와 금(金)·송(宋)과의 關係」『국사상의 제문제』5, 국편위, 1959 ; 『東方史論叢』, 서울大出版部, 1974.

金庠基, 「羅末 地方群雄의 對中交通─特히 王逢規를 中心으로─」『黃義敦先生古稀紀念史學論叢』, 1960 ; 『東方史論叢』, 서울大出版部, 1974.

李基白, 「高麗初期에 있어서의 五代와의 關係」『韓國文化研究院論叢』1, 1960 ; 『高麗光宗研究』, 一潮閣, 1981.

金在滿, 「契丹絲考─東西 間接交易과 直接交易의 形態(上, 下)─」『歷史教育』7, 8, 1963, 1964.

李鉉淙, 「南洋諸國人의 往來貿易에 對하여」『史學研究』18, 1964.

金庠基, 「宋代에 있어서의 高麗本의 流通에 대하여」『李相殷博士華甲紀念論叢』, 1965 ; 『東方史論叢』, 서울大出版部 1974.

曺永祿, 「水牛角 貿易을 통해 본 鮮明關係」『東國史學』9·10합, 1966.

민영규, 「長谷寺 高麗鐵佛 服藏遺物」『인문과학』14·15합, 연세대 인문과학연구소, 1966.

李惠求, 「高麗大晟樂의 變遷」『韓國音樂序說』, 서울大出版部, 1967.

盧正祐, 「韓國醫學史」『韓國文化史大系 Ⅲ(科學·技術史)』(高麗大 民族文化研究所 編), 1968.

李德鳳, 「韓國生物學史」, 『韓國文化史大系 Ⅲ(科學·技術史)』(高麗大 民族文化研究所 編), 1968.

孫寶基, 「韓國印刷技術史」『韓國文化史大系 Ⅲ(科學·技術史)』(高麗大 民族文化研究所 編), 1968.

全相運, 「韓國天文氣象學史」『韓國文化史大系 Ⅲ(科學·技術史)』(高麗大 民族 文化研究所 編), 1968.

高柄翊, 「蒙古·高麗의 兄弟盟約의 性格」『白山學報』6, 1969;『東亞交涉史의 研究』, 서울大出版部, 1970.

金東旭, 「韓國服飾史」『韓國文化史大系 Ⅳ(風俗·藝術史)』(高麗大 民族文化研 究所 編), 1970.

金膺顯, 「韓國美術史 3(書藝史)」『韓國文化史大系 Ⅳ(風俗·藝術史)』(高麗大 民族文化研究所 編), 1970.

申榮勳, 「韓國美術史 1(建築史)」『韓國文化史大系 Ⅳ(風俗·藝術史)』(高麗大 民族文化研究所 編), 1970.

尹瑞石, 「韓國食品史」『韓國文化史大系 Ⅳ(風俗·藝術史)』(高麗大 民族文化研 究所 編), 1970.

張師勛, 「韓國音樂史」『韓國文化史大系 Ⅳ(風俗·藝術史)』(高麗大 民族文化研 究所 編), 1970.

黃壽永, 「韓國美術史 1(彫刻史)」『韓國文化史大系 Ⅳ(風俗·藝術史)』(高麗大 民族文化研究所 編), 1970.

朴興秀, 「新羅 및 高麗의 量田法에 관하여」『學術院論文集』11, 1972.

李東洲, 「韓國繪畫史」『韓國文化史大系 Ⅶ(增補·索引編)』(高麗大 民族文化研 究所 編), 1972.

姜晋哲, 「蒙古의 侵入에 대한 抗爭」『한국사』7, 국편위, 1973.

高柄翊, 「元과의 關係의 變遷」『한국사』7, 국편위, 1973.

徐炳國, 「高麗·宋·遼의 三角貿易考」『白山學報』15, 1973.

金庠基, 「여진관계」『東方史論叢』, 서울大出版部, 1974.

朴賢緒, 「北方民族과의 抗爭」『한국사』4, 국편위, 1974.

李龍範, 「10~12세기 國際情勢」『한국사』4, 국편위, 1974.

全海宗, 「對宋外交의 性格」『한국사』4, 국편위, 1974.

高翊晋, 「法華經 戒環解의 盛行來歷考」『佛敎學報』12, 1975.

姜萬吉, 「商業과 對外貿易」『한국사』5, 국편위, 1975.

金容燮, 「高麗時期의 量田制」『東方學志』16, 1975;『韓國中世農業史研究』, 지식산업사, 2000.

金九鎭,「公嶮鎭과 先春嶺碑」『白山學報』21, 1976.

方東仁,「尹瓘九城再考―九城設置範圍를 中心으로―」『白山學報』21, 1976.

高錫元,「麗末鮮初 對明外交」『白山學報』23, 1977.

金光洙,「高麗 建國期의 浿西豪族과 對女眞關係」『史叢』21·22합, 1977.

金光洙,「高麗前期 對女眞交涉과 北方開拓問題」『東洋學』7, 1977.

金定慰,「中世 中東文獻에 비친 韓國像」『韓國史研究』16, 1977.

孫弘烈,「高麗 漕運考」『史叢』21·22合, 1977.

李龍範,「高麗와 契丹과의 關係」『東洋學』7, 1977.

李龍範,「胡僧襪羅의 高麗往復」『歷史學報』75·76合, 1977;『韓滿交流史 研
究』, 同和出版公社, 1989.

李鉉淙,「高麗와 日本과의 關係」『東洋學』7, 1977.

全海宗,「高麗와 宋과의 關係」『東洋學』7, 1977.

全海宗,「中世 韓中貿易形態 小考―特히 公認貿易과 密貿易에 대하여―」
『大丘史學』12·13합, 1977;『韓國과 中國―東洋史 論集―』, 知識産
業社, 1979.

高翊晉,「圓妙了世의 白蓮結社와 그 思想的 動機」『佛敎學報』15, 1978.

金渭顯,「麗宋關係와 그 航路考」『關大論文集』6, 1978;『遼金史研究』, 裕豊
出版社, 1985.

全海宗,「麗·元貿易의 性格」『東洋史學研究』12·13합, 1978.

權兌遠,「高麗初期社會에 미친 歸化人의 影響에 관한 考察」『忠南大 人文科
學 論文集』8-2, 1981.

方東仁,「高麗의 東北地方境域에 關한 研究―특히 九城設置範圍를 中心으
로―」『嶺東文化』創刊號, 1980.

金容燮,「高麗前期의 田品制」『韓㳞劤博士停年紀念 史學論叢』, 지식산업사,
1981;『韓國中世農業史研究』, 지식산업사, 2000.

金在瑾,「高麗의 船舶」『學術院論文集(人文社會科學編)』20, 1981;『韓國船
舶史研究』, 서울대출판부, 1984.

金渭顯,「高麗의 宋遼金人 投歸者에 대한 收容策(918~1146)」『史學志』16,
1982;『遼金史研究』, 裕豊出版社, 1985.

金渭顯,「女眞의 馬貿易考―10세기·11세기를 중심으로―」『淑大論文集』13,

1982; 『遼金史硏究』, 裕豊出版社, 1985.

李東潤, 「宋代의 貿易政策」 『史學志』16(朴武成博士華甲紀念論叢), 1982.

李東潤, 「宋代海上貿易의 諸問題」 『東洋史學硏究』17, 1982.

金在滿, 「五代와 後三國·高麗初期의 關係史」 『大東文化硏究』17, 1983.

高昌錫, 「元代의 濟州島 牧場」 『濟州史學』 創刊號, 1985.

申採湜, 「宋代 官人의 高麗觀」 『邊太燮華甲紀念史學論叢』, 三英社, 1985.

金在瑾, 「莞島發掘船의 船體構造」 『學術院論文集(人文社會科學編)』25, 1986; 『續韓國船舶史硏究』, 서울대출판부, 1994.

南仁國, 「高麗前期의 投化人과 그 同化政策」 『歷史敎育論集』8, 1986.

黃寬重, 「高麗與金·宋的關係」, 『아시아문화』 창간호, 한림대, 1986.

呂恩暎, 「高麗時代의 量制—結負制 이해의 기초로서—」 『慶尙史學』3, 1987.

金相永, 「高麗 睿宗代 禪宗의 復興과 佛敎界의 變化」 『淸溪史學』5, 1988.

魏恩淑, 「12세기 농업기술의 발전」 『釜大史學』12, 1988.

趙明濟, 「高麗後期 戒環解 楞嚴經의 盛行과 思想史的 意義—麗末 性理學의 수용 기반과 관련하여—」 『釜大史學』12, 1988.

蔡雄錫, 「高麗前期 貨幣流通의 기반」 『韓國文化』9, 1988.

朴漢卨, 「羅末麗初 西海岸交涉史 硏究」 『國史館論叢』7, 1989.

全海宗, 「高麗와 宋과의 交流」 『國史館論叢』8, 1989.

池田溫, 「新羅·高麗時代 東亞地域 紙張의 國際流通에 관하여」 『大東文化硏究』23, 1989.

姜吉仲, 「南宋과 高麗의 政治外交와 貿易關係에 대한 考察」 『慶熙史學』16·17합, 1990.

金渭顯, 「麗元間의 物貨交流表」 『人文科學硏究論叢』, 명지대, 1990.

高柄翊, 「麗代 東아시아의 海上通交」 『震檀學報』71·72합, 1991; 『東아시아 文化史論考』, 서울대출판부, 1997.

羅鐘宇, 「高麗前期의 對外關係史硏究—日本과의 관계를 중심으로—」 『國史館論叢』29, 1991.

Michael C Rogers, 「Notes on Koryo's relations with Sung and Liao」 『震檀學報』71·72합, 1991.

이평래, 「고려후기 수리시설의 확충과 수전(水田) 개발」 『역사와 현실』5,

1991.

鄭良謨, 「新安 海底遺物을 통해본 14世紀 東아시아의 陶磁文化」『震檀學報』
　　71·72합, 1991.

鄭淸柱, 「新羅末·高麗初의 羅州豪族」『全北史學』14, 1991;『新羅末高麗初
　　豪族研究』, 一潮閣, 1996.

陳高華, 「元朝與高麗的海上交通」『震檀學報』71·72합, 1991;『元史研究新
　　論』上海社會科學院出版社, 2005.

崔柄憲, 「大覺國師 義天의 渡宋活動과 高麗·宋의 佛敎交流」『震檀學報』
　　71·72합, 1991.

黃寬重, 「宋·麗貿易與文物交流」『震檀學報』71·72합, 1991.

具山祐, 「高麗 成宗代 對外關係의 展開와 그 政治的 性格」『韓國史研究』78,
　　1992.

具山祐, 「羅末麗初의 蔚山地域과 朴允雄」『韓國文化研究』5, 1992.

朴玉杰, 「高麗初期 歸化 漢人에 대하여」『國史館論叢』39, 1992.

李範鶴, 「蘇軾의 高麗排斥論과 그 背景」『韓國學論叢』15, 1992.

金東哲, 「상업과 화폐」『한국사』14, 국편위, 1993.

朴宗基, 「高麗中期 對外政策의 變化에 대하여―宣宗代를 중심으로―」『韓國
　　學論叢』16, 1993.

李宗峯, 「고려시기 수전농업의 발달과 이앙법」『한국문화연구』6, 부산대,
　　1993.

崔完基, 「漕運과 漕倉」『한국사』14, 국편위, 1993.

金塘澤, 「高麗 忠惠王과 원과의 갈등」『歷史學報』142, 1994.

박종기, 「고려시대의 대외 관계」『한국사』6, 한길사, 1994.

안병우, 「고려시대 수공업과 상업」『한국사』6, 한길사, 1994.

柳永哲, 「高麗牒狀不審條條의 재검토」『한국중세사연구』창간호, 1994.

尹龍爀, 「몽고 침입에 대한 항쟁」『한국사』20, 국편위, 1994.

鄭修芽, 「慧照國師 曇眞과 '淨因髓'―北宋 禪風의 수용과 高麗中期 禪宗의
　　부흥을 중심으로―」『李基白先生古稀紀念 韓國史學論叢(上)』, 一潮
　　閣, 1994.

李貞信, 「고려시대의 상업―상인의 존재형태를 중심으로―」『國史館論叢』

59, 1994.

李泰鎭, 「前近代 韓·中 交易史의 虛와 實」『震檀學報』78, 1994.

김순자, 「고려말 대중국관계의 변화와 신흥유신의 사대론」『역사와 현실』 15, 1995.

羅鐘宇, 「5대 및 송과의 관계」『한국사』15, 국편위, 1995.

羅鐘宇, 「일본 및 아라비아와의 관계」『한국사』15, 국편위, 1995.

朴龍雲, 「高麗·宋 交聘의 목적과 使節에 대한 考察」『韓國學報』81, 82, 1995, 1996;『高麗 社會의 여러 歷史像』, 신서원, 2002.

朴漢男, 「10~12세기 동아시아 정세」『한국사』15, 국편위, 1995.

朴漢男, 「거란 및 금과의 통교」『한국사』15, 국편위, 1995.

朴漢男, 「북방민족과의 관계」『한국사』15, 국편위, 1995.

鄭修芽, 「高麗中期 對宋外交의 再開와 그 意義—北宋 改革政治의 수용을 중심으로—」『國史館論叢』61, 1995.

조효숙, 「高麗時代 織造手工業과 織物生産의 實態」『國史館論叢』55, 1995.

崔圭成, 「북방민족과의 관계」『한국사』15, 국편위, 1995.

吉熙星, 「지눌의 사상」『한국사』21, 국편위, 1996.

金正基, 「건축」『한국사』21, 국편위, 1996.

羅鐘宇, 「高麗前期의 韓日關係」『韓國中世對日交涉史研究』, 圓光大出版局, 1996.

朴相國, 「대장도감과 고려대장경판」『한국사』21, 국편위, 1996.

朴榮濟, 「수선사의 성립과 전개」『한국사』21, 국편위, 1996.

朴漢男, 「12세기 麗金貿易에 대한 검토」『大東文化研究』31, 1996.

李益柱, 「高麗·元關係의 構造에 대한 研究—소위 '世祖舊制'의 분석을 중심으로—」『韓國史論』36, 서울대 國史學科, 1996.

李杜鉉, 「무용과 연극」『한국사』21, 국편위, 1996.

秦星圭, 「무신정권기 불교계의 변화와 조계종의 대두」『한국사』21, 국편위, 1996.

蔡尙植, 「백련사의 성립과 전개」『한국사』21, 국편위, 1996.

홍선표, 「서화」『한국사』21, 국편위, 1996.

祁慶富, 「10·11세기 한중 해상교통로」『한중문화교류와 남방해로』(조영록

편), 국학자료원, 1997.

金基德, 「高麗의 諸王制와 皇帝國體制」『國史館論叢』 78, 1997.

金塘澤, 「高麗 禑王 元年(1375) 元과의 외교관계 再開를 둘러싼 정치세력 간의 갈등」『震檀學報』 83, 1997.

盧明鎬, 「東明王篇과 李奎報의 多元的 天下觀」『震檀學報』 83, 1997.

毛昭晰, 「선진시대 중국 강남지역과 한반도의 해상교통」『한중 문화교류와 남방해로』(조영록편), 국학자료원, 1997.

朴玉杰, 「高麗來航 宋商人과 麗宋의 貿易政策」『大東文化研究』 32, 1997.

申採湜, 「10-13세기 東아시아의 文化交流—海路를 통한 麗·宋의 文物交易을 中心으로—」『中國과 東아시아世界』, 국학자료원, 1997.

위은숙, 「원간섭기 對元貿易—『老乞大』를 중심으로—」『지역과 역사』 4, 1997.

魏恩淑, 「농업기술의 발전」『한국사』 19, 국편위, 1997.

李基東, 「羅末麗初 남중국 여러 나라와의 交涉」『歷史學報』 155, 1997.

장동익, 「宋代의 明州 地方志에 수록된 高麗關係記事 研究」『歷史教育論集』 22, 1997.

全善姬, 「明州 옛 '地方志'에 보이는 麗·宋 交流史 札記」『中國의 江南社會와 對中交涉』(曹英祿 외), 集文堂, 1997.

鄭炳模, 「寧波佛畵와 高麗佛畵의 比較研究」『講座美術史』 9, 1997.

정용범, 「高麗時代 中國錢 流通과 鑄錢策—성종 · 숙종 연간을 중심으로—」『지역과 사회』 4, 1997.

鮑志成, 「蘇東坡와 高麗」『한중문화교류와 남방해로』(조영록편), 국학자료원, 1997.

黃時鑒, 「宋-高麗-蒙古關係史에 관한 일고찰—「收刺麗國送還人」에 대하여—」『東方學志』 95, 1997.

金蘭玉, 「고려시대 商人의 身分」『한국중세사연구』 5, 1998;『高麗時代 賤事·賤役 良人 研究』, 신서원, 2000.

金惠苑, 「高麗 恭愍王代 對外政策과 漢人群雄」『白山學報』 51, 1998.

김창현, 「高麗의 耽羅에 대한 정책과 탐라의 동향」『韓國史學報』 5, 1998.

閔賢九, 「高麗前期의 對外關係와 國防政策:文宗代를 中心으로」『亞細亞研

究』99, 1998.

박종기, 「11세기 고려의 대외관계와 정국운영론의 추이」『역사와 현실』30, 1998.

이정신, 「高麗時代 종이의 생산 실태와 紙所」『韓國史學報』5, 1998;『고려시대의 특수행정구역 所 연구』, 혜안, 2013.

권영국, 「고려시대 농업생산력 연구사 검토」『史學研究』58·59합, 1999.

김한규, 「契丹과 女眞이 遼東과 中國을 統合한 시기의 韓中關係」『한중관계사 I 』, 아르케, 1999.

盧明鎬, 「高麗時代 多元的 天下觀과 海東天子」『韓國史研究』105, 1999.

申大澈, 「高麗의 外來音樂 受用」『國樂院論文集』11, 1999;『한국중세사회의 음악문화—고려시대편—』(전통예술원 편), 2002.

신채식, 「宋·麗의 문화교류에 관하여」『梨花史學研究』25·26합, 1999.

이병로, 「일본측 사료로 본 10세기의 한일관계—견훤과 왕건의 견일본사에 대한 대응을 중심으로—」『大丘史學』57, 1999.

이경희, 「고려후기 대일무역사 연구동향과 과제」『백양사학』15, 1998.

田炳武, 「高麗 恭愍王代 銀錢鑄造論의 擡頭와 그 性格」『北岳史論』6, 1999.

김성규, 「高麗 前期의 麗宋關係—宋朝 賓禮를 중심으로 본 高麗의 國際地位 試論—」『國史館論叢』92, 2000.

朴平植, 「高麗時期의 開京市廛」『韓國史의 構造와 展開』, 河炫綱教授定年紀念論叢刊行委員會, 2000.

서성호, 「고려시기 개경의 시장과 주거」『역사와 현실』38, 2000.

申採湜, 「唐末·五代의 東南沿海地域과 韓半島의 海上交涉」『東國史學』34, 2000.

申泰光, 「北宋 變法期의 對高麗政策」『東國史學』37, 2000.

沈載錫, 「金代 高麗國王 册封의 性格」『外大史學』13, 2000;『高麗國王 册封研究』, 혜안, 2002.

이병로, 「11세기 한일 양국의 대외교섭에 관한 일고찰」『大丘史學』59, 2000.

김갑동, 「高麗時代 羅州의 地方勢力과 그 動向」『한국중세사연구』11, 2001.

김갑동, 「羅末麗初 沔川과 卜智謙」『한국중세사회의 제문제』(한국중세사학회 편), 2001.

김도연, 「高麗時代 銀貨流通에 관한 一研究」『韓國史學報』 10, 2001.

李康漢, 「고려후기 元寶鈔의 유입 및 유통실태」『韓國史論』 46, ·2001.

李喜寬, 「高麗前期 靑磁에 있어서 葡柳水禽文의 流行과 그 背景」『美術資料』 67, 2001.

秋明燁, 「11世紀 後半~12世紀初 女眞征伐問題와 政局動向」『韓國史論』 45, 2001.

高橋公明, 「해역세계 가운데 제주도와 고려」『島嶼文化』 20, 2002.

강봉룡, 「後百濟 甄萱과 海洋勢力—王建과의 海洋爭覇를 중심으로—」『歷史教育』 83, 2002.

김영미, 「11세기후반~12세기 초 고려·요 외교관계와 불경 교류」『역사와 현실』 43, 2002.

金日宇, 「고려후기 濟州 法華社의 重創과 그 位相」『韓國史研究』 119, 2002; 『高麗時代 濟州社會의 變化』, 西歸浦文化院, 2005.

송혜진, 「고려시대 아악의 변천과 지속」『韓國雅樂史研究』, 민속원, 2000; 『한국중세사회의 음악문화—고려시대편—』(전통예술원 편), 2002.

안병우, 「고려와 송의 상호인식과 교섭; 11세기 후반~12세기 전반」『역사와 현실』 43, 2002.

이정신, 「고려 태조의 건국이념의 형성과 국내외 정세」『韓國史研究』 118, 2002; 『고려시대의 정치변동과 대외정책』, 景仁文化社, 2004.

李正浩, 「高麗後期의 農法—農法 發達과 武臣政權期 社會變化의 관계를 중심으로—」『國史館論叢』 98, 2002.

추명엽, 「고려전기 '번(蕃)' 인식과 동·서번의 형성」, 『역사와 현실』 43, 2002.

피터윤, 「서구 학계 조공제도 이론의 중국 중심적 문화론 비판」『아세아연구』 109, 2002.

姜鳳龍, 「羅末麗初 王建의 西南海地方 掌握과 그 背景」『島嶼文化』 21, 2003.

이미지, 「高麗 宣宗代 権場 문제와 對遼 관계」『韓國史學報』 14, 2003.

이현모, 「羅末麗初 晋州地域의 豪族과 그 動向」『歷史教育論集』 30, 2003.

조영록, 「法眼宗의 등장과 海洋佛教的 전개」『梨花史學研究』 30, 2003; 『동

아시아 불교교류사 연구』, 동국대출판부, 2011.

강경숙, 「고려전기 도자의 대중교섭」『高麗 美術의 對外交涉』(박은순 외), 예경, 2004.

김갑동, 「고려초기 홍성지역의 동향과 지역세력」『史學硏究』 74, 2004;『고려의 후삼국 통일과 후백제』, 서경문화사, 2010.

김도연, 「元간섭기 화폐유통과 實鈔」『韓國史學報』 18, 2004.

김동욱, 「고려시대 목조건축의 대외교섭—대외교섭 측면에서 본 고려시대 목조건축의 성격—」『高麗 美術의 對外交涉』(박은순 외), 예경, 2004.

김윤곤, 「삼별초 정부의 내몽항전과 국내외징세 변화」『한국중세사연구』 17, 2004.

金日宇, 「고려시대 耽羅 주민들의 거주지역과 海上活動」『韓國史學報』 18, 2004;『高麗時代 濟州社會의 變化』, 西歸浦文化院, 2005.

김창석, 「고려전기 '허시虛市'의 성립과 그 성격」『역사와 현실』 53, 2004.

金澈雄, 「高麗와 宋의 海上交易路와 交易港」『中國史硏究』 28, 2004.

문명대, 「高麗佛畵의 國際性과 對外交流關係」『高麗 美術의 對外交涉』(박은순 외), 예경, 2004.

박경안, 「高麗人들의 女眞族에 대한 認識과 對外關係」『京畿鄕土史學』 9, 2004.

朴成柱, 「高麗末 麗·明간 朝貢册封關係의 展開와 그 性格」『慶州史學』 23, 2004.

朴承範, 「9-10世紀 東아시아 地域의 交易」『中國史硏究』 29, 2004.

박옥걸, 「고려시대 귀화인의 역할과 영향—기술적, 문화적 측면을 중심으로—」『白山學報』 70, 2004.

朴胤珍, 「高麗前期 王師·國師의 임명과 그 기능」『韓國學報』 16, 2004;『高麗時代 王師·國師 硏究』, 景仁文化社, 2006.

박은순, 「高麗時代 繪畵의 對外交涉 樣相」『高麗 美術의 對外交涉』(박은순 외), 예경, 2004.

신안식, 「고려전기의 북방정책과 성곽체제」『歷史敎育』 89, 2004.

안귀숙, 「고려시대 금속공예의 대중 교섭」『高麗 美術의 對外交涉』(박은순 외), 예경, 2004.

이완우, 「高麗時代 글씨와 宋·元代 서풍」『高麗 美術의 對外交涉』(박은순
외), 예경, 2004.

이정신, 「쌍성총관부의 설립과 그 성격」『韓國史學報』 18, 2004.

李憲昶, 「한국 전근대 무역의 유형과 그 변동에 관한 연구」『경제사학』 36,
2004.

임진아, 「高麗遺蹟 出土 宋代磁器 硏究」『史林』 22, 2004.

장동익, 「『金史』 高麗關係 기사의 語彙集成」『歷史敎育論集』 33, 2004.

최성은, 「高麗時代 佛敎彫刻의 對中關係」『高麗美術의 對外交涉』(박은순
외), 예경, 2004.

金日宇, 「高麗와 耽羅의 첫 관계 형성과 그 형태의 변화양상」『高麗時代 濟
州社會의 變化』, 西歸浦文化院, 2005.

金日宇, 「三別抄 對蒙抗爭의 주도층과 그 의미―제주 삼별초의 대몽항쟁을
중심으로―」『高麗時代 濟州社會의 變化』, 西歸浦文化院, 2005.

金日宇, 「고려말 탐라사회의 실태와 범섬 전투의 의미」『高麗時代 濟州社會
의 變化』, 西歸浦文化院, 2005.

류채영, 「고려 선종대의 대외정책 연구」『한국문화연구』 9, 2005.

朴胤珍, 「高麗後期 王師·國師의 사례와 기능의 변화」『한국중세사연구』 19,
2005; 『高麗時代 王師·國師 硏究』, 景仁文化社, 2006.

신채식, 「高麗와 宋의 外交關係―朝貢과 册封關係를 중심으로―」『한중외교
관계와 조공책봉』, 고구려연구재단, 2005.

李錫炫, 「宋 高麗의 外交交涉과 認識, 對應―北宋末 南宋初를 중심으로―」
『中國史硏究』 39, 2005.

이정신, 「고려후기 대원관계―입성책동과 상인―」『만주연구』 3, 2005.

李弘斗, 「高麗 契丹戰爭과 騎兵戰術」『史學硏究』 80, 2005.

Peter Yun, 「몽골 이전 동아시아의 다원적 국제관계」『만주연구』 3, 2005.

김순자, 「10·11세기 고려와 요의 영토정책」『北方史論叢』 11, 2006.

김순자, 「고려, 원(元)의 영토정책, 인구정책 연구」『역사와 현실』 60, 2006.

김영미, 「10세기초 禪師들의 중국 유학」『梨花史學硏究』 33, 2006.

김윤정, 「고려후기 상감청자에 보이는 원대 자기의 영향」『미술사학연구』

249, 2006.

김종섭, 「五代의 高麗에 대한 인식」『梨花史學硏究』 33, 2006.

金澈雄, 「고려와 大食의 교역과 교류」『文化史學』 25, 2006.

朴胤珍, 「신라말 고려초의 '佛法東流說'」『한국중세사연구』 21, 2006.

박찬흥, 「후삼국 시기 육상·해상 네트워크의 변화와 개편」『장보고와 한국 해양네트워크의 역사』(최덕수 외), (재)해상왕장보고기념사업회, 2006.

위은숙, 「13·14세기 고려와 요동의 경제적 교류」『民族文化論叢』 34, 2006.

윤용혁, 「여원군의 일본침입을 둘러싼 몇 문제―1274년 1차침입을 중심으로―」『島嶼文化』 25, 2006.

이정신, 「고려시대 銅의 사용 현황과 銅所」『韓國史學報』 25, 2006; 『고려시대의 특수행정구역 所 연구』, 혜안, 2013.

李孝珩, 「高麗前期의 北方認識―발해·거란·여진 인식 비교―」『지역과 역사』 19, 2006.

정해은, 「고려와 거란전쟁」『고려시대 군사전략』, 군사편찬연구소, 2006.

채웅석, 「11세기 후반~12세기 전반 동북아시아 국제정세와 고려」『전쟁과 동북아의 국제질서』(역사학회 엮음), 일조각, 2006.

최규성, 「高麗 初期의 北方領土와 九城의 위치비정」『白山學報』 76, 2006.

한흥섭, 「『고려사』에 나타난 팔관회의 음악양상 및 그 사상적 배경에 관한 고찰」『한국학연구』 24, 2006; 『고려시대 음악사상』, 소명출판, 2009.

김경록, 「공민왕대 국제정세와 대외관계의 전개양상」『역사와 현실』 64, 2007.

김당택, 「高麗 顯宗·德宗代 對契丹(遼) 관계를 둘러싼 관리들 간의 갈등」『歷史學硏究』 29, 2007.

윤용혁, 「정인경가의 고려 정착과 서산」『湖西史學』 48, 2007; 『충청 역사문화 연구』, 서경문화사, 2009.

李康漢, 「征東行省官 闊里吉思의 고려제도 개변 시도」『韓國史研究』 139, 2007.

이개석, 「大蒙古國-高麗 관계 연구의 재검토」『史學研究』 88, 2007.

이문기, 「9세기 신라의 해양을 통한 국제교류와 통제」『한중일의 해양인식과 해금』(이문기 외), 동북아역사재단, 2007.

이재범, 「대몽항전의 성격에 대하여—계층별 항전을 중심으로—」『白山學報』 70, 2007.

李鎭漢, 「高麗時代 宋商 貿易의 再照明」『歷史敎育』 104, 2007.

장남원, 「중국 元代유적 출토 고려청자의 제작시기 검토—內蒙古 集寧路 窖藏 출토 龜龍形靑瓷硯滴을 중심으로—」『湖西史學』 48, 2007.

장동익, 「고려시대 대외교섭과 해방」『한중일의 해양인식과 해금』, 동북아역사재단, 2007.

정요근, 「고려 역로망 운영에 대한 원(元)의 개입과 그 의미」『역사와 현실』 64, 2007.

정진옥, 「11세기말~12세기 전반 高麗靑瓷에 보이는 中國陶瓷의 영향」『美術史學』 21, 2007.

조영록, 「의통 보운의 절동 구법과 전교—오월 후기 법안·천태종과 고려불교—」『震檀學報』 107, 2007;『동아시아 불교교류사 연구』, 동국대출판부, 2011.

崔永好, 「고려시대 송나라와의 해양교류—송나라 출신 전문인력의 입국과 활동을 중심으로—」『역사와 경계』 63, 2007.

한흥섭, 「백희가무를 통해 본 고려시대 팔관회의 실상」『民族文化硏究』 47, 2007;『고려시대 음악사상』, 소명출판, 2009.

곽유석, 「다도해 해양문화유산의 복원과 활용—흑산도의 사례—」『해양문화연구』 1, 2008.

김난옥, 「13세기 원나라의 刑政 간섭과 고려의 대응」『湖西史學』 49, 2008.

김대식, 「高麗 光宗代의 對外關係」『史林』 29, 2008.

김명진, 「太祖王建의 충청지역 공략과 아산만 확보」『역사와 담론』 51, 2008;『고려 태조 왕건의 통일전쟁 연구』, 혜안, 2014.

김명진, 「太祖王建의 나주 공략과 압해도 능창 제압」『島嶼文化』 32, 2008;『고려 태조 왕건의 통일전쟁 연구』, 혜안, 2014.

김위현, 「금 연구」『중국학계의 북방민족·국가 연구』, 동북아역사재단, 2008.

朴鎔辰,「11·12세기『圓宗文類』의 유통과 동아시아 불교교류」『한국중세사연구』25, 2008.

백승호,「高麗와 宋의 朝貢-回賜貿易」『海洋文化研究』1, 2008.

에노모토 와타루(榎本涉),「중국인의 해상진출과 해상제국으로서 중국」『해역아시아사연구입문』(2008, 모모키 시로 엮음, 최연식 옮김), 민속원, 2012.

욧카이치 야스히로(四日市康博),「몽골제국과 해역아시아」『해역아시아사연구입문』(2008, 모모키 시로 엮음, 최연식 옮김), 민속원, 2012.

遠藤隆俊,「義天と成尋—11世紀東アジアの國際環境と入宋僧—」『東國史學』44, 2008.

윤영인,「거란, 요 연구—21세기 연구성과를 중심으로—」『중국학계의 북방민족·국가 연구』, 동북아역사재단, 2008.

이강한,「'원-일본간' 교역선의 고려 방문 양상 검토」『해양문화재』1, 2008.

이강한,「고려 충선왕·元 武宗의 재정운용 및 '정책공유'」『東方學志』143, 2008;『고려와 원제국의 교역의 역사』, 창비, 2013.

이미지,「고려 성종대 지계획정의 성립과 그 외교적 의미」『한국중세사연구』24, 2008.

이정신,「원 간섭기 원종·충렬왕의 정치적 행적」『韓國人物史研究』10, 2008.

李鎭漢,「高麗 文宗代 對宋通交와 貿易」『歷史學報』200, 2008.

이창섭,「11세기 초 동여진 해적에 대한 고려의 대응」『韓國史學報』30, 2008.

정요근,「원간섭기 역 이용수요의 급증과 그 대책」『韓國史學報』32, 2008.

정해은,「고려의 여진정벌」『고려시대 군사전략』, 군사편찬연구소, 2008.

村井章介,「고려·三別抄의 반란과 몽골 침입 전야의 일본」『동아시아속의 중세 한국과 일본』(손승철·김강일 편역), 경인문화사, 2008.

村井章介,「1019년의 女眞 해적과 高麗·日本」『동아시아속의 중세 한국과 일본』(손승철·김강일 편역), 경인문화사, 2008.

한정수,「고려-금 간 사절 왕래에 나타난 주기성과 의미」『史學研究』91, 2008.

허인욱, 「高麗의 歷史繼承에 대한 契丹의 認識變化와 領土問題」『한국중세사연구』24, 2008.

후카미 스미오(深見純生), 「송원대의 해역동남아시아」『해역아시아사연구입문』(2008, 모모키 시로 엮음, 최연식 옮김), 민속원, 2012.

김순자, 「고려전기의 거란[遼], 여진[金]에 대한 인식」『한국중세사연구』26, 2009.

무라이 쇼스케(村井章介), 「몽고 내습과 異文化 접촉」『몽골의 고려·일본 침공과 한일관계』(한일문화교류기금·동북아역사재단 편), 경인문화사, 2009.

金榮濟, 「麗宋交易의 航路와 船舶」『歷史學報』204, 2009.

김영제, 「宋·高麗 交易과 宋商─宋商의 經營形態와 그들의 高麗居住空間을 중심으로─」『史林』32, 2009.

南基鶴, 「蒙古의 日本 侵略과 日本의 對應─高麗와 日本의 관계에 유의하여─」『몽골의 고려·일본 침공과 한일관계』(한일문화교류기금·동북아역사재단 편), 경인문화사, 2009.

모리하라 마사히코, 「13세기 전반에 있어서 麗蒙交渉의 한 단면─ 몽골 官人과의 왕복 문서를 중심으로─」『몽골의 고려·일본 침공과 한일관계』(한일문화교류기금·동북아역사재단), 경인문화사, 2009;『モンゴル覇權下の高麗』, 名古屋大學出版會, 2013.

사에키 코지(佐伯弘次), 「일본침공 이후의 麗日關係」『몽골의 고려·일본 침공과 한일관계』(한일문화교류기금·동북아역사재단 편), 경인문화사, 2009.

徐知英, 「高麗黑磁 生産地와 生産品의 特徵」『高麗陶瓷新論』(姜景仁 외), 學研文化社, 2009.

윤용혁, 「오키나와 출토의 고려기와와 삼별초」『韓國史研究』147, 2009.

윤용혁, 「나말여초 홍주의 등장과 운주성주 긍준」『충청역사문화연구』, 서경문화사, 2009.

윤영인, 「10~13세기 정복왕조 역사의 기본사료와 연구현황」『10-18세기 북방민족과 정복왕조 연구』(윤영인 외), 동북아역사재단, 2009.

尹龍爀, 「삼별초와 여일관계」『몽골의 고려·일본 침공과 한일관계』(한일문화교류기금·동북아역사재단 편), 경인문화사, 2009.

이강한, 「1270~80년대 고려내 鷹坊 운영 및 대외무역」『韓國史硏究』146, 2009.

이강한, 「고려 충숙왕의 전민변정 및 상인등용」『역사와 현실』72, 2009.

이강한, 「고려시대 충혜왕대 무역정책의 내용 및 의미」『한국중세사연구』27, 2009.

이익주, 「고려-몽골 관계사 연구 시각의 검토—고려-몽골 관계사에 대한 공시적, 통시적 접근—」『한국중세사연구』27, 2009.

이재범, 「13세기 이전의 여일관계」『몽골의 고려·일본 침공과 한일관계』(한일문화교류기금·동북아역사재단 편), 경인문화사, 2009.

이정란, 「13세기 몽골제국의 高麗觀」『한국중세사연구』27, 2009.

이정신, 「고려와 북방민족 관계사 연구현황」『10-18세기 북방민족과 정복왕조 연구』(윤영인 외), 동북아역사재단, 2009.

전영섭, 「10~13세기 동아시아 교역시스템의 추이와 海商 정책—宋·高麗·日本의 海商 관리규정 비교—」『역사와 세계』36, 2009.

趙銀精, 「高麗 前期 陶瓷의 生産과 流通」『高麗陶瓷新論』(姜景仁 외), 學研文化社, 2009.

韓盛旭, 「高麗 後期 靑瓷의 生産과 流通」『高麗陶瓷新論』(姜景仁 외), 學研文化社, 2009.

韓貞華, 「高麗時代 陶窯址의 性格」『高麗陶瓷新論』(姜景仁 외), 學研文化社, 2009.

한지선, 「洪武年間의 對外政策과 '海禁'—『大明律』상의 '海禁' 조항의 재분석—」,『中國學報』60, 2009.

고은미, 「11~13세기 大宰府의 權限」『동아시아 속의 한일관계사(下)』(고려대학교 일본사연구회 편), 제이앤씨, 2010.

近藤剛, 「고려 전기의 관료 이문탁(李文鐸)의 묘지를 통해 본 고려·금(金) 관계에 대하여」『동아시아 속의 한일관계사(下)』(고려대학교 일본사연구회 편), 제이앤씨, 2010.

김보한, 「고려 후기 왜구와 송포당(松浦黨)」『동아시아 속의 한일관계사(下)』(고려대학교 일본사연구회 편), 제이앤씨, 2010.

石井正敏,「文永 8년(1271)의 三別抄牒狀에 관하여」『동아시아 속의 한일관계사(下)』(고려대학교 일본사연구회 편), 제이앤씨, 2010.

葉恩典,「泉州與新羅·高麗關係歷史文化遺存」『島嶼文化』 36집, 2010.

신성재,「궁예와 왕건과 나주」『韓國史研究』 151, 2010.

안귀숙,「고려 금속공예에 보이는 요문화의 영향」『梨花史學研究』 40, 2010; 『고려와 북방문화』(장남원 외), 養士齋, 2011.

王連茂,「泉州港視野中的宋麗貿易: 有泉州商人的那些事」『島嶼文化』 36, 2010.

이준태,「중국의 전통적 해양인식과 해금정책의 의미」『아태연구』 17, 2010.

이강한,「13세기말 고려 대외무역선의 활동과 元代 '관세'의 문제」『島嶼文化』 36, 2010; 『고려와 원제국의 교역의 역사』, 창비, 2013.

이진한,「고려시대 송상왕래 연구 서설」『동아시아 국제관계사』, 김준엽선생 기념서편찬위원회, 2010.

李鎭漢,「高麗 宣宗朝 對宋外交와 貿易」『韓國人物史研究』 13, 2010.

李鎭漢,「高麗 武臣政權期 宋商의 往來」『民族文化』 36, 2010.

정은우,「고려 중기 불교조각에 보이는 북방적 요소」『美術史學研究』 265, 2010 ; 『고려와 북방문화』(장남원 외), 養士齋, 2011.

강병희,「고려전기 사회변동과 불탑: 11−12세기 불탑의 북방적 영향」『美術史學』 23, 2009 ; 『고려와 북방문화』(장남원 외), 養士齋, 2011.

姜在光,「蒙古의 貢物 강요와 江華遷都」『蒙古侵入에 대한 崔氏政權의 外交的 對應』, 景仁文化社, 2011.

김영제,「『高麗史』에 나타나는 宋商과 宋都綱―特히 宋都綱의 性格 解明을 中心으로―」『전북사학』 39, 2011.

김장구,「13·14세기 여몽관계에 대한 몽골 학계의 관점」『13·14세기 고려−몽골관계 탐구』(동북아역사재단·경북대 한중교류연구원 엮음), 2011.

민덕기,「중·근세 東아시아해금정책과 경계인식―東洋三國의 海禁政策을 중심으로―」『韓日關係史研究』 39, 2011.

裵秉宣,「고려 다포계 건축유구와 동시대 중국 목조건축의 비교고찰」『미술사연구』 25, 2011.

森平雅彦, 「제국 동방 변경에서 일본을 막는다—원 제국 속에서 고려의 기
　　능적 위치—」『13·14세기 고려-몽골관계 탐구』(동북아역사재단·경
　　북대학교 한중교류연구원 편), 2011; 『モンゴル覇權下の高麗』, 名
　　古屋大學出版會, 2013.

申淑, 「고려 공예품에 보이는 宋代 '倣古器物'의 영향」『미술사연구』 25,
　　2011.

윤용혁, 「대몽항쟁기(1219~1270) 여몽관계의 추이와 성격」『13·14세기 고
　　려-몽골관계 탐구』(동북아역사재단·경북대 한중교류연구원 엮음),
　　2011.

윤재운, 「8~12세기 한·중 해상 교통로의 변천과 의미」『한중관계사상의 교
　　통로와 거점』(윤재운 외), 동북아역사재단, 2011.

이강한, 「고려 공민왕대 정부 주도 교역의 여건 및 특징」『정신문화연구』
　　125, 2011.

이강한, 『고려시대 송상왕래 연구』, 이진한 저 〈서평〉『歷史學報』 212, 2011.

이강한, 「1270년대~1330년대 외국인의 고려방문: 13~14세기 동-서 교역
　　에서의 한반도의 새로운 위상」『한국중세사연구』 30, 2011; 『고려와
　　원제국의 교역의 역사』, 창비, 2013.

이개석, 「여몽관계사 연구의 새로운 시점—제1차 여몽화약(麗蒙和約)과 지
　　배층의 통혼관계를 중심으로—」『13·14세기 고려-몽골관계 탐구』
　　(동북아역사재단·경북대 한중교류연구원 엮음), 2011.

이익주, 「고려-몽골관계에서 보이는 책봉-조공관계 요소의 탐색」『13·14세
　　기 고려-몽골관계 탐구』(동북아역사재단·경북대 한중교류연구원
　　엮음), 2011.

이종민, 「고려중기 수입 중국백자의 계통과 성격」『미술사연구』 25, 2011.

장남원, 「10~12세기 고려와 요, 금도자의 교류」『고려와 북방문화』, 養士齋,
　　2011.

정용범, 「서평: 고려의 개방성과 국제성을 이끈 주역들—李鎭漢, 『高麗時代
　　宋商往來 硏究』, 경인문화사, 2011—」『지역과 역사』 31, 2012.

鄭恩雨, 「송대 불교조각의 고려 유입과 선택」『미술사연구』 25, 2011.

池旼景, 「10~14세기 동북아 벽화고분 예술의 전개와 고려 벽화고분의 의

의」『미술사연구』 25, 2011.

천더즈(陳得芝), 「쿠빌라이의 고려정책과 원-고려관계의 전환점」『13·14세
기 고려-몽골관계 탐구』(동북아역사재단·경북대 한중교류연구원
엮음), 2011.

최낙민, 「明의 海禁政策과 泉州人의 해상활동―嘉靖年間以後 海寇活動을
중심으로―」『역사와 경계』 78, 2011.

金亮鎭·張香實, 「원나라 거주 고려인을 위한 漢語 교육―『朴通事』의 편찬
목적과 교육 대상을 중심으로―」『震檀學報』 114, 2012.

김순자, 「고려중기 국제질서의 변화와 고려-여진 전쟁」『한국중세사연구』
32, 2012.

김인호, 「몽골과의 전쟁과 방어전략의 변화」『한국군사사 4―고려시대 Ⅱ
―』(육군군사연구소 편), 육군본부, 2012.

민덕기, 「동아시아 해금정책의 변화와 해양경계에서의 분쟁」『韓日關係史研
究』 42, 2012.

閔賢九, 「高麗時代 韓中交涉史의 몇 가지 문제―長期持續的 高麗王朝와 征
服的 中國 北方國家들과의 對立·交流―」『震檀學報』 114, 2012.

박윤미, 「금에 파견된 고려사신의 사행로와 사행여정」『한국중세사연구』 33,
2012.

배숙희, 「元代 慶元地域과 南方航路: 탐라지역의 부상과 관련하여」『中國學
研究』 65, 2012.

백승호, 「『고려사』 기록으로 본 호남문화의 정체성」『海洋文化研究』 7·8합,
2012.

박용진, 「고려후기 元版大藏經 印成과 流通」『中央史論』 35, 2012.

森平雅彦, 「牧隱 李穡의 두 가지 入元 루트―몽골시대 고려-大都間의 陸上
交通―」『震檀學報』 114, 2012.

신안식, 「고려전기의 麗宋 교통로와 교역」『한국중세사연구』 33, 2012.

윤용혁, 「우라소에성(浦添城)과 고려·류큐의 교류사」『史學研究』 105, 2012.

이강한, 「1293~1303년 고려 서해안 '원 수역'의 치폐와 그 의미」『한국중세
사연구』 33, 2012.

이병희, 「고려시기 벽란도의 '해양도시'적 성격」『島嶼文化』 39, 2012.

李益柱, 「14세기 후반 동아시아 국제질서의 변화와 고려-원·명-일본 관계」 『震檀學報』 114, 2012.

이종민, 「고려후기 對元 陶磁交流의 유형과 성격」 『震檀學報』 114, 2012.

이종민, 「한반도 출토 중국 청화백자의 유형과 의미」 『中央史論』 35, 2012.

李鎭漢, 「高麗 太祖代 對中國 海上航路와 外交·貿易」 『한국중세사연구』 33, 2012.

임용한, 「요, 여진과의 전쟁과 고려의 전략전술 체제의 변화」 『한국군사사 3—고려시대 Ⅰ—』(육군군사연구소 편), 육군본부, 2012.

鄭恩雨, 「고려후기 불교조각과 원의 영향」 『震檀學報』 114, 2012.

최종석, 「중앙·지방의 군사조직과 지휘체계」 『한국군사사 3—고려시대 Ⅰ—』(육군군사연구소 편), 육군본부, 2012.

한지선, 「元末 海運과 方國珍 勢力」 『大丘史學』 109, 2012.

홍영의, 「원간섭기 고려의 군사제도」 『한국군사사 4—고려시대 Ⅱ—』(육군군사연구소 편), 육군본부, 2012.

홍영의, 「고려말 전란과 새로운 군사체제 지향」 『한국군사사 4—고려시대 Ⅱ—』(육군군사연구소 편), 육군본부, 2012.

黃純艶, 「南宋과 金의 朝貢體系 속의 高麗」 『震檀學報』 114, 2012.

강재광, 「대몽항쟁과 삼별초」 『한국해양사 Ⅲ(고려시대)』(한국해양재단 편), 2013.

곽유석, 「수중 발굴 유물과 생활문화」 『한국해양사 Ⅲ(고려시대)』(한국해양재단 편), 2013.

김갑동, 「동아시아 정치변동과 고려의 대외 정책」 『한국해양사 Ⅲ(고려시대)』(한국해양재단 편), 2013.

김영제, 「고려시대의 조선술과 항해술」 『한국해양사 Ⅲ(고려시대)』(한국해양재단 편), 2013.

김일우, 「탐라의 군현화 과정」 『한국해양사 Ⅲ(고려시대)』(한국해양재단 편), 2013.

김일우, 「지방제도와 섬, 포구」 『한국해양사 Ⅲ(고려시대)』(한국해양재단 편), 2013.

김철웅, 「아라비아 상인의 내왕과 서역 문물」 『한국해양사 Ⅲ(고려시대)』(한국해양재단 편), 2013.

김호동, 「해양영역의 확장」『한국해양사 Ⅲ(고려시대)』(한국해양재단 편), 2013.

김호동, 「울릉도(독도) 경영」『한국해양사 Ⅲ(고려시대)』(한국해양재단 편), 2013.

남동신, 「李穡의 高麗大藏經 印出과 奉安」『韓國史硏究』163, 2013.

박종기, 「해양(바다와 섬)에 대한 인식」『한국해양사 Ⅲ(고려시대)』(한국해양 재단 편), 2013.

박한남, 「북방내륙 세력과의 교역(여진, 요, 금)」『한국해양사 Ⅲ(고려시대)』 (한국해양재단 편), 2013.

방병선, 「고려청자의 중국 전래와 도자사적 영향」『강좌 미술사』40, 2013.

오종록, 「왜구의 침입」『한국해양사 Ⅲ(고려시대)』(한국해양재단 편), 2013.

윤대영, 「베트남 및 류큐와의 교류」『한국해양사 Ⅲ(고려시대)』(한국해양재 단 편), 2013.

윤용혁, 「여몽연합군의 일본 원정」『한국해양사 Ⅲ(고려시대)』(한국해양재단 편), 2013.

栗建安, 「한국 태안 마도 수중에서 인양된 복건 도자 관련 문제」『태안 마도 출수 중국도자기』, 문화재청·국립해양문화재연구소, 2013.

이강한, 「원제국의 무역정책」『한국해양사 Ⅲ(고려시대)』(한국해양재단 편), 2013.

이강한, 「고려후기 대외무역」『한국해양사 Ⅲ(고려시대)』(한국해양재단 편), 2013.

이강한, 「고려시대 대외교역사 연구의 현황과 과제」『梨花史學硏究』47, 2013.

이영, 「왜구의 침입과 대일 외교」『한국해양사 Ⅲ(고려시대)』(한국해양재단 편), 2013.

이영, 「제1차 쓰시마정벌」『한국해양사 Ⅲ(고려시대)』(한국해양재단 편), 2013.

이정신, 「먹과 墨所」『고려시대의 특수행정구역 所 연구』, 혜안, 2013.

이정신, 「청자의 변천과정과 자기소」『고려시대의 특수행정구역 所 연구』, 혜안, 2013.

이진한, 「대송교역과 문물교류」『한국해양사 Ⅲ(고려시대)』(한국해양재단 편), 2013.

이창섭, 「해양 관련 관서」『한국해양사 Ⅲ(고려시대)』(한국해양재단 편), 2013.

이창섭, 「수군」『한국해양사 Ⅲ(고려시대)』(한국해양재단 편), 2013.

임경희, 「마도해역 발굴 묵서명 도자기의 역사적 성격」『태안 마도 출수 중국도자기』, 문화재청·국립해양문화재연구소, 2013.

田中克子, 「한국의 태안 마도해역에서 출토된 중국도자기로 본 동아시아해역 해상무역 양상—하카타 유적군에서 출토된 중국도자기와의 비교를 통해—」『태안 마도 출수 중국도자기』, 문화재청·국립해양문화재연구소, 2013.

하우봉, 「류큐 및 동남아 제국과의 교류」『한국해양사 Ⅲ(고려시대)』(한국해양재단 편), 2013.

한정훈, 「조운과 조창」『한국해양사 Ⅲ(고려시대)』(한국해양재단 편), 2013

金榮濟, 「『高麗史』에 나타나는 宋都綱 卓榮과 徐德英—그들이 宋側으로부터 高麗綱首라 불렸던 背景을 中心으로—」『東洋史學研究』 126, 2014.

李鎭漢, 「高麗時代 海上交流와 '海禁'」『東洋史學研究』 127, 2014.

〈국외〉

津田左右吉, 「尹瓘征略地域考」『朝鮮歴史地理』 2, 1913; 『津田左右吉全集』 11, 岩波書店, 1964.

中村榮孝, 「後百濟及び高麗太祖の日本通使」『史學雜誌』, 38-8, 1927; 『日鮮關係史の研究(上)』, 吉川弘文館, 1965.

丸龜金作, 「高麗の十二漕倉に就いて(1)」『青丘學叢』 21, 1935.

丸龜金作, 「高麗と契丹·女眞との貿易關係」『歴史學研究』 5-2, 1937.

三上次男, 「金初に於ける麗金關係—保州問題を中心として—」『歴史學研究』 9-4, 1939.

末松保和, 「麗末鮮初に於ける對明關係」『史學論叢』 2, 1941; 『青丘史草』 1, 笠井出版社, 1965.

三上次男, 「高麗顯宗朝に於ける女眞交易」『加藤博士還曆記念 東洋史集說』, 富山房, 1941.

森克己, 「日宋麗連鎖關係の展開」『史淵』41, 1949;『續日宋貿易の研究』, 國書刊行會, 1975.

森克己, 「日本·高麗來航の宋商人」『朝鮮學報』9, 1956;『續日宋貿易の研究』, 國書刊行會, 1975.

靑山公亮, 「高麗朝の事大關係についての一考察」『駿台史學』7, 1956.

森克己, 「日·宋と高麗との私獻貿易」『朝鮮學報』14, 1959;『續日宋貿易の研究』, 國書刊行會, 1975.

靑山公亮, 「事大と華化―特に高麗朝のそれについて―」『朝鮮學報』14, 1959.

和田久德, 「東南アジアにおける初期華僑社會(990-1279)」『東洋學報』42-1, 1959.

旗田巍, 「高麗の'武散階'―鄕吏·耽羅の王族·女眞の酋長·老兵·工匠·樂人の位階―」『朝鮮學報』21·22合, 1961.

武田幸男, 「高麗初期の官階―高麗王朝確立過程の一考察―」『朝鮮學報』41, 1961.

日野開三郎, 「羅末三國の鼎立と對大陸海上交通貿易(一), (二), (三), (四)」『朝鮮學報』16, 17, 19, 20, 1960, 1961;『日野開三郎 東洋史學論集―北東アジア國際交流史の研究(上)―』, 三一書房, 1984.

丸龜金作, 「高麗と宋との通交問題(一)(二)」『朝鮮學報』17, 18, 1960, 1961.

森克己, 「日宋交通と耽羅」『朝鮮學報』21·22合, 1961;『續日宋貿易の研究』, 國書刊行會, 1975.

日野開三郎, 「唐·五代東亞諸國民の海上發展と佛敎」『佐賀龍谷學會紀要』9·10合, 1962;『日野開三郎 東洋史學論集―北東アジア國際交流史の研究(上)―』, 三一書房, 1984.

朱雲影, 「中國工業技術對於日韓越的影響」『大陸雜誌』26-2, 1963.

김재홍, 「13·14세기 고려-몽골 관계에 대하여(상)」『력사과학』1964 제4호.

森克己, 「日宋貿易に活躍した人々」『歷史と人物』(日本歷史學會編), 1964;『續日宋貿易の研究』, 國書刊行會, 1975

森克己, 「鎌倉時代の日麗交涉」『朝鮮學報』34, 1965,『續日宋貿易の研究』,

國書刊行會, 1975.

田村洋幸,「倭寇時代以前の倭寇の概況」『中世日朝貿易の研究』, 三和書房, 1967.

田村洋幸,「倭寇時代における倭寇について」『中世日朝貿易の研究』, 三和書房, 1967.

森克己,「日麗交涉と刀伊賊の來寇」『朝鮮學報』 37·38合, 1966;『續日宋貿易の研究』, 國書刊行會, 1975.

日野開三郎,「國際交流史上より見た滿鮮の絹織物に就いて」『朝鮮學報』 48, 63, 82; 1966, 1972, 1977;『日野開三郎 東洋史學論集─北東アジア國際交流史の研究(上)─』, 三一書房, 1984.

斯波義信,「宋元時代における交通運輸の發達」『宋代商業史研究』, 風間書房, 1968.

斯波義信,「宋代における全國的市場の形成」『宋代商業史研究』, 風間書房, 1968.

斯波義信,「商人資本の諸性質」『宋代商業史研究』, 風間書房, 1968.

三浦圭一,「10世紀·13世紀の東アジアと日本」『講座日本史 2─封建社會の成立─』, 東京大學出版會, 1970.

森克己,「能動的貿易の發展過程に於ける高麗地位」『日宋貿易の研究』, 國書刊行會, 1975.

森克己,「東洋國際貿易の普遍型」『日宋貿易の研究』, 國書刊行會, 1975.

北村秀人,「高麗初期の漕運についての一考察─《高麗史》食貨志漕運の條所收成宗十一年の輸京價制定記事を中心に─」『古代東アジア史論集(上)』, 吉川弘文館, 1978.

森克己,「日宋·日元貿易の展開」『對外關係史』, 山川出版社, 1978.

宋晞,「宋商在宋麗貿易中的貢獻」『中朝關係史論文集』 1, 時事出版社, 1979.

奧村周司,「高麗における八關會的秩序と國際環境」『朝鮮史研究會論文集』 16, 1979.

吉田光男,「高麗時代の水運機構'江'について」『社會經濟史學』 46-4, 1980.

倪士毅·方如金,「宋代明州與高麗的貿易關係及交其友好往來」『杭州大學學報(哲學社會科學版)』 12-2, 1982.

奥村周司, 「高麗の外交姿勢と國家意識」『歴史學研究』別册, 1982.

浜中昇, 「高麗前期の量田について」『朝鮮學報』109, 1983; 『朝鮮古代の經濟
と社會』, 法政大學出版局, 1987.

黃寬重, 「南宋與高麗關係」『中韓關係史國際研究討論論文集』(中華民國韓國
研究學會編), 1983.

奥村周司, 「醫師要請事件に見る高麗文宗朝の對日姿勢」『朝鮮學報』117,
1985.

北村秀人, 「高麗時代の絹織物生産について」『人文研究』37-9, 大阪市立大
文學部, 1985.

龜井明德, 「綱首·綱司·綱の異同について」『日本貿易陶磁史の研究』, 同朋舍
出版, 1986.

奥村周司, 「高麗の圓丘祀天禮について」『早稻田大學實業學校研究紀要』,
1987.

北村秀人 「高麗時代の京市の基礎的考察—位置·形態中心に—」『人文研究』
42-4, 大阪市立大文學部, 1990.

石井正敏, 「10世紀の國際變動と日宋貿易」『新版 古代の日本—アジアからみ
た古代日本—』, 角川書店, 1992.

井上貞夫, 「高麗朝の貨幣—中世東アジア通貨圏を背景にして—」『青丘學術
論集』2, 韓國文化研究振興財團, 1992.

佐久間仲男, 「明朝の海禁政策」『日明關係史の研究』, 吉川弘文館, 1992.

林士民, 「論宋元時期明州與高麗的友好交往」『海交史研究』28, 1995.

陳高華, 「從《老乞大》《朴通事》看與元高麗的經濟文化交流」『歷史研究』1995-
3; 『元史研究新論』上海社會科學院出版社, 2005.

朴眞奭, 「11-12世紀宋與高麗的貿易往來」『長白叢書 中朝關係史研究論文集』
吉林文史出版社, 1996.

姚禮群, 「宋代明州對高麗漂流民的救援措施」『宋麗關係史研究』(楊渭生編),
杭州大學出版社, 1997.

須田英德, 「高麗後期における商業政策の殿開—對外關係を中心に—」『朝鮮
文化研究』4, 1997.

藤田明良, 「「蘭秀山の亂」と東アジア海域世界—14世紀の舟山群島と高麗·日

本―」『歷史學研究』698, 1998.

森平雅彦, 「駙馬高麗國王の成立―元朝における高麗王の地位についての豫備的考察―」『東洋史研究』79-4, 1998; 『モンゴル覇權下の高麗』, 名古屋大學出版會, 2013.

森平雅彦, 「高麗王位下の基礎的考察―大元ウルスの一分權勢力としての高麗王家―」『朝鮮史研究會論文集』36, 1998; 『モンゴル覇權下の高麗』, 名古屋大學出版會, 2013.

原美和子, 「宋代東アジアにおける海商の仲間關係と情報網」『歷史評論』592, 1999.

榎本涉, 「明州市舶司と東シナ海交易圈」『歷史學研究』756, 2001; 『東アジア海域と日中交流―九～一四世紀―』, 吉川弘文館, 2007.

榎本涉, 「宋代の'日本商人'の再檢討」『史學雜誌』110-2, 2001; 『東アジア海域と日中交流―九～一四世紀―』, 吉川弘文館, 2007.

近藤一成, 「文人官僚蘇軾の對高麗政策」『史滴』23, 2001.

森平雅彦, 「元朝ケシク制度と高麗王家―高麗・元關係における禿魯花の意義に關連して―」『史學雜誌』110-2, 2001; 『モンゴル覇權下の高麗』, 名古屋大學出版會, 2013.

榎本涉, 「元末內亂期の日元交通」『東洋學報』84-1, 2002; 『東アジア海域と日中交流―九～一四世紀―』, 吉川弘文館, 2007.

森平雅彦, 「大元ウルスと高麗佛敎松廣寺法旨出現の意義に寄せて」『內陸アジア史研究』17, 2002; 『モンゴル覇權下の高麗』, 名古屋大學出版會, 2013.

趙明濟, 「臨濟宗をめぐる高麗と宋の交流」『駒澤大學佛敎學部論集』34, 2003.

森平雅彦, 「高麗における元の站赤ルートの比定を中心に」『史淵』141, 2004; 『モンゴル覇權下の高麗』, 名古屋大學出版會, 2013.

森平雅彦, 「賓王錄にみえる至元十年の遣元高麗使」『東洋史研究』63-2, 2004; 『モンゴル覇權下の高麗』, 名古屋大學出版會, 2013.

李鎭漢, 「高麗前期 對外貿易과 그 政策」『九州大学韓國研究センター年報』5, 2005.

原美和子,「宋代海商お活動に關する一試論─日本·高麗および日本·遼(契丹)通交をめぐって─」『考古學と中世史研究3─中世の對外交流 場·ひと·技術─』, 高志書院, 2006.

長森美信,「朝鮮近世海路の復元」『朝鮮學報』199·200合, 2006.

茂木敏夫,「中國からみた〈朝貢體制〉─理念と實態, そして近代における再 定義」『アジア文化交流研究』1, 關西大學, 2006.

森平雅彦,「牒と咨のあいだ─高麗王と元中書省の往復文書─」『史淵』144, 2007;『モンゴル覇權下の高麗』, 名古屋大學出版會, 2013.

榎本涉,「宋代日本商人の再檢討」『東アジア海域と日中交渉─九〜十四世紀 ─』, 吉川弘文館, 2007.

榎本涉,「日宋·日元貿易」『中世都市 博多を掘る』(大庭康時 外 編), 海鳥社, 2008.

榎本涉,「日麗貿易」『中世都市 博多を掘る』(大庭康時 外 編), 海鳥社, 2008.

大庭康時,「墨書陶磁器」『中世都市 博多を掘る』(大庭康時 外 編), 海鳥社, 2008.

森平雅彦,「高麗王家とモンゴル皇族の通婚關係に關する覺書」『東洋史研究』 67-3, 2008;『モンゴル覇權下の高麗』, 名古屋大學出版會, 2013.

森平雅彦,「事元期高麗における在來王朝體制の保全問題」『北東アジア研究』 別册 第1號, 2008;『モンゴル覇權下の高麗』, 名古屋大學出版會, 2013.

森平雅彦,「高麗における宋使船の寄港地馬島の位置をめぐって─文獻と現 地の照合による麗宋間航路研究序說─」『朝鮮學報』207, 2008;『中 近世の朝鮮半島と海域交流』(森平雅彦 編), 汲沽書院, 2013.

森平雅彦,「高麗群山亭考」『年報朝鮮學』11, 2008;『中近世の朝鮮半島と海 域交流』(森平雅彦 編), 汲沽書院, 2013.

森平雅彦,「黑山諸島海域における宋使船の航路」『朝鮮學報』212, 2009;『中 近世の朝鮮半島と海域交流』(森平雅彦 編), 汲沽書院, 2013.

劉恒武,「唐宋明州古城對外交流史迹」『寧波古代對外文化交流─以歷史文化 遺存爲中心─』, 海洋出版社, 2009.

李鎭漢,「高麗末 對明 私貿易과 使行貿易」『九州大學韓國研究センター年報』

　　　9, 2009.

李鎭漢, 「高麗時代における宋商の往來と麗宋外交」『年報 朝鮮學』 12, 2009.

李鎭漢, 「高麗時代における宋人の來投と宋商の往來」『年報 朝鮮學』 13,
　　　2010.

周霞, 「元朝時期的山東半島在與高麗海商貿交往來的重要作用」『魯東大學學
　　　報(哲學社會科學版)』 27-5, 2010.

森平雅彦, 「全羅道沿海における宋使船の航路—『高麗圖經』所載の事例—」
　　　『史淵』 147, 2010; 『中近世の朝鮮半島と海域交流』(森平雅彦 編), 汲
　　　沽書院, 2013.

森平雅彦, 「朝鮮中世の國家姿勢と對外關係」『東アジア世界の交流と變容』
　　　(森平雅彦 外), 九州大學出版會, 2011.

崔菊華, 「元代山東與高麗的貿易」『滄桑』 2011-1, 2011.

森平雅彦, 「高麗·朝鮮時代における對日據點の變遷: 事元期 對日警戒體制を
　　　軸として」『東洋文化研究所紀要』 164, 2013.

森平雅彦, 「忠淸道沿海における航路」『中近世の朝鮮半島と海域交流』(森平
　　　雅彦 編), 汲沽書院, 2013.

森平雅彦, 「京畿道沿海における航路」『中近世の朝鮮半島と海域交流』(森平
　　　雅彦 編), 汲沽書院, 2013.

森平雅彦, 「舟山群島水域における航路」『中近世の朝鮮半島と海域交流』(森
　　　平雅彦 編), 汲沽書院, 2013.

森平雅彦, 「使船の往來を支えた海の知識と技術」『中近世の朝鮮半島と海域
　　　交流』(森平雅彦 編), 汲沽書院, 2013.

이진한李鎭漢

경기도 평택 출생.
고려대학교 사학과 졸업, 동 대학원 문학박사.
현재 고려대학교 한국사학과 교수.

대표저서

『高麗前期 官職과 祿俸의 관계 연구』, 一志社, 1999.
『高麗時代 宋商往來 硏究』, 景仁文化社, 2011.

고려시대 무역과 바다

2014년 11월 12일 초판 1쇄 발행
2021년 1월 25일 초판 3쇄 발행

글 쓴 이   이진한
발 행 인   한정희
발 행 처   경인문화사
출판신고   제406-1973-000003호
주   소   경기도 파주시 회동길 445-1 경인빌딩 B동 4층
대표전화   031-955-9300 팩 스   031-955-9310
홈페이지   http://www.kyunginp.co.kr
이 메 일   kyungin@kyunginp.co.kr

ISBN 978-89-499-1050-5 93910
값 21,000원